# INGUA E VITA D'ITALIA

orso intensivo d'italiano
on le 2 500 parole più usate

on elementi di civiltà

pproccio scientifico integrato
udiovisivo/audio-orale/funzionale)

aterin Katerinov
laria Clotilde Boriosi Katerinov

ocenti presso l'Università italiana
er stranieri di Perugia

Edizioni Scolastiche
Bruno Mondadori

Gli autori ringraziano la collega
Ilda Giraudo per aver seguito
passo per passo la stesura della presente
opera, dividendo con loro l'ingrata fatica
della computazione delle strutture
lessicali e grammaticali.

Copertina a cura di
A. & M. Milani

*Segreteria di redazione*: Angela Barea Toscan

*Impaginazione*: Franco Malaguti

*Disegni*: Roberto Molino


Printed in Italy
Stampato presso le Officine Grafiche
GEA di Milano - VI - 1989

# Presentazione

*Esistono testi perfetti per l'insegnamento delle lingue straniere e in particolare dell'italiano come lingua straniera? Un impulso naturale ci fa dire di no. Tuttavia, non è errato né irresponsabile affermare che il presente manuale, stilato con passione e competenza eccezionale da due valenti docenti, è assai vicino alla perfezione, in ogni caso, è nettamente superiore a tutti gli altri già esistenti e, purtroppo, usati spesso con insoddisfazione anche se con inadeguato senso critico.*

*Quali criteri dovrebbero oggi guidare la costruzione di un buon manuale di lingua? I criteri sono molti e, siamo sinceri, assai esigenti. Poiché alla copiosa dose di buon senso realistico o di esperienza pratica, che si è sempre giudicata necessaria anche in passato, oggi si aggiunge l'esigenza di tenere in conto le giuste richieste delle scienze, che hanno fatto della glottodidattica una metodologia fondatamente scientifica. Una utilizzazione delle direttive e cautele prospettate dalle scienze del linguaggio (linguistica teorica e applicata, fonetica e fonologia, psicolinguistica e sociolinguistica, linguistica contrastiva e analisi degi errori, linguistica computazionale e lessico-statistica, ecc.), nonché delle indicazioni delle scienze psicopedagogiche (psicologia dell'apprendimento, didattica, storia dei metodi, pedagogia sperimentale, ecc.), e infine una conciliazione del meglio dei vari metodi e tecniche antichi e recenti rivolti all'insegnamento specifico delle lingue (metodi diretti, audio-orali, audio-visivi, strutturo-globali, cognitivi, funzionali, ecc.): tutto questo dovrebbe essere tenuto presente dai compilatori di manuali e di materiali glottodidattici, sotto pena di ricadere nel futile, nel trito, nell'infondato.*

*Ma è possibile teoricamente e praticamente fondere una tale vastità di criteri e di dati e di principi metodologici? Non è chiedere agli autori un potere sovrumano? Rispondo che non si tratta tanto di fondere tutto lo scibile linguistico e glottodidattico per trarne una creatura miracolosa, quanto di adattare strumenti e materiali ai bisogni reali del discente, collocato in particolari e concrete situazioni di apprendimento, lasciandosi guidare, oltre che da un fine senso pragmatico, anche da criteri genuinamente scientifici quali quelli sopra menzionati. Questa efficace sintesi di scienza ed esperienza appare vistosamente — direi, 'splende' — in quest'opera dedicata agli stranieri vogliosi di imparare la lingua italiana. La dimostrazione di questa coraggiosa affermazione sta in ciascuna pagina, in ciascun paragrafo, di questo testo. Non c'è da aggiungere altre argomentazioni. Basta confrontare questo manuale con qualsiasi altro, anche recente. Si può anzi aggiungere che anche gli studiosi più avanzati, come i membri del comitato di esperti del Consiglio d'Europa (Trim, van Ek, Wilkins) che hanno «sognato» ma non totalmente realizzato il cosiddetto «approccio nozionale-funzionale», tendenzialmente situazionale e comunicativo, potranno trovare nella presente opera il figlio dei loro sogni, vivo e vegeto e pronto a camminare... per le strade del mondo.*

*Renzo Titone*
*Università di Roma*

# Premessa

Innanzi tutto grazie per aver deciso di studiare la nostra lingua e per aver scelto di impararla sul nostro libro.

Se avete studiato altre lingue straniere vi sarete senz'altro posti il problema del metodo da seguire per impararle rapidamente e con il minore sforzo possibile. Sarete stati di certo anche bersagliati da certa pubblicità, che, prendendo a prestito il linguaggio della propaganda commerciale, promette mari e monti nel tentativo di convincere i potenziali acquirenti a optare per questo o quel testo.

Ci sorge allora spontanea la domanda: «Che cosa vi aspettate da questo libro?». Per non alimentare troppo facili entusiasmi vi diciamo subito che noi non vi promettiamo risultati miracolosi. Non abbiamo inventato il metodo «ideale», ma, studiando a fondo tutti i metodi esistenti, e recuperando gli elementi più validi che ciascuno di essi offre, abbiamo cercato di realizzare un approccio integrato che consenta un apprendimento agevole e insieme rapido.

Abbiamo tentato di risparmiarvi sforzi inutili e perdite di tempo, ma ciò non ci esime dal chiedervi un serio impegno e la fiducia dimostrati dai più di 100.000 studenti di ogni nazionalità che hanno scelto di apprendere l'italiano sui nostri testi precedenti.

Prima che affrontiate lo studio dell'italiano, con o senza la guida di un insegnante, riteniamo utile dirvi due parole sulla metodologia da noi adottata.

**Grammatica**

Non dubitiamo di trovarvi d'accordo quando affermiamo che per imparare ad esprimersi con proprietà in situazioni di ogni giorno e anche a leggere riviste o libri italiani, non è indispensabile partire dallo studio di regole grammaticali. Possedere una lingua non significa infatti conoscere semplicemente le norme che ne regolano l'uso, ma vuol dire piuttosto possedere quattro abilità: capire ascoltando, capire leggendo, farsi capire parlando e farsi capire scrivendo. Per acquisire queste abilità è necessaria una costante esercitazione che non può avere come oggetto frasi grammaticali ma astratte (del tipo: «Il filosofo attraversò il fiume a cavallo, ma il poeta rimase a scrivere i suoi versi immortali»), bensì frasi che rispecchino sempre una situazione di comunicazione reale.

Di certo avrete assistito anche voi al penoso spettacolo offerto da persone che, pur avendo studiato per anni una lingua straniera, non sono in grado di sbrigarsela nelle situazioni più elementari. Qualcuno potrebbe sentenziare semplicisticamente che si tratta di persone negate per le lingue. Siete anche voi di questo avviso? O non credete forse che è impossibile comunicare con spontaneità e appropriatezza se ogni volta che si vuole esprimere un pensiero o si risponde ad una domanda si è costretti a «ripescare» fra le centinaia di regole apprese quella che fa al caso e ad applicarla richiamando alla memoria le frasi grammaticali già viste? Pensate che partendo da una regola del tipo: «Per esprimere un'azione posteriore rispetto a quella espressa dal predicato della proposizione principale al passato il predicato della proposizione dipendente deve essere messo al condizionale composto» si possa giungere alla formulazione di enunciati che la rappresentano, come: «Credevo che sarebbe venuto anche Mario», o «Luisa aveva detto che avrebbe telefonato»?

In questo libro non si parte dalla grammatica per arrivare all'uso della lingua, ma si percorre il cammino inverso. Vi prepariamo a pensare prima a *che cosa* dire in determinate situazioni e poi a *come* dirlo.

Ogni argomento grammaticale non viene esaurito in una sola unità, ma viene affrontato a più riprese e solo nella misura in cui esso risulta funzionale alla situazione di volta in volta rappresentata. In ogni unità siete condotti implicitamente ad una sintesi grammaticale.

**Esercitazione**

Essendo convinti che la capacità di usare attivamente la lingua si crea più con una esercitazione intensiva che con la conoscenza di regole grammaticali, abbiamo programmato un'abbondante quantità di esercizi. Sarete così esercitati non solo ad ascoltare, a ripetere, a pronunciare correttamente, a leggere e a scrivere, ma anche a parlare di voi stessi e delle situazioni che vi riguardano. Dopo aver seguito le vicende dei personaggi che compaiono nei diversi testi e aver appreso modelli di lingua da utilizzare in contesti di alta frequenza apprenderete infatti anche ad esprimervi in italiano quando vi verrete a trovare in situazioni analoghe. Quasi tutti gli esercizi sono stati sonorizzati, in modo da facilitare lo studio individuale e l'esecuzione di esercizi di rinforzo delle strutture più difficili da automatizzare.

Siamo consapevoli che gli esercizi non sono sempre la parte più attraente dello studio di una lingua. La loro utilità è però indiscutibile. Come non si può imparare a nuotare o a guidare la macchina leggendo solo dei buoni manuali che spiegano ciò che si deve fare, così non si può apprendere una lingua senza «nuotarci dentro» e usarla in modo attivo.

Se provate a chiedere ad un virtuoso del pianoforte o ad un campione dello sport come sono riusciti a raggiungere l'abilità che tutti gli riconoscono, vi sentirete rispondere che prima di arrivare a suonare pezzi interi o a giocare partite vere hanno dovuto assoggettarsi ad innumerevoli, e spesso noiose, ore di esercitazione.

**Lessico**

Non tutte le parole di cui è composta una lingua moderna vengono usate con la stessa frequenza. Alcune si usano molte volte ogni giorno, altre una volta ogni tanto, altre ancora quasi mai. Stando alle statistiche in questo campo, le prime 1000 parole in ordine di frequenza coprono l'85% dell'uso che si fa di una lingua, le prime 3000 il 95% e le restanti solo il 5%. Conoscendo *quelle* 1000 parole si può dunque capire e dire quasi tutto ciò che si ascolta o si vuole comunicare. Proprio in considerazione di tale fatto vi proponiamo le parole di più alta frequenza, evitandovi l'inutile sforzo di memorizzare quelle poco usate.

**Difficoltà tipiche**

È normale che vi si presentino delle difficoltà particolari nello studio dell'italiano. Ciò è dovuto alla naturale tendenza a trasferire in italiano le strutture della vostra lingua o della lingua straniera precedentemente studiata. Le difficoltà che incontra chi parla l'inglese sono però diverse da quelle di chi parla il francese, come pure sono differenti le difficoltà di chi prima dell'italiano ha studiato l'inglese o il francese. Insistendo in particolare su questo aspetto dell'apprendimento, abbiamo tenuto largamente conto delle difficoltà specifiche di studenti di diverse lingue.

**Quale lingua?**

È noto che la lingua è strumento di comunicazione prima orale e poi scritta. Per tale ragione vi proponiamo l'italiano soprattutto come mezzo di comunicazione orale. Pur non condividendo la venerazione per la lingua scritta che molti hanno ereditato da un certo tipo di scuola, non rinunciamo a proporvela, ma non le riserviamo un ruolo preminente. Infatti chi ha imparato a capire una lingua e a farsi capire parlandola è facilitato anche (come succede con la lingua materna) ad esprimersi bene per iscritto e a leggere, mentre non sempre è vero il contrario.

Per finire, consentiteci di farvi alcune raccomandazioni: procedete nello studio senza saltare nessuna delle tappe previste e non lasciatevi prendere dallo sconforto quando vi si presenteranno delle difficoltà. Ricordate che l'apprendimento di una lingua richiede un impegno considerevole e ciò vale anche per l'italiano, di solito considerato *facile*. «Entrando» sempre più nella nostra lingua siamo certi che vi sentirete ripagati della fatica sostenuta.

Buon lavoro!

Gli autori

# Avant-propos

Merci à vous d'avoir décidé d'étudier notre langue et d'avoir choisi notre manuel pour l'apprendre.

Si vous avez déjà étudié d'autres langues étrangères, vous avez sans doute été confrontés aux methodes à suivre pour les apprendre rapidement et avec le moindre effort possible. Vous avez peut-être été soumis à des publicités de nature commerciale qui promettent monts et merveilles dans le seul but de convaincre les acheteurs éventuels à opter pour tel ou tel texte.

Une question nous vient alors à l'esprit: «Qu'attendez vous, de ce livre?» Pour ne pas alimenter de trop faciles enthousiasmes, nous vous disons tout de suite que nous ne promettons pas des résultats miraculeux. Nous n'avons pas inventé la méthode «idéale». Mais à travers l'étude approfondie de toutes les méthodes existantes, nous avons essayé de récupérer les éléments les plus valables de chacune d'entre elles et de réaliser ainsi une approche intégrée qui permette un apprentissage aisé et rapide à la fois.

Nous avons essayé de vous épargner des efforts inutiles et des pertes de temps; ce qui ne nous empêche pas, par ailleurs, de vous demander l'assiduité et la confiance que nous ont témoignées plus de 100.000 étudiants de toutes nationalités qui ont choisi d'apprendre l'italien à l'aide de nos précédents manuels.

Avant d'aborder l'étude de l'italien, avec ou sans l'aide d'un professeur, voici quelques précision sur la méthodologie que nous avons adoptée.

## Grammaire

Vous serez sans doute d'accord avec nous lorsque nous affirmons que pour apprendre à s'exprimer correctement dans la vie quotidienne, et pour lire des journaux et des livres italiens, il n'est pas indispensable de commencer par l'étude de règles grammaticales abstraites. En effet, maîtriser une langue ne signifie pas simplement connaître les normes qui en régissent l'usage mais plutôt posséder quatre habiletés fondamentales («skills»): comprendre en écoutant, comprendre en lisant, se faire comprendre lorsqu'on parle, se faire comprendre lorsqu'on écrit. Pour acquérir ces habiletés, un entraînement régulier est nécessaire. Il ne doit pas consister en phrases grammaticalement correctes mais abstraites (du genre: «le philosophe traversa la fleuve à cheval, mais le poète continua d'écrire des vers immortels») mais en des phrases qui reflètent toujours une situation de communication réelle.

Vous avez sans doute assisté au spectacle pénible de certaines personnes qui, ayant étudié une langue étrangère pendant des années, ne sont pas à même de se débrouiller dans les situations les plus élémentaires. Certains pourraient affirmer qu'il s'agit tout simplement de personnes peu douées pour les langues. Vous aussi, vous partagez cette opinion? Ne croyez-vous pas, au contraire, qu'il est impossible de communiquer spontanément et correctement si, chaque fois que l'on veut exprimer une pensée ou répondre à une question, on est obligé de «piocher» la règle la plus appropriée parmi des centaines et de l'appliquer en se souvenant des phrases déjà etudiées? Pensez-vous qu'en partant d'une règle du genre: «Pour exprimer une action postérieure à celle qu'exprime le verbe de la proposition principale au passé, le verbe de la subordonnée doit être au conditionnel passé», on puisse arriver à la formation de phrases qui l'appliquent, comme par exemple: «Credevo che sarebbe venuto anche Mario» (je croyais que Mario aussi viendrait) ou bien «Luisa aveva detto che avrebbe telefonato» (Luisa avait dit qu'elle téléphonerait)?

Ce livre ne part pas de la grammaire pour arriver à la langue; il parcourt le chemin inverse. Nous vous préparons à penser d'abord à *ce qu'il faut* dire dans des situations précises et ensuite à *comment* le dire correctement.

Chaque argument grammatical n'est pas étudié une seule fois: vous le rencontrerez en effet à plusieurs reprises et uniquement dans la mesure où il a une fonction effective dans la situation représentée. Pour chaque unité, vous serez implicitement amenés à une synthèse grammaticale.

## Exercices

Etant convaincus qu'on peut parvenir à se servir activement d'une langue beaucoup plus par un entraînement intensif que par la connaissance de règles de grammaire, nous avons programmé toute une série d'exercices. Vous serez ainsi entraînés non seulement à écouter, à répéter, à prononcer correctement, à lire et à écrire; mais aussi à parler de vous-mêmes et des situations qui vous concernent. Après avoir suivi les situations vécues par les personnages dans les différents textes et après avoir appris des modèles de langue à utiliser dans des situations très fréquentes, vous apprendrez effectivement à vous exprimer en italien lorsque vous vous trouverez dans des situations semblables. Presque tous les exercices ont été enregistrés; cela facilitera l'étude individuelle et l'exécution des exercices de renforcement des structures les plus difficiles à assimiler et à utiliser de façon active.

Nous savons que les exercices ne sont pas toujours la partie la plus attrayante de l'étude d'une langue. Cependant leur utilité est indéniable. De même qu'il est impossible d'apprendre à nager ou à conduire en lisant seulement de bons manuels qui expliquent ce qu'il faut faire, de même on ne peut pas apprendre une langue sans «s'y plonger» et sans l'utiliser de façon active.

Si vous demandez à un virtuose du piano ou à un sportif comment ils ont réussi à acquérir les capacités que tout le monde leur reconnaît, ils vous répondront qu'avant de jouer des morceaux entiers ou de disputer de vraies parties, ils ont dû se soumettre à d'innombrables séances d'entraînement.

**Lexique**

Tous les mots dont se compose une langue moderne ne sont pas utilisés avec la même fréquence. Certains le sont plusieurs fois par jour, d'autres une fois de temps en temps, d'autres enfin presque jamais. Si l'on tient compte des statistiques dans ce domaine, les 1000 premiers mots par ordre de fréquence recouvrent 85% de l'usage d'une langue. Les 3000 premiers recouvrent 95% et le reste ne recouvre que 5%. Si l'on connaît donc *ces* 1000 mots, on peut comprendre et exprimer presque tout ce que l'on écoute ou que l'on veut communiquer. Compte tenu de ces données, nous vous proposons les mots qui ont la plus haute fréquence en vous évitant l'inutile effort de mémoriser ceux qui sont peu employés.

**Difficultés spécifiques**

Il est normal qu'au cours de l'étude de l'italien vous rencontriez des difficultés particulières. Cela est dû à la tendance naturelle à «transporter» en italien les structures de votre langue ou d'une éventuelle langue étrangère étudiée auparavant. Les difficultés qui rencontrent les anglophones sont toutefois différentes de celles que rencontrent les francophones; de même les difficultés sont différentes pour ceux qui ont étudié l'anglais ou le français avant l'italien. Nous avons particulièrement insisté sur cet aspect de l'apprentissage et nous avons largement tenu compte des difficultés spécifiques aux étudiants de langues différentes.

**Quelle langue?**

On sait que la langue est un moyen de communication d'abord orale et ensuite écrite. Pour cette raison, nous vous proposons l'italien surtout comme instrument de communication orale. Même si nous ne partageons pas la vénération de certains pour la langue écrite, héritage d'un certain type d'enseignement, nous ne renonçons pas à vous la proposer; toutefois nous ne lui accordons pas un rôle de premier plan. En effet, ceux qui sont parvenus à comprendre une langue et à se faire comprendre lorsqu'ils la parlent, ont aussi plus de facilités (comme c'est le cas pour la langue maternelle) à bien s'exprimer par écrit et à lire; le contraire n'est pas toujours vrai.

Pour terminer, permettez-nous de vous donner quelques conseils: progressez dans votre étude sans omettre aucune des étapes prévues; ne vous découragez pas lorsque des difficultés se présenteront; souvenez-vous qu'apprendre une langue exige un effort considérable et que cela vaut aussi pour l'italien, considéré trop souvent comme une langue facile.

Nous sommes certains qu'en vous «plongeant» de plus en plus dans notre langue, vous verrez avec satisfaction tous vos efforts récompensés.

Bon courage!

Les auteurs

# Foreword

First and foremost, thank you for deciding to study our language and for choosing our book to help you.

If you have studied other foreign languages you will almost certainly have come up against the problem of which method will enable you to learn most rapidly and with the least possible effort.

You may have come across the sort of advertising which promises instant results in order to persuade you to use a particular course. So the question to ask yourself is "What do I expect from this book?"

In order not to mislead you, we want to make it clear that we do not promise miraculous results. We have not invented the ideal methode but by looking closely at all the existing methods and selecting the best elements that each has to offer we have tried to produce an integrated approach which makes learning as effective as possible.

We have tried to save you unnecessary effort and time but this does not mean that we do not demand real application from you and the sort of faith in our method demonstrated by more than 100.000 students of every nationality who have chosen to study Italian from our previous textbooks.

Before getting down to studying Italian, with or without the help of a teacher, we would like to say a word of two about our approach.

**Grammar**

We are sure you will agree that to learn to express yourself correctly in everyday situations and also to read in Italian, it is not necessary to start by studying grammatical rules. To know a language does not mean simply knowing the rules that govern its use of it, but rather to have acquired four skills: to understand what you hear, to understand what you read, to make yourself understood when you speak and to make yourself understood when you write. To acquire these skills you need constant practice, and not that sort of practice where the object is to recite grammatically correct patterns of the sort "Il filosofo attraversò il fiume a cavallo, ma il poeta rimase a scrivere i suoi versi immortali" ("The filosopher crossed the river on horseback but the poet stayed to write his immortal lines" or "Lo! The postillion has been struck by lightning" and "My aunt's pen is in the garden") but rather sentences that reflect every day usage.

Undoubtedly you, too, have witnessed the painful spectacle of people who, even after having studied a language for years, cannot cope with even the most elementary situations. One could, of course , simply hold that this is a case of people without any aptitude for languages. Is this your view? Or do you not perhaps believe that it is impossible to communicate spontaneously and correctly if every time a thought needs to be expressed or an answer given to a question, it is necessary to delve among hundreds of rules in order to find the one you need in the circumstances and to apply it, remembering the constructions already you came across before?

Do you think that starting off from a rule such as – "In order to express an action subsequent to that which is expressed in the predicate of the main clause, the predicate of the dependent clause must be put into the compound conditional" – you would be able to formulate sentences that represent it, such as "Credevo che sarebbe venuto anche Mario" (I thought Mario would come too) or "Luisa aveva detto che avrebbe telefonato" (Luisa had said that she would telephone)?

In this book we do not start off with grammar in order to begin using the language but we take the opposite route. We train you to think first about *what* to say in particular situations and then *how* to say it. Each grammar point is not treated exclusively in one unit, but is reinforced continously as it occurs naturally in each situation. In each unit you are led implicitly to a grammatical rule.

**Practice** (Drills)

Because we are convinced that the ability to use language is created more by intensive practice than by the knowledge of grammar, we have designed a considerable number of exercises.

You will thus be trained not only to listen, to repeat, to pronounce correctly, to read and to write, but also to speak about yourselves and the situations that concern you. After following the experiences of the characters that appear in the various texts and learning patterns of language to use in situations that arise frequently, you will learn to express yourselves in Italian when you come to be in similar situations.

Almost all the exercises have been taped, in order to facilitate individual study and the practice of those grammatical structures which are more difficult to employ automatically.

We are aware that exercises are not the most attractive part of language learning. However, their value is indisputable. Just as it is not possible to learn to swim or drive a car by reading manuals, so it is impossible to learn a language without "immersing" oneself in it and actively using it. If you ask a piano virtuoso or a tennis ace how they have managed to reach their standard, you will find that behind their achievement lie innumerable and often boring hours of practice.

**Vocabulary**

Every modern language is made up of tens of thousands of words. However not all of them are used whit the same frequency. Some are used a lot every day, others from time to time, others hardly ever.
Going by statistics in this field, the first thousand words in order of frequency comprise eighty-five per cent of the use made of a language, the first 3000 comprise ninety-five per cent and the rest only five per cent. Knowing *those* 1000 words one can therefore understand and say almost all that one hears or wishes to express.
It is precisely with this in mind that we employ the words most frequently used thus sparing you the unnecessary effort of learning those hardly ever used.

**Typical difficulties**

It is only to be expected that you will come up against certain particular difficulties in studying Italian. This is due to the natural tendency to apply to Italian your own language structures or those of a foreign language previously studied. The difficulties encountered by English-speakers are however different from the difficulties encountered by French-speakers or even by those who, before Italian, have studied English or French. Bearing this aspect of learning particularly in mind, we have taken into account the specific difficulties of students who speak different languages.

**Which form of language?**

It is common knowledge that language is primarly a spoken and then written means of communication. For this reason we present Italian as a means of oral communication. While we do not share the veneration for the written language that many have inherited from a certain type of school, we do not fail to present it, but we do not give it pride of place. In fact, anyone who has learned to understand a language and make himself understood when he speaks it, does not find it too hard (as is the case with the mother tongue) to read and to express himself well in writing, whereas the contrary is not always true.

Finally, let us make some recommendations. Go on with your study without by-passing any of the stages we present, and do not become disheartened when you inevitably come across difficulties. Remember that learning a language involves considerable mental effort and that this goes equally for Italian, which is generally considered *easy*.

We are certain that as you get deeper and deeper into our language you will feel that your labours are fully rewarded.

Best wishes.

The authors

# Vorwort

Zunächst danken wir Ihnen herzlich dafür, daß Sie sich entschlossen haben, unsere Sprache zu lernen, und daß Sie dies mit Hilfe unseres Buches tun wollen.

Wenn Sie bereits andere Fremdsprachen gelernt haben, standen Sie bestimmt schon der Frage, welches die beste Methode ist, sich eine Sprache schnell und möglichst mühelos anzueignen. Sicherlich sind Sie dabei auch jener Art von Werbung begegnet, die dem potentiellen Kunden das Blaue vom Himmel verspricht, um ihn zum dieses oder jenes Lehrbuchs zu bewegen.

Es stellte sich uns also ganz natürlich die Frage: «Was erwarten Sie von diesen Buch?». Um keine falschen Hoffnungen zu wecken, wollen wir Ihnen gleich sagen, daß wir nicht die ideale Methode erfunden haben und Ihnen deswegen auch keine Wunder versprechen können. Wir haben die bisher angewandten Methoden genau untersucht, ihre positiven Elemente aufgegriffen und so ein Verfahren zu verwirklichen gesucht, das ein leichtes und zugleich schnelles Erlernen der italienischen Sprache ermöglichen soll.

Mit unserer Methode wollen wir Ihnen unnötige Mühe und Zeitverlust ersparen, doch müssen wir Sie um ernsthaften Einsatz und um das Vertrauen bitten, das uns bisher mehr als 100.000 Studenten jeder Nationalität entgegenbrachten, die sich für die Erlernung des Italienischen mit Hilfe unserer vorausgegangenen Lehrwerke entschieden haben.

Bevor Sie jedoch das Studium der italienischen Sprache in Angriff nehmen – mit oder ohne Anleitung eines Lehrers – halten wir es für hilfreich, einige Worte übe das von uns angewandte Lehrverfahren zu sagen.

**Grammatik**

Sicher sind Sie ebenso wie wir der Ansicht, daß man nicht unbedingt mit dem Studium der grammatischen Regeln anfangen muß, wenn man lernen will, sich korrekt und präzise in Situationen des täglichen Lebens auszudrücken sowie Zeitschriften und Bücher zu lesen.

Eine Sprache zu beherrschen, bedeutet nicht einfach, die Regeln zu kennen, nach denen sie sich richtet. Entscheidend ist vielmehr, folgende vier Fähigkeiten zu besitzen: hörend und lesend zu verstehen, sprechend und schreibend sich verständlich zu machen. Um sich diese Fähigkeiten anzueignen, ist ständige Übung erforderlich, die zwar sehr wohl grammatische, aber nicht unbedingt abstrakte Sätze zum Gegenstand haben sollte, wie z.B. «Il filosofo attraversò il fiume a cavallo, ma il poeta rimase a scrivere i suoi versi immortali» (Der Philosoph überquerte den Fluß zu Pferde, der Dichter hingegen blieb zurück, um seine unsterblichen Verse niederzuschreiben), sondern Sätze, die eine reale Kommunikationssituation wiedergeben.

Wahrscheinlich haben auch Sie schon erlebt, wie befremdend es ist, wenn sich jemand über Jahre hinweg mit einer Fremdsprache beschäftigt hat, und noch nicht einmal in den einfachsten Situationen zurechtkommt. Man könnte nun einfach sagen, daß es sich um Menschen handelt, die keine Begabung für Sprachen haben. Wir dagegen sind der Ansicht, daß es ganz unmöglich ist, sich auf natürliche und angemessene Weise zu verständigen, wenn man jedes Mal, um einen Gedanken auszudrücken oder auf eine Frage zu antworten, gezwungen ist, aus den Hunderten von gelernten Regeln diejenige «herauszufischen», die im betreffenden Fall angebracht ist, und sich sämtliche durchgenommenen grammatischen Sätze wieder ins Gedächtnis rufen muß. Muß man zum Beispiel von einer Regel wie dieser ausgehen: «Um eine im Verhältnis zum Prädikat des Hauptsatzes zeitlich nachstehende Aktion auszudrücken, muß das Prädikat des Nebensatzes ins Condizionale composto (II. Konditional) gesetzt werden», um zur Formulierung von Sätzen zu gelangen wie: «Credevo che sarebbe venuto anche Mario» (Ich glaubte, daß auch Mario kommen werde), oder «Luisa aveva detto che avrebbe telefonato» (Luisa hatte gesagt, daß sie anrufen würde)?

In diesem Buch wird nicht von der Grammatik ausgegangen, um von dort zur Anwendung der Sprache zu gelangen. Wir gehen den umgekehrten Weg. Nach unserer Methode wer Sie zuerst überlegen, *was* in bestimmten Situationen gesagt wird, und dann, *wie* es gesagt wird. Jedes grammatische Problem wird nicht erschöpfend in einer einzigen *Unità* behandelt, sondern wiederholt aufgegriffen und immer nur soweit ausgeführt, wie es für die jeweilige Situation erforderlich ist.

In jeder *Unità* werden Sie indirekt zu den grammatischen Regeln hingeführt, die im Ergänzungsband zu diesem Buch noch ausführlicher auf deutsch dargelegt werden.

**Übungen**

Wir sind davon überzeugt, daß die Fähigkeit, mit einer Sprache aktiv umgehen zu können, eher mit intensiver Übung als mit noch so eifrigem Erlernen von grammatischen Regeln erreicht wird. Deshalb haben wir eine Vielzahl von Übungen vorbereite die Ihnen nicht nur helfen sollen, zuzuhören und die richtige Aussprache zu wiederholen, zu lesen und zu schreiben, sondern von Anfang an auch über sich und die Situationen, die Sie betreffen, zu sprechen.

Wenn Sie die Erlebnisse der Personen, die in den verschiedenen Texten vorkommen, mitvollziehen und die leicht anwendbaren Sprachmodelle aus dem Alltagsleben lernen, werden Sie sich in ähnlichen Situationen ohne Schwierigkeit ausdrücken können. Fast alle Übungen sind auf Kassetten aufgenommen worden, um Ihnen das individuelle Studium und die Einübung derjenigen grammatischen Strukturen, die sich am schwersten ins Gedächtnis einprägen, zu erleichtern.

Wir sind uns bewußt, daß die Übungen nicht immer den attraktivsten Teil eines Sprachstudiums ausmachen. Ihr Nutzen dürfte jedoch unbestritten sein. Sowenig man näm Schwimmen oder Autofahren lernen kann, indem man nur in guten Handbüchern nachschlägt wie man es macht, genausowenig kann man eine Sprache lernen, ohne sich ganz in sie hinein-zuversetzen und sie aktiv zu gebrauchen. Wenn Sie einen Klaviervirtuosen oder einen Sportchampion fragen, wie er es geschafft haben, berühmt zu werden, bekommen Sie bestimmt zur Antwort, daß er sich dafür unzähligen, oft langweiligen Übungsstunden hat unterziehen müssen.

**Wortschatz**

Nicht alle Wörter, aus denen eine moderne Sprache besteth, werden gleich häufig verwendet. Einige benutzt man täglich mehrmals, andere hin und wieder einmal, andere wieder fast nie. Fachstatistiken gemäß machen die 1000 häufig Wörter 85% aller Sprachäußerungen aus, die 3000 häufigsten Wörter umfassen bereits 95% und die restlichen nur 5%. Wenn man also die 1000 gebräuchlichsten Wörter weiß, kann man schon sehr viel von dem verstehen, was man hört, und sagen, was man seinerseits vermitteln will. Genau diese Tatsache wollen wir berücksichtigen und nur die Wörter einführen, die am häufigsten vorkommen. Damit ersparen wir Ihnen die Mühe, Vokabeln lernen zu müssen, die weniger gebräuchlich sind.

**Typische Schwierigkeiten**

Beim Studium der italienischen Sprache werden Sie auf Schwierigkeiten stoßen auf das die davon herrühren, daß man dazu neigt, die Strukturen seiner eigenen Sprache oder die einer vorher gelernten Fremdsprache auch Italienische zu übertragen. Wer Deutsch als Muttersprache hat, wird sich demnach mit anderen Schwierigkeiten auseinanderzusetzen haben als derjenige, dessen Muttersprache Französisch ist; und je nachdem, ob man vor dem Italienischen bereits Englisch oder Französisch gelernt hat, wird man jeweils anderen Problemen begegnen. Wir haben besonders diesen Aspekt des Lernprozesses berücksichtigt und weitgehend den spezifischen Schwierigkeiten der Studenten aus verschiedenen Sprachgruppen Rechnung getragen. Der Ergänzungsband wird noch mehr eigens hierfür ausgearbeitetes Material enthalten.

**Welche Art von Sprache?**

Jede Sprache ist in erster Linie Mittel zur mündlichen und erst in zweiter Linie zur schriftlichen Kommunikation. Aus diesem Grund soll das Italienisch, das wir Ihnen dienenbieten, vor allem der mündlichen Kommunikation. Auch wenn wir die Schriftsprache nicht wie viele andere, die wohl durch einen gewissen Schultyp geprägt sind, wollen wir Ihnen doch deren Kenntnis vermitteln, ohne ihr einen vorrangigen Platz einräumen. Wer gelernt hat, eine Sprache zu verstehen und sich in ihr verständlich zu machen, dem es leichter (wie das ja auch in der Muttersprache der Fall ist), sich gut schriftlich auszudrücken und die Sprache zu lesen, während das Gegenteil nicht unbedingt der Fall sein muß.

Erlauben Sie uns zum Schluß noch einige Empfehlungen: Betreiben Sie Ihr Sprachstudium Schritt für Schritt, ohne eine der vorgesehenen Etappen zu überspringen, und lassen Sie sich nicht durch gelegentlich auftretende Schwierigkeiten entmutigen, so hoch einschätzen Vergessen Sie nicht, daß das Erlernen einer Sprache beträchtlichen Einsatz erfordert. Das trifft auch auf das Italienische zu, das im allgemeinen als *leicht* angesehen wird. Aber wir sind überzeugt: Je tiefer Sie in unsere Sprache eindringen, um so mehr werden Sie erkennen, daß sich alle Mühe reich bezahlt macht.

Viel Erfolg!

Die Verfasser

# Prologo

Ante todo les agradecemos que hayan decidido estudiar el italiano y hayan escogido nuestro libro.

Si ustedes han estudiado ya otros idiomas extranjeros, se habrán encontrado seguramente con el dilema de qué método seguir para aprenderlos con rapidez y minima dificultad.

Sin duda se habrán sentido también acosados por la propaganda editorial que, sirviéndose de un cierto tipo de lenguaje publicitario, y en su afán de convencer al posible comprador de las bondades de uno u otro sistema, les promete un imposible.

Lo primero que se nos ocurre es preguntarles qué esperan de este libro. Puesto que no pretendemos darles vanas esperanzas, desde ahora deseamos aclarar que no les prometemos milagros. No cabe duda de que nuestro método no es «el ideal», pero, habiendo estudiado a fondo todos les existentes, hemos tratado de elaborar un «método integrado», con todos los elementos que nos han parecido valiosos y que pensamos les facilitarán el estudio italiano.

Se trata, en definitiva, de evitarles tiempo y esfuerzos inútiles, lo cual no obsta para que a cambio les pidamos tesón y confianza, la misma que nos han demostrado quienes – en número superior a los 100.000 y de las más diversas procedencias – han venido eligiendo nuestros libros durante estos últimos años.

Antes de afrontar el estudio del italiano, por ustedes mismos o con la ayuda de un profesor, nos parece oportuno hacer algunas aclaraciones sobre la metodologia adoptada.

## Gramática

Estarán de acuerdo con nosotros en que para poder expresarse con propiedad en las diversas situaciones de la vida diaria, o para leer en italiano, no es indispensable partir del estudio de la gramática. En efecto, saber un idioma no consiste, exclusivamente, en conocer las reglas gramaticales, antes bien, implica el dominio de las cuatro habilidades siguientes: entender escuchando, entender leyendo, hacerse entender hablando y hacerse entender escribiendo, para lo cual es necesario un ejercicio continuo, que no tenga como objeto frases gramaticales sin conexión alguna con la vida real (como por ejemplo: «El filósofo cruzó el río a caballo, pero el poeta se quedó escribiendo sus versos immortales».)

Sin duda habrán asistido ustedes también al penoso espectáculo que ofrecen quienes, a pesar de haber estudiado durante años una lengua extranjera, no son capaces de salir airosos en las situaciones más triviales.

Con una visión simplista se diría – quizás ustedes también lo digan – que se trata de personas poco aptas para aprender idiomas. ¿No han pensado que tal vez resulte imposible hablar con espontaneidad y de modo apropriado si cada vez que se quiere expresar una idea o contestar a una pregunta hay que recurrir a toda una trama de reglas gramaticales y frases aprendidas de memoria? ¿Piensan acaso que se puede llegar a formular enunciados tales como «Credevo che sarebbe venuto anche Mario» (Creía que Mario también vendría) o «Luisa aveva detto che avrebbe telefonato» (Luisa había dicho que llamaría por teléfono) aplicando una regla gramatical que dice: «Para expresar una acción posterior a la del verbo principal en el pasado, el verbo de la oración subordinada se debe colocar en el potencial compuesto»?

En este libro no se parte de la gramática para llegar a la correcta utilización del idioma: el camino recorrido es el opuesto. Les preparamos para que primero piensen *qué* es lo que deben decir en cada momento y sólo entonces pasen a preguntarse *cómo* deben decirlo.

Ningún argumento gramatical se agota del todo en cada unidad didáctica, sino que se trata repetidas veces y sólo hasta el punto en que resulta funcional para la comprensión de la acción desarrollada en cada ocasión.

## Ejercitación

Convencidos de que sólo mediante una intensa práctica se puede llegar al uso activo de la lengua, hemos programado una abundante cantidad de ejercicios. Por lo tanto, practicarán no sólo escuchando, repitiendo, pronunciando correctamente, leyendo y escribiendo, sino también hablando de ustedes mismos y de las situaciones en que se puedan encontrar.

Siguiendo las vicisitudes de los personajes que aparecen en el texto y aprendiendo modelos de lengua utilizables en contextos de alta frecuencia, aprenderán a expresarse en italiano cuando pasen ustedes a ser los verdaderos protagonistas.

La mayor parte de los ejercicios han sido grabados con el fin de facilitarles tanto el estudio individual como la automatización de estructuras más difíciles.

Nos consta que los ejercicios no son siempre la parte más atractiva del estudio de una lengua: su utilidad, sin embargo, es indiscutible. De la misma manera que no se aprende a nadar o a conducir con la sola lectura de un buen manual, tampoco es posible aprender un idioma sin una «inmersión total», y a la vez activa, en él.

Si preguntan a un famoso pianista o a un campeón cómo han llegado al virtuosismo o perfección, les responderán que antes de poder tocar una «suite» entera o de jugar un partido importante, han tenido que someterse a innumerables y, a menudo, aburridísimas horas de práctica.

**Léxico**

Toda lengua moderna está compuesta por unos 50.000 vocablos. No todas las palabras que la componen se usan con la misma frecuencia. Algunas se utilizan varias veces al día, otras de vez en cuando, y otras no se emplean casi nunca. Según las estadísticas realizadas en este campo, las primeras 1000 palabras en orden de frecuencia cubren el 85% del uso de un idioma, las primeras 3000 el 95%, las restantes sólo el 5%.

Así pues, conociendo *las 1000 palabras más frecuentes* se puede entender y expresar casi todo lo que se desea. Teniendo en cuenta este hecho, hemos tratado de facilitarles las palabras de mayor frecuencia, evitándoles por tanto el inútil esfuerzo de memorizar un vocabulario poco frecuente.

**Dificultades típicas**

Se les presentarán, sin duda, dificultades específicas, debidas a la natural tendencia a trasladar al italiano las estructuras de su lengua o de alguna lengua extranjera que hayan estudiado anteriormente. Lógicamente, las dificultades de una persona de habla inglesa – o de cualquiera que conozca este idioma – serán distintas a las de la persona de lengua francesa o alemana. Por ello hemos insistido especialmente en las dificultades-tipo para cada grupo lingüístico, que encontrarán sistematizadas en el libro.

**¿ Qué tipo de idioma?**

Sabido es que la lengua constituye un instrumento de comunicación ante todo oral, y sólo en segundo lugar, escrita. Por ello, el tipo de italiano seleccionado ha sido el particularmente apto para la comunicación oral, sin que por ello hayamos olvidado la lengua escrita, a la cual, sin embargo, hemos concedido menos importancia de la que normalmente le atribuyen los métodos tradicionales.

De hecho, quien ha aprendido a entender la lengua y a hacerse entender cuando la habla, encontrará – igual que sucede con la lengua materna – una mayor facilidad, tanto para expresarse correctamente por escrito como para la lectura, mientras que el camino opuesto no siempre daría los mismos resultados.

Para concluir, nos gustaría darles algunos consejos: avancen en el estudio de la lengua sin omitir ninguna de las etapas previstas, y no se desalienten ante las dificultades que les salgan al paso. Recuerden que para aprender una lengua es necesaria una gran constancia. Lo dicho es igualmente válido para el italiano, considerado, por lo general, una *lengua fácil.*

Adéntrense cada vez más en nuestro idioma, pues sólo de esta manera se verán recompensados todos sus esfuerzos.

¡Animo y adelante!

Los autores

# Indice analitico

| Unità | Elementi di civiltà e centri d'interesse | Strutture | Fonetica e ortografia | Pag. |
|---|---|---|---|---|
| 6 Un incontro | Convenevoli abituali quando si incontra una persona<br>Come si offre un passaggio | Indicativo presente dei verbi regolari della III coniugazione e del verbo *andare*<br>Uso del presente indicativo con la preposizione *da*<br>Doppia negazione<br>Preposizioni semplici e articolate con il verbo *andare*<br>Allocutivi *tu* e *Lei* in parallelo | | 44 |
| 7 Alla fermata dell'autobus | Come ci si informa su un autobus da prendere<br>Come si chiede quanto dista un punto della città che si vuole raggiungere a piedi<br>Come ci si informa sulle strade da prendere per arrivare in un punto della città con la macchina | Forme impersonali (bisogna, ci vuole, ci vogliono)<br>Alcune forme dell'imperativo (vada!, giri!)<br>Alcuni verbi in -isc (capire)<br>Affermazione e negazione con in verbi *credere* e *sperare*<br>Pronomi e aggettivi interrogativi (che?, quale?) | Doppie consonanti<br>*s/ss, š, sc, sp, st* | 52 |
| 8 A cena in una trattoria | Come ci si informa sulle varie pietanze<br>Come si chiedono cibi secondo il proprio gusto<br>Modelli di lingua abituali quando si è a tavola con altre persone<br>Come si chiede il conto e si lascia la mancia | Pronomi diretti e particella "ne"<br>Alcune forme dell'imperativo (prendi!, tieni!, serviti!, prenda!, tenga!, si serva!, ci porti!)<br>L'avverbio "pure" usato per esprimere consenso (con le forme dell'imperativo)<br>Alcuni verbi in -isc (finire)<br>Allocutivi *tu* e *Lei* in parallelo<br>Inversione sintattica<br>Alcuni avverbi in -mente<br>Forma interrogativa, negativa e interrogativa-negativa del verbo | Doppie consonanti<br>*r* e *l* | 58 |
| 9 Un'intervista | Raccontare di sé e della propria vita | Participio passato regolare e irregolare<br>Passato prossimo<br>Uso dell'ausiliare<br>Accordo del participio passato con il soggetto<br>La particella "ne" usata in senso partitivo (con i verbi al presente)<br>Verbi in -care (giocare)<br>Aggettivi indefiniti (qualche)<br>Alcuni modi di dire<br>I giorni della settimana, i mesi<br>Alcuni numeri ordinali | Doppie consonanti<br>Gruppi ritmici<br>Alcuni dittonghi (ia, ie, io, iu, ua, ui, uo) | 66 |
| 10 Tempo libero | Fare progetti per il fine-settimana | Futuro dei verbi regolari e irregolari delle tre coniugazioni<br>Periodo ipotetico al futuro<br>Alcuni usi particolari del futuro<br>Il verbo *andare* con la preposizione *da* (semplice e articolata)<br>La particella avverbiale "ci"<br>Comparazione fra verbi<br>La congiunzione "né" | Doppie consonanti<br>Gruppi ritmici<br>Frasi affermative, interrogative, esclamative, negative, interrogative - negative | 74 |

# Lingua e vita d'Italia

# Unità 1 Al bar di un albergo

## I

Buongiorno!

Buongiorno!

1

Scusi, sono libere queste sedie?

No, queste qui sono occupate.
Quelle là, invece, sono libere.

2

Permette?

Prego, accomodatevi!

3

## II Esercizi orali

**1. Rispondete alle seguenti domande guardando solo le illustrazioni:**

Che cosa domanda il signor Becker al cameriere? *Sono libere queste sedie?*

1. Che cosa domanda il signor Becker al cameriere?
2. Che cosa risponde il cameriere?
3. Che cosa dice il signor Becker al signor Rossi?
4. Che cosa risponde il signor Rossi?
5. Di che nazionalità sono i signori Becker?
6. Dove vivono?

4

Mi chiamo Klaus Becker e questa è mia moglie.

Piacere! Il mio nome è Paolo Rossi.

Piacere! Molto lieta!

5

Di che nazionalità siete?

Siamo tedeschi; viviamo a Monaco.

6

È la prima volta che venite in Italia?

Per mia moglie è la prima volta, ma per me è già la terza.

Lei parla bene l'italiano!

Grazie del complimento!

**2. Provate a ricostruire il dialogo guardando solo le illustrazioni.**

**3. Rispondete alle seguenti domande:**

1. Come si chiama Lei?
2. Dove vive?

**4. Domandate al vostro compagno di banco:**

1. Come si chiama
2. Dove vive

## 5. Guardando le illustrazioni, domandate se...

Quella sedia è libera
*Scusi, è libera quella sedia?*

7

Quelle sedie sono libere
*Scusi, sono libere quelle sedie?*

8

Quelle sedie sono libere

9

Quella poltrona è libera

10

Quelle poltrone sono libere

11

Quel posto è libero

12

Quei posti sono liberi

13

**6. Guardando le illustrazioni, rispondete:**

Scusi, è libera quella sedia?
*Sì, è libera.*

14

---

Scusi, sono libere quelle sedie?
*Sì, sono libere.*

15

---

Scusi, sono libere quelle sedie?

16

---

Scusi, è libera quella poltrona?

17

---

Scusi, sono libere quelle poltrone?

18

---

Scusi, è libero quel posto?

19

---

Scusi, sono liberi quei posti? ◎

20

---

## 7. Guardando le illustrazioni, rispondete:

Scusi, è libera quella sedia?
*No, non è libera.*

21

Scusi, sono libere quelle sedie?
*No, non sono libere.*

22

Scusi, sono libere quelle sedie?

23

Scusi, è libera quella poltrona?

24

Scusi, sono libere quelle poltrone?

25

Scusi, è libero quel posto?

26

Scusi, sono liberi quei posti?

27

## 8. Trasformate le seguenti frasi secondo il modello:

Il signor Bianchi dice: «Mia moglie si chiama Sara».
*Il signor Bianchi dice che sua moglie si chiama Sara.*

28

Il signor Bianchi dice: «Mia moglie si chiama Sara».

29

«Mia figlia si chiama Rita».

30

«Mia madre si chiama Sandra».

31

«Mio figlio si chiama Carlo».

32

«Mio padre si chiama Pietro». ◎

33

◎
◎

La signora Fedeli dice: «Mio marito si chiama Franco».
*La signora Fedeli dice che suo marito si chiama Franco.*

34

La signora Fedeli dice: «Mio marito si chiama Franco».

35

«Mia figlia si chiama Luisa».

36

«Mia madre si chiama Anna».

37

«Mio figlio si chiama Gianni».

38

«Mio padre si chiama Renzo». ◎

39

## 9. Leggete i seguenti dialoghi:

Di che nazionalità è, signore?
Sono tedesco.
E Lei, signorina?
Anch'io sono tedesca.

Di che nazionalità è, signore?
Sono austriaco.
E Lei, signora?
Anch'io sono austriaca.

Di che nazionalità è, signore?
Sono spagnolo.
E Lei, signorina?
Anch'io sono spagnola.

Di che nazionalità è, signore?
Sono americano.
E Lei, signora?
Anch'io sono americana.

Di che nazionalità è, signore?
Sono inglese.
E Lei, signorina?
Anch'io sono inglese.

## 10. Ed ora rispondete alle domande:

Fred è tedesco? *No, non è tedesco, è americano.*
Mary è tedesca? *No, non è tedesca, è inglese.*

1. Fred è tedesco?
2. Franz è inglese?
3. Dolores è americana?
4. Manuel è austriaco?
5. Mary è spagnola?

## 11. In un albergo di Roma

**1**

Lei parla l'italiano?

No, parlo l'inglese.

E Lei che lingue parla?

Il tedesco e lo spagnolo.

E Lei, signorina, che lingua parla oltre al giapponese?

Parlo l'inglese ed il francese, più un po' d'italiano.

Chi di voi conosce anche il greco? Io, ma solo il greco antico.

---

**2**

*Signor Valli* Come mai siete a Roma?

*Signor Forti* Io sono qui per affari e mia moglie per turismo.

40

---

*Signor Valli* Di dove siete?

*Signor Forti* Siamo di Torino. Conosce la nostra città?

*Signor Valli* Sì, ho molti amici lì.

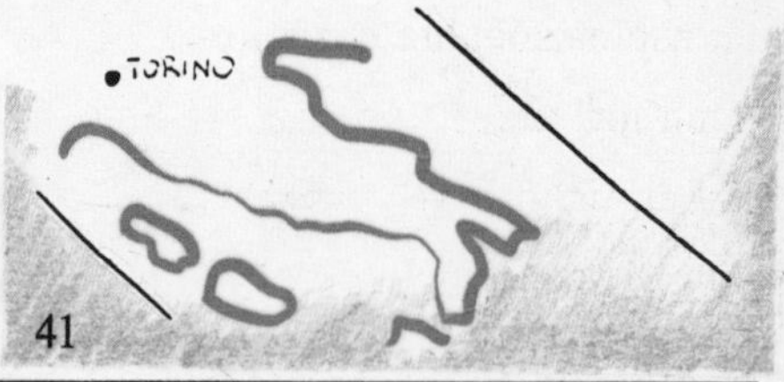


41

---

*Signor Forti* E Lei dove vive?

*Signor Valli* Vivo a Milano.

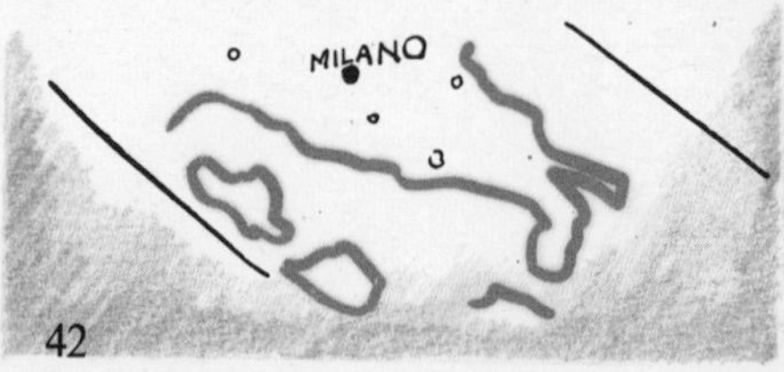


42

---

*Signor Forti* Ha famiglia?

*Signor Valli* Sì, ho moglie e tre figli

43

---

*Signor Forti* Per quale ragione è a Roma?

*Signor Valli* Sono qui per lavoro.

44

| | | |
|---|---|---|
| *Signor Forti* | Qual è la Sua professione? | |
| *Signor Valli* | Sono avvocato. ◎ | 45 |

## 12. Esercizio di pronuncia e intonazione

Ascoltate e ripetete:

12.a *Le doppie consonanti* (cc, ff, pp, ss, tt, vv)

Queste sedie sono occupate.

Permette? Prego, accomodatevi!

Che lingua parla oltre al giapponese?

Il signor Rossi è qui per affari.

Qual è la Sua professione?

Sono avvocato.

12.b *Alcuni dittonghi*

Queste sedie sono libere.

Mi chiamo Franchi e questa è mia moglie.

Piacere! Molto lieto!

Lei parla bene l'italiano!

Di che nazionalità siete?

Per quale ragione è qui? ◎

**III Test**

**1. Completate le parole con la lettera mancante:**

1. Scus..., signora, è libero que... posto?
2. Que... posti non sono liber...
3. Come si chiama Su... mogli..., signor Bianchi?
4. Come si chiama Su... marito, signora?
5. Ann non è american..., è ingles...

**2. Mettete in ordine le seguenti parole:**

1. due sono sedie scusi libere quelle ?
2. che la volta prima venite Italia in è ?
3. signore è nazionalità che di ?

# Unità 2 All'albergo

## I

Dica, signore!

Ho una camera prenotata.

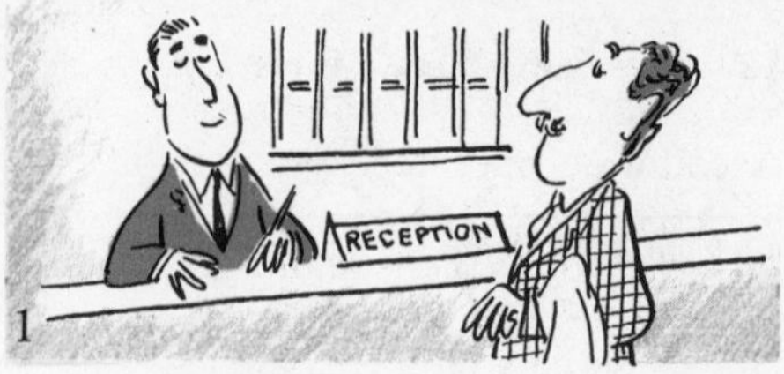


1

Qual è il Suo nome?

Tom Johnson.

2

Vediamo... ah, sì, ecco: è la camera ventitré (23), una singola.

3

Ha il bagno?

Sì, ce l'ha. Tutte le camere, singole, doppie o matrimoniali, hanno il bagno.

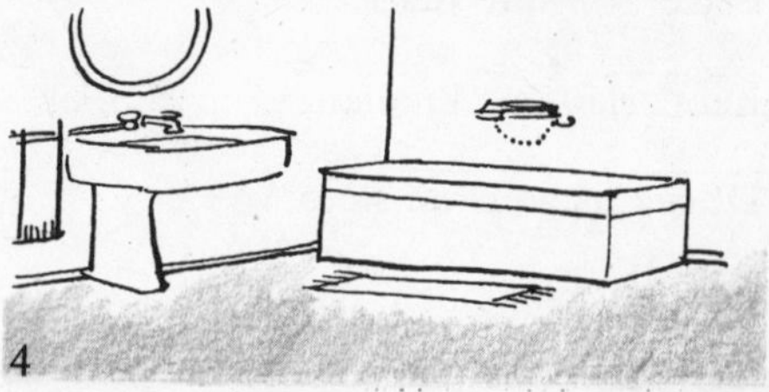

4

## II Esercizi orali

**1. Rispondete alle domande guardando solo le illustrazioni:**

Qual è la camera del signor Johnson? *È la camera 23.*

1. Qual è la camera del signor Johnson?
2. È singola o doppia?
3. Ha il bagno?
4. Qual è il prezzo?
5. Quale documento ha il signor Johnson?

**2. Provate a ricostruire il dialogo guardando solo le illustrazioni.**

Qual è il prezzo?

Venticinquemila (25 000) lire, inclusa la prima colazione.

Va bene.
Ha un documento, per favore?

Sì, ce l'ho. Vuole il passaporto?

Grazie, signore!

Eccolo! ◎

**3. Rispondete alle seguenti domande:**

1. Qual è il Suo nome?
2. Quali documenti ha?

**4. Domandate al vicino di banco:**

1. Qual è il suo nome
2. Quali documenti ha

## 5. Rispondete alle domande guardando le illustrazioni:

La camera ventitré (23) ha il bagno?
*Sì, ce l'ha.*

8

La camera trentasei (36) ha la doccia?
*Sì, ce l'ha.*

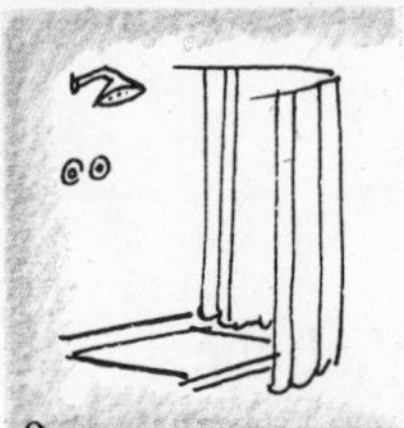
9

La camera 36 ha la doccia?

10

La camera 36 ha il televisore?

11

La camera 36 ha la radio?

12

La camera 36 ha il telefono?

13

La camera 36 ha il frigorifero?

14

## 6. Osservate!

<table>
<tr><td rowspan="2">Nella camera 36</td><td>c'è</td><td>il televisore<br>la radio<br>il frigorifero<br>la doccia</td></tr>
<tr><td>ci sono</td><td>il televisore e la radio<br>il frigorifero e la doccia</td></tr>
</table>

## 7. Rispondete alle domande guardando le illustrazioni:

La camera
ventiquattro (24)
ha il bagno?
*No, non ce l'ha.*

15

La camera
ventuno (21) ha
la doccia?
*No, non ce l'ha.*

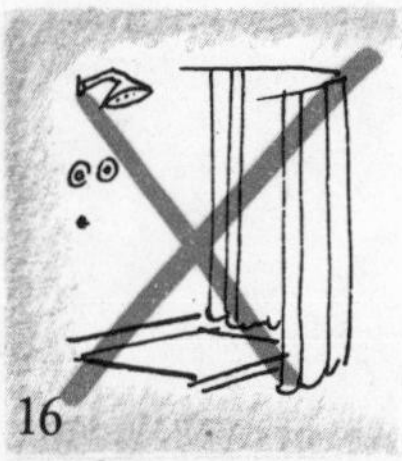
16

La camera 21 ha
la radio?

19

La camera 21 ha
la doccia?

17

La camera 21 ha
il telefono?

20

La camera 21 ha
il televisore?

18

La camera 21 ha
il frigorifero? ◎

21

## 8. Osservate!

| | | |
|---|---|---|
| Nella camera 21 | non c'è | la doccia<br>il telefono<br>il televisore<br>la radio |
| | non ci sono | la doccia e il telefono<br>il televisore e la radio |

## 9. Rispondete alle domande guardando le illustrazioni:

Ha il passaporto?
*Sì, eccolo!*

22

Ha la patente?
*Sì, eccola!*

23

Ha la patente?

24

Ha il giornale?

25

Ha il biglietto?

26

Ha la chiave?

27

## 10. Completate i seguenti dialoghi secondo il modello:

Lei *ha* una camera singola?

No, *ho* una camera doppia. E voi?

Noi *abbiamo* una camera matrimoniale.

Lei ........... una macchina Fiat?

No, ........... una Lancia. E voi?

Noi ........... una Volkswagen.

Lei ........... un cane?

No, ........... un gatto. E voi?

Noi ........... due cani.

Lei ........... un appartamento?

No, ........... una casa. E voi?

Noi ........... un appartamento.

## 11. Completate il testo con le parole mancanti:

Il signor Johnson ha una camera ........... all'albergo.

È la camera 23, una ........... Non è cara: costa venticinquemila lire, ........... la prima colazione.

## 12. Conversazione

Lei, Hans, parla l'italiano?

Sì, lo parlo un po'.

E Lei, Greta, parla l'italiano?

Sì, ma non lo parlo bene.

Lei, Franco, parla l'inglese?

Sì, lo parlo abbastanza bene.

Parla anche il tedesco?

No, non lo parlo affatto.

## 13. Ed ora rispondete alle domande:

Hans parla l'italiano?
*Sì, lo parla un po'.*

---

1. Hans parla l'italiano?
2. Anche Greta parla l'italiano?
3. Franco parla l'inglese?
4. Parla anche il tedesco?
5. Lei parla l'italiano?
6. Che lingue parla?

---

## 14. Completate il seguente dialogo fra l'impiegato di un albergo e il signor Rossi e sua moglie:

*Impiegato* Dicano, signori!

*Signor Rossi* ..........................................................................................

*Impiegato* Come la vogliono?

*Signor Rossi* ..........................................................................................

*Impiegato* Allora va bene la camera settantadue (72).

*Signor Rossi* ..........................................................................................

*Impiegato* Sì, ce l'ha.

*Signor Rossi* ..........................................................................................

*Impiegato* Ventottomila (28 000) lire, inclusa la prima colazione.

*Signor Rossi* ..........................................................................................

## 15. Esercizio di pronuncia e intonazione

*Ascoltate e ripetete:*

Quest'albergo è caro.

Quest'albergo è caro?

Quest'albergo non è caro.

Quest'albergo non è caro?

Quest'albergo è caro!

*Siena: piazza del Campo*

**SIENA**** (2 F2): m 322; ab. 65 634; capoluogo di provincia; sede arcivescovile; Università. – Gentile città, adagiata su tre colli nel cuore della Toscana in una ricca zona agricola; nobilissima e attraente per il genuino, intatto aspetto medioevale e le alte testimonianze della sua splendida civiltà; centro artistico e turistico di primaria importanza.

**C.a.p.** 53100. - **Prefisso t.** 0577. - **Posta, T. e Tel.,** *C2*. - **Informazioni:** EPT, via di Città 5, t. 47051 (*D3*). - AA, piazza del Campo 55, t. 280551 (*D3*); ufficio stagionale, Stazione F.S., t. 44525 (*A1*). - TCI: Viaggi S.E.T.I., piazza del Campo 56; Libreria Ticci, Banchi di Sopra 44.

**Park Hotel** (1ª cat.), via Marciano 166, (accesso dalla strada per Firenze) t. 44803; cam. 50, tutte con b.; aria condiz.; parco; tennis; piscina (in trasformazione, 1973) *A1, f.p.*
**Villa Scacciapensieri** (1ª cat.), stag., via di Scacciapensieri 24 (nei pressi dell'Osservanza), t. 41442; cam. 30; b. 24; d. 5; aria condiz.; giardino; tennis; piscina *A4, f.p.*
**Garden** (2ª cat.), via Custoza 2 (accesso dalla strada per Firenze), t. 44392; cam. 29; b. 2; d. 18; parco; piscina ............ *A1, f.p.*
**Palazzo Ravizza** (pens. 1ª cat.), stag., pian dei Mantellini 34, t. 280462; cam. 28; b. 14; edificio seicentesco con alcuni ambienti in stile; giardino ............ *E-F2*, d
**Minerva** (2ª cat.), via Garibaldi 72, t. 284474; cam. 49; b. 11; d. 20 ........ *B-C3*, c
**Moderno** (2ª cat.), via Peruzzi 19, t. 288453; cam. 72; b. 13; d. 31 ........ *C3-4*, f
**Italia** (3ª cat.), via Cavour 67 (uscita per Firenze), t. 44248; cam. 70; b. 10; d. 28 ... *A1, f.p.*
**Chiusarelli** (3ª cat.), viale Curtatone 9, t. 280562; cam. 52; b. 12; d. 6 ....... *D2*, g
**Lea** (4ª cat.), meublé, viale XXIV Maggio 10, t. 283207; cam. 12; b. 2; d. 5 ........ *D1*, q
**Guido**, vicolo Pier Pettinaio 7, t. 280042; chiuso lunedì ............ *D3*, r
**Nell... La Taverna**, via del Porri... 28, t. 28904... chiuso l... *D3*, x
... *C3*, w

III Test

## 1. Completate il testo con le parole mancanti:

Hans parla un po' ........... italiano. Franco parla ........... inglese; ........... parla abbastanza bene. Parla anche ........... tedesco? No, non ........... parla ...........

## 2. Completate le parole con la lettera mancante:

1. Nella mia camera ci sono il televisor... e la radi...
2. Dov'è il mio giornal...?
3. Questa è la chiav... della Sua camera.
4. Lei ha un... Fiat?
5. Abbiamo una camera matrimonial...

## 3. Ora fate il test n. 1 che si trova in fondo al libro.

# Unità 3 Alla banca

**I**

*Il signor Becker entra in una banca, va allo sportello dove c'è scritto «cambio» e dice all'impiegato:*

1

Vorrei sapere a quanto sta il marco.

Oggi la quotazione è quattrocentottanta (480) lire per un marco.

2

Non è alta! In ogni modo vorrei cambiare cinquecento (500) marchi.

3

Cinquecento marchi a quattrocentottanta lire fanno duecentoquarantamila (240 000) lire. Le vuole in biglietti di taglio grosso o piccolo?

## II Esercizi orali

**1. Rispondete alle seguenti domande guardando solo le illustrazioni:**

Dove entra il signor Becker? *Entra in una banca.*

1. Dove entra il signor Becker?
2. Dove va?
3. Che cosa vuole sapere?
4. Che cosa vuole fare?

**2. Provate a ricostruire il dialogo guardando solo le illustrazioni.**

4

Vorrei un biglietto da centomila (100 000), due biglietti da cinquantamila (50 000) e il resto in biglietti da diecimila (10 000) e cinquemila (5 000).

5

D'accordo. Mi dà il passaporto, per favore?

Eccolo.

6

Ecco a Lei: duecentoquarantamila.

7

Grazie mille. ArrivederLa!

Prego! ArrivederLa!

## 3. Rispondete alle seguenti domande:

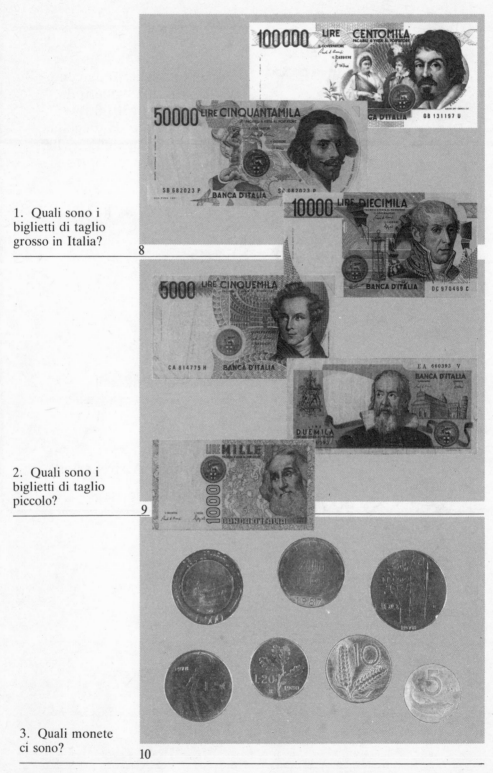

1. Quali sono i biglietti di taglio grosso in Italia?

8

2. Quali sono i biglietti di taglio piccolo?

9

3. Quali monete ci sono?

10

**4. Guardando le illustrazioni, domandate:**

A quanto sta lo scellino?

11

12

13

14

15

16

## 5. Guardando le illustrazioni, dite:

Vorrei cambiare
cento marchi.

17

18

19

20

21

22

## 6. Guardando le illustrazioni, dite:

Vorrei un biglietto da centomila e uno da cinquantamila.

23

24

25

26

27

**7. Come sopra:**

Vorrei un biglietto da centomila e il resto in biglietti da diecimila.

28

29

30

31

32

## 8. Conversazione

| | |
|---|---|
| *Signor Miller* | Senta, vorrei aprire un conto corrente presso la vostra banca. |
| *Impiegato* | Ha la residenza in Italia? |
| *Signor Miller* | No, ce l'ho in Inghilterra. |
| *Impiegato* | Allora mi dispiace; se non ha la residenza in Italia non può aprirlo. |
| *Signor Miller* | Peccato! Avere un libretto di assegni è utile perché non si deve portare troppo denaro liquido. |

## 9. Ed ora rispondete alle domande:

Che cosa vorrebbe aprire il signor Miller? *Un conto corrente.*

1. Che cosa vorrebbe aprire il signor Miller?
2. Ha la residenza in Italia?
3. Può aprire il conto corrente?
4. Perché è utile avere un libretto di assegni?

## 10. Leggete i seguenti dialoghi:

| | | |
|---|---|---|
| Siete tedeschi? | Siete inglesi? | Siete spagnoli? |
| No, siamo austriaci. | No, siamo americani. | No, siamo argentini. |
| Dove vivete? | Dove vivete? | Dove vivete? |
| Viviamo a Vienna. | Viviamo a Boston. | Viviamo a Buenos Aires. |

## 11. Ed ora rispondete alle domande:

Klaus e Greta sono tedeschi? *No, sono austriaci.*
Dove vivono? *Vivono a Vienna.*

1. Klaus e Greta sono tedeschi?
2. Dove vivono?
3. Jane e Jerry sono inglesi?
4. Dove vivono?
5. Pedro e Consuelo sono spagnoli?
6. Dove vivono?

# III Test

## 1. Mettete in ordine le seguenti parole:

1. in entra una Mario banca 500 marchi cambiare per.
2. utile un avere assegni di libretto è.
3. Greta non Klaus e tedeschi sono ma austriaci sono.

## 2. Completate il testo con le parole mancanti:

Il signor Becker va ........... sportello dove ........... scritto «cambio». Vorrebbe sapere ........... quanto ........... il marco. 500 marchi ........... 240 000 lire. .......... vuole .......... biglietti .......... 100 000 .......... 50 000 .......... 10 000 e .......... 5 000.

# Unità 4 Alla stazione Termini

I

1

*Greta* Un biglietto di andata e ritorno per Napoli.

2

*Bigliettaio* Di prima o di seconda classe?

*Greta* Di seconda.

3

## II Esercizi orali

**1. Rispondete alle seguenti domande guardando solo le illustrazioni:**

Dov'è Greta? *Alla stazione Termini.*

1. Dov'è Greta?
2. Che cosa vuole comprare?
3. Vuole un biglietto di prima o di seconda classe?
4. Da quale binario parte il treno per Napoli?
5. A che ora arriva a Napoli?

**2. Provate a ricostruire il dialogo guardando solo le illustrazioni.**

4

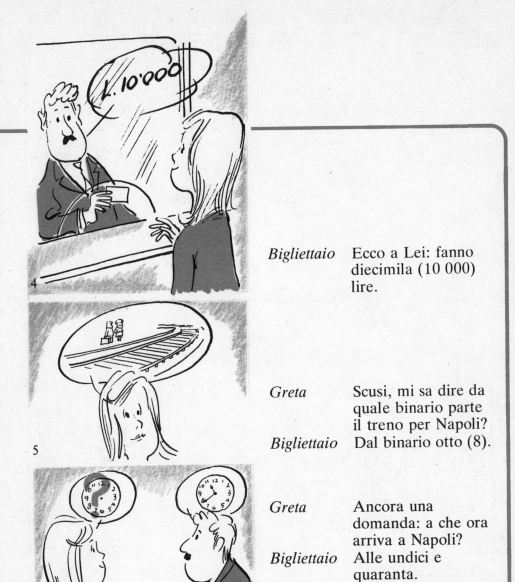

*Bigliettaio* Ecco a Lei: fanno diecimila (10 000) lire.

5

*Greta* Scusi, mi sa dire da quale binario parte il treno per Napoli?

*Bigliettaio* Dal binario otto (8).

6

*Greta* Ancora una domanda: a che ora arriva a Napoli?

*Bigliettaio* Alle undici e quaranta.

*Greta* Grazie tante! ◎

**3. Rispondete alle domande:**

1. Lei viaggia in treno o in macchina?
2. Quando prende il treno viaggia in prima o in seconda?

**4. Domandate al vostro vicino di banco se:**

1. Viaggia in treno o in macchina
2. Quando prende il treno viaggia in prima o in seconda

## 5. Osservate!

Il treno per Livorno parte alle sette (7).

Il treno per Genova parte alle otto (8).

Il treno per Firenze parte alle nove (9).

Il treno per Bologna parte alle dieci (10).

Il treno per Ancona parte alle undici (11).

Il treno per Bari parte alle dodici (12).

Il treno per Milano parte all'una (1).

| | |
|---|---|
| Questo treno arriva a Livorno alle nove e mezzo | (9,30) |
| Questo treno arriva a Bologna alle dieci e un quarto | (10,15) |
| Questo treno arriva a Milano alle undici e tre quarti | (11,45) |
| Questo treno arriva a Firenze alle sette e venti | (7,20) |
| Questo treno arriva a Venezia alle otto e venticinque | (8,25) |

## 6. Leggete le seguenti frasi:

1. Luisa arriva alle 7,10.
2. Marco va in ufficio alle 8,30.
3. Il film comincia alle 3,45.
4. La banca apre alle 8,15 e chiude alle 13,20.
5. L'aereo per Londra parte alle 2,40.

## 7. Osservate!

| | | |
|---|---|---|
| Che ore sono? | Sono le due | (2,00) |
| | Sono le quattro meno dieci | (3,50) |
| | Sono le cinque meno un quarto | (4,45) |
| | Sono le sei e trentacinque | (6,35) |
| Che ora è? | È l'una | (1,00) |
| | È mezzogiorno | (12,00) |
| | È mezzanotte | (24,00) |

## 8. Chiedete al vostro compagno di banco:

1. Che ore sono
2. A che ora va in ufficio
3. A che ora va a letto

## ◎ 9. Trasformate le seguenti frasi secondo il modello:

Non so da quale binario parte il treno per Napoli.
*Scusi, mi sa dire da quale binario parte il treno per Napoli?*

1. Non so da quale binario parte il treno per Napoli.
2. Non so dov'è il museo.
3. Non so a che ora arriva il treno da Firenze.
4. Non so a che ora apre la banca.
5. Non so quando comincia il film. ◎

## ◎ 10. Conversazione

A che ora arrivi a Firenze, Gianni?

Arrivo alle nove.

E il signor Marini a che ora arriva a Pisa?

Lui arriva alle dieci e mezzo.

Voi, ragazzi, a che ora arrivate a Siena?

Arriviamo presto: alle sette.

E Laura e Franco?

Anche loro arrivano a casa alle sette. ◎

## 11. Ed ora mettete in ordine le seguenti parole:

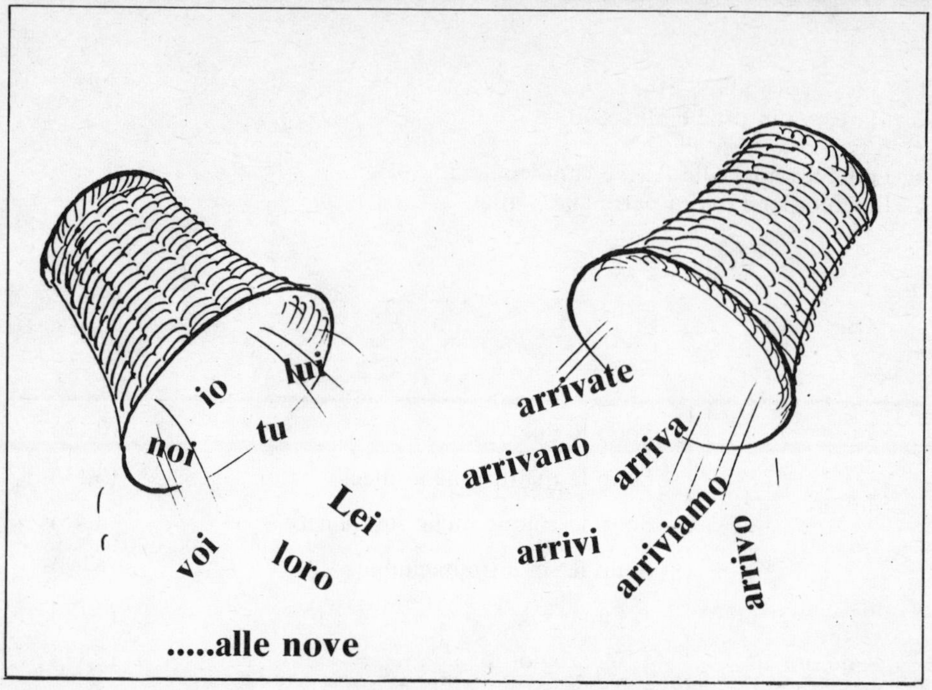


## 12. Completate il seguente testo con le parole mancanti:

Greta è ............ Roma. Va ............ stazione Termini e fa un biglietto ............ andata e ritorno ............ Napoli. Il treno parte ............ binario 8. Arriva ............ Napoli ............ undici e quaranta.

## 13. Conversazione

**In uno scompartimento del treno**

Scusi, è libero quel posto là?
Sì, è libero; si accomodi, signorina!
Grazie!

Vuole mettere su la valigia?
Sì, ma è pesante.

Non si preoccupi, ci penso io. Ecco fatto!

Grazie, molto gentile!

9

Le dà fastidio il finestrino aperto?

No, anzi, mi fa piacere un po' d'aria. ◎

10

**14. Rispondete alle seguenti domande:**

1. Lei entra in uno scompartimento. È quasi pieno: ci sono già cinque persone. Rimane solo un posto. Che cosa chiede ad una persona seduta vicino a quel posto?

   ..........................................................................................................................

2. Lei occupa il posto vicino al finestrino. Il finestrino è aperto ed entra molta aria. Che cosa domanda alla persona seduta vicino a Lei?

   ..........................................................................................................................

## III Test

**1. Completate il testo con le parole mancanti:**

Greta vuole un biglietto ........... andata e ........... ........... Napoli. Il bigliettaio chiede a Greta se lo vuole ........... prima o ........... seconda ...........
Greta domanda: «Scusi, ........... ........... dire ........... quale ........... parte il treno ........... Napoli, e ........... che ora arriva?».

**2. Mettete in ordine le seguenti parole:**

1. Greta su la mettere valigia vuole è ma pesante.
2. preoccupi si non io penso ci fatto ecco!
3. aperto il finestrino dà Le fastidio?
4. mi dire sa scusi a ora che la apre banca?

**3. Ora fate il test n. 2 che si trova in fondo al libro.**

# Unità 5 Al bar

**I**

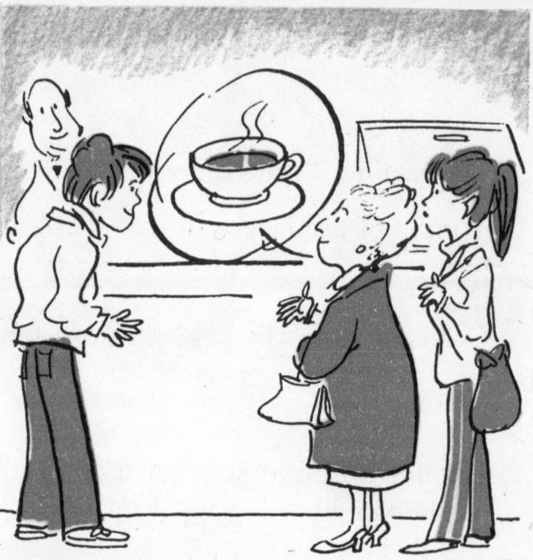
1

Che cosa prende, signora?

Un cappuccino, grazie!

2

Vuole anche una pasta?

No, grazie, preferisco una brioche.

3

E tu, Luisa, che cosa prendi?

Un caffè, grazie!

## II Esercizi orali

**1. Rispondete alle seguenti domande guardando solo le illustrazioni:**

Che cosa prende la signora? *Prende un cappuccino e una brioche.*

1. Che cosa prende la signora?
2. Che cosa prende Luisa?
3. Fa mai colazione Luisa?
4. Quanto zucchero vuole la signora?
5. Quanto zucchero vuole Luisa?

**2. Provate a ricostruire la conversazione guardando solo le illustrazioni.**

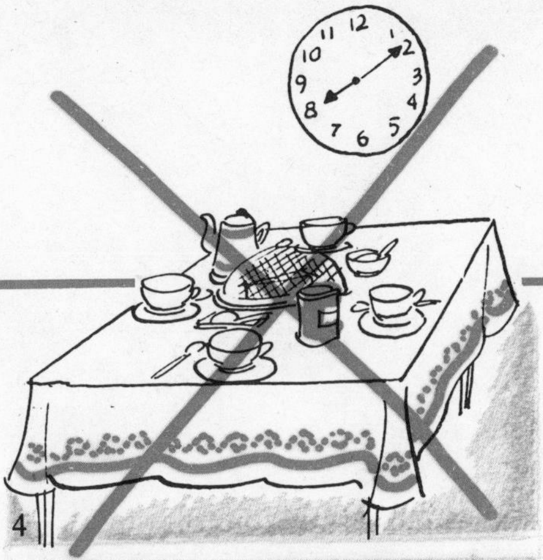

4

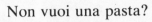

Non vuoi una pasta?

No, grazie, mi basta il caffè: non faccio mai colazione.

5

Cameriere! Per favore,
un cappuccino, una brioche
e due caffè.

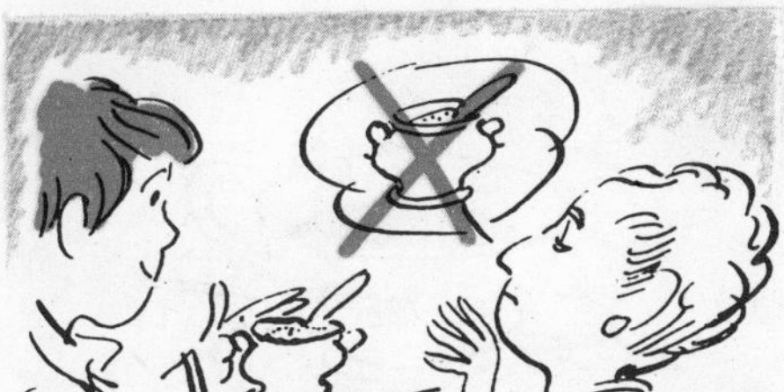

6

Quanto zucchero, signora?

Niente zucchero, grazie!

7

E tu, Luisa?

Un cucchiaino, grazie, molto gentile!

Non c'è di che! ◎

**3. Rispondete alle seguenti domande:**

1. Lei fa colazione tutti i giorni?
2. Prende il cappuccino o il caffè?
3. Quanto zucchero ci mette?

## 4. Fate le domande guardando le illustrazioni:

Prende un caffè,
signora?

8

9

10

11

12

13

## 5. Rispondete alle domande secondo il modello:

Vuole un altro tè? *No, grazie, mi basta questo.*

1. Vuole un altro tè?
2. Vuole un altro cognac?
3. Vuole un altro whisky?
4. Vuole un altro Martini?
5. Vuole un altro Cinzano?

## 6. Rispondete alle domande secondo il modello:

Vuoi ancora un po' di tè, Giulio? *Sì, grazie, ancora un po'.*

1. Vuoi ancora un po' di tè, Giulio?
2. Vuoi ancora un po' di cognac, Giulio?
3. Vuoi ancora un po' di whisky, Giulio?
4. Vuoi ancora un po' di Martini, Giulio?
5. Vuoi ancora un po' di Cinzano, Giulio?

## 7. Fate le domande secondo il modello:

*Signorina, preferisce un tè o un caffè?*
Preferisco un tè.
*E tu, Enzo, che cosa preferisci?*
Preferisco un caffè.

14

Preferisco un tè.

Preferisco un caffè.

15

Preferisco una birra.

Preferisco una coca-cola.

16

Preferisco un'aranciata.

Preferisco una limonata.

18

Preferisco un analcolico.

Preferisco un liquore.

17

Preferisco un cognac.

Preferisco un vermut.

19

## 8. Rispondete alle seguenti domande:

1. Lei è a casa di un amico. Questo domanda se vuole un tè o un liquore. Che cosa risponde?

   ..........................................................................................

2. L'amico Le domanda se vuole un altro cognac. Che cosa risponde?

   ..........................................................................................

3. L'amico Le domanda quanto zucchero vuole nel tè. Che cosa risponde?

   ..........................................................................................

4. Lei vuole sapere se una persona preferisce un tè o un liquore. Che cosa domanda?

   ..........................................................................................

5. Lei vuole sapere se quella persona desidera un altro whisky. Che cosa domanda?

   ..........................................................................................

6. Lei vuole sapere quanto zucchero quella persona desidera nel tè. Che cosa domanda?

   ..........................................................................................

## 9. Conversazione

*Marco* A che ora fa colazione Lei?

*David* Alle sette e mezzo.

20

*Marco* Dove fa colazione?

*David* A casa. E Lei?

21

*Marco* Io non faccio mai colazione; prendo solo un caffè.

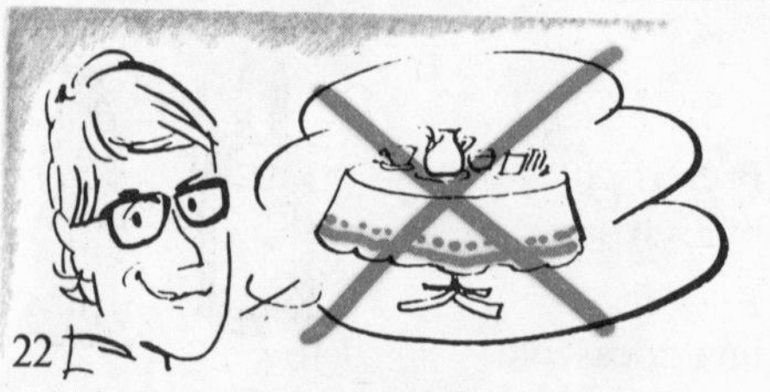

22

*David* Gli italiani non mangiano le uova con il prosciutto la mattina?

*Marco* No, noi italiani di solito non facciamo colazione così. Prendiamo solo un caffè o un cappuccino con una brioche.

23

## 10. Ed ora rispondete alle domande:

1. A che ora fa colazione David?
2. Dove fa colazione?
3. Marco fa colazione?
4. Che cosa prendono di solito gli italiani la mattina?

## 11. Conversazione

Che cosa prende, signora?

Una birra, grazie!

E tu, Carlo, che cosa prendi?

Non saprei...

Voi che cosa prendete, ragazzi?

Anche noi prendiamo una birra.

Se tutti prendono la birra, la prendo anch'io.

## 12. Ed ora mettete in ordine le seguenti parole:

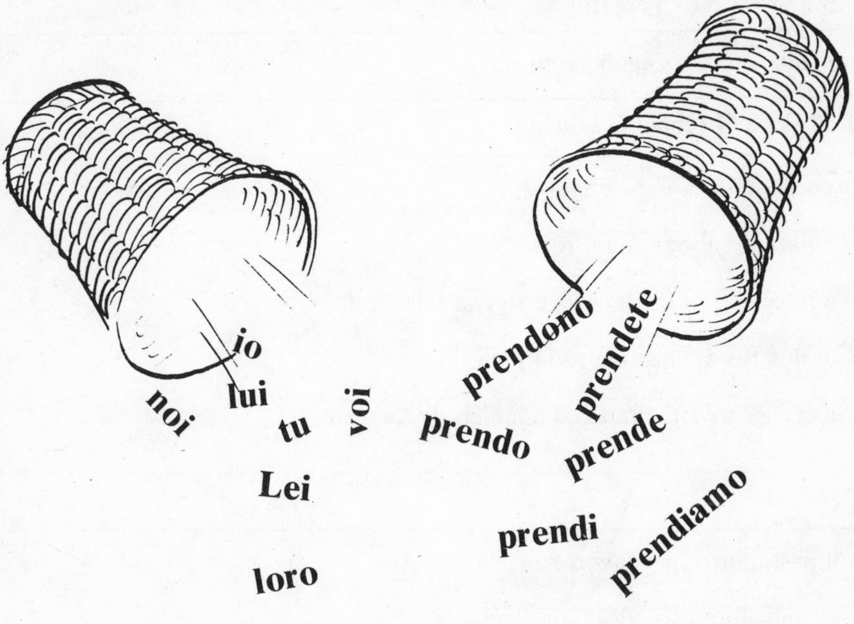


**..... una birra**

## 13. Esercizio di pronuncia e intonazione

*Ascoltate e ripetete:*

13.a. Le doppie consonanti

Quell'appartamento è troppo piccolo.

Attilio va in città tutti i giorni.

Ecco due sedie: accomodatevi!

Oggi sto abbastanza bene.

È un grosso affare! No, non è affatto un grosso affare.

Vuoi un caffè? No, preferisco un cappuccino.

Entro in classe; arrivederci!

Viaggiate in macchina? Sì, perché arriviamo prima.

La mattina vado in ufficio alle otto e mezzo.

Il biglietto costa mille lire. D'accordo; allora due biglietti, per favore!

La birra non c'è più? Peccato!

13.b. Distinzione fra singoli suoni

13.b.1. **C** (k) e **G** (come *Gloria*)

Quanto costa una camera singola?

Faccio colazione al bar con Greta.

Vado in banca e poi in albergo, e tu che fai?

Il cane e il gatto di Gastone sono piccoli.

Chi è quel ragazzo? È Franco, un amico di Augusto.

13.b.2. **s** / **ss**

Mi dà il passaporto, per favore?

Mi basta un solo posto per il concerto.

Laura ha un grosso cane.

Marisa sa abbastanza bene l'inglese.

Di solito viaggio in seconda classe.

13.b.3. **Č** (come *cinema*) e **Ğ** (come *gin*)

Abbiamo due amici austriaci e un'amica cinese.

Che cosa c'è da mangiare?

Vorrei mettere su la valigia ma non c'è posto.

Andiamo in città con Angela o con Giuseppe?

Hai il giornale di oggi? Sì, ce l'ho, ma ora lo legge Vincenzo.

13.b.4. **r e l**

La camera di Laura ha il televisore? No, ha solo la radio.

La camera ventitré ha anche il frigorifero.

La mia camera costa troppo: ventimila lire!

Se è inclusa la prima colazione non costa tanto!

Parla già bene l'italiano! Sì, ma non posso ancora leggere il giornale.

13.c. Singoli suoni che si scrivono con più di una lettera

13.c.1. **K** (chi, che)

Vengono anche le tue amiche? Sì, vengono anche Chiara e le due tedesche.

Chi viene in macchina con noi? Il signor Franchi e il signor Chellini.

Come si chiamano quei due ragazzi tedeschi?

Quanti marchi fanno mille franchi?

Perché le banche sono chiuse oggi?

13.c.2. **K** (qua, que, qui, quo)

A quanto sta il dollaro? Oggi la quotazione è novecentoquaranta lire per un dollaro.

Questa costa cinquecento lire: quasi quanto quella lì.

Quando parte il treno per L'Aquila?

Hai denaro liquido? Ho solo quarantamila lire.

Preferisce un liquore o un analcoolico?

13.c.3. **gli** (come *Cagliari*)

Dov'è mia moglie?

Signor Gigli, c'è sua figlia al telefono da Cagliari.

Voglio un biglietto da centomila lire.

Parto per Maglie con mia moglie e mia figlia.

13.c.4. **Š** (sci, sce, come *Shakespeare* )

Vuole‿una‿brioche o‿preferisce‿una‿pasta?

Quanti‿scellini‿fanno cinquantamila‿lire?

Natascia vive‿ora‿a‿Brescia.

**III Test**

**1. Completate le parole con la lettera mancante:**

1. Signorina, preferisc... un tè o un caffè?
   Preferisc... un tè.
   E tu, Carlo, che cosa preferisc...?
2. A che ora f... colazione, signor Rossi?
   All... otto.
3. Che cosa prend..., Marco?
   Non sapre....

**2. Completate il dialogo con le parole mancanti:**

...... che ora ...... colazione, Lei?
...... otto e mezzo.
...... fa colazione?
...... casa. E Lei?
Io non .......... mai ..........; prendo solo un caffè.

**3. Mettete in ordine le seguenti parole:**

italiani gli solito di non uova le mangiano con prosciutto il mattina la. Prendono caffè un solo o brioche con una un cappuccino.

## Due celebri caffè italiani

A fianco una saletta del noto caffè Greco a Roma. Sotto, l'antico caffè Baratti a Torino.

# Unità 6 Un incontro

## I

*Marco* Salve! Come mai da queste parti?

*Luisa* Vado a trovare un'amica.

1

*Marco* È tanto tempo che non ci vediamo. Come stai?

*Luisa* Non c'è male, e tu che fai di bello?

*Marco* Le solite cose, niente di speciale.

2

*Luisa* Lavori sempre nello stesso ufficio?

*Marco* Eh, sì, è difficile trovare un altro lavoro.

3

## II Esercizi orali

**1. Rispondete alle seguenti domande guardando solo le illustrazioni:**

Dove va Luisa? *Va a trovare un'amica.*

1. Dove va Luisa?
2. Quanto tempo è che non si vedono Marco e Luisa?
3. Che fa di bello Marco?
4. Perché lavora sempre nello stesso ufficio?
5. Che cosa cerca Luisa da molti mesi?
6. Ha un impegno Luisa questa sera?

**2. Provate a ricostruire il dialogo guardando solo le illustrazioni.**

4

*Luisa* Lo so. Anch'io cerco un lavoro da molti mesi.

5

*Marco* Senti, che fai questa sera?

*Luisa* Non ho nessun impegno.

6

*Marco* Allora usciamo insieme?

*Luisa* D'accordo! ◉

**3. Rispondete alle seguenti domande:**

1. Come sta?
2. Che cosa fa di bello?
3. Ha un impegno questa sera?

**4. Domandate al vostro compagno di banco:**

1. Come sta
2. Che fa di bello
3. Se ha un impegno questa sera

## 5. Fate le domande secondo il modello:

Cerco un lavoro da molto tempo.
*Da quanto tempo?*
Da cinque mesi.

1. Cerco un lavoro da molto tempo.
   ?
   Da cinque mesi.
2. Studio il francese da molto tempo.
   ?
   Da un anno.
3. Lavoro in quell'ufficio da molto tempo.
   ?
   Da sei anni.
4. Conosco quella persona da molto tempo.
   ?
   Da quattro anni.
5. Vivo a Napoli da molto tempo.
   ?
   Da dieci anni.

rose 30.000 giornaliere inquadramento sindacale Milano 537.297.

**2 RICERCHE DI COLLABORATORI**

**IMPIEGATI**

**SELEZIONIAMO** Milano, Bergamo, Como, Varese per addestramento centri Ibm, ambosessi per assunzione moderne aziende. Telefonare Milano 68.82.078 - 68.08.74.

**SOCIETA'** di servizi assume personale minimo 22 anni, auto munito, milite esente, offre stipendio, incentivi. Tel 02-24.24.429.

**STUDIO** dentistico cerca giovane medicc per collaborazione. Telefonare Milanc 54.62.314. Telefonare ore ufficio.

**STUDIO** professionale cerca esperta paghe contributi, libera subito. Tel. Milano 709.230 - 796.697.

**STUDIO**

**notarile assume due impiegati/e addetti rispettivamente contabilità Iva e mutui ipotecari società. Retribuzione interessante commisurata effettive capacità, massima riservatezza. Inviare curriculum: Corriere 415-S - 20100 Milano.**

**HOTEL** zona Città Studi cerca cameriera ai piani. Telefonare Milano 74.46.20.

**IMPORTANTE** negozio elettrodomestici zona Romana cerca commesso preferibilmente esperto. Telef. 02-58.90.64.

**NEGOZIO** ricambi auto cerca commesso

**1 OFFERTE DI COLLABORAZIONE**

**IMPIEGATI**

**A** ditta zona Centro, dinamico, volonteroso, militesente, possibilità passaggio diretto, 23enne offresi. Telefono 02-98.47.039.

**ACQUISTI** esperto 38enne perito elettromeccanico inglese francese buoni, esamina proposte. 039-747.414.

**ACQUISTI** o alter ego ragioniere pluriennale esperienza dinamico referenziatissimo ineccepibili doti morali responsabile gestione ordini contatti fornitori clienti conoscenza tutti i lavori ufficio preferibilmente settore carta cartotecnico rivestimenti murali chimico offresi. Corriere 498-S - 20100 Milano.

**ACQUISTI** pratico magazzino, stesura bolle, trattative fornitori, lavori vari ufficio, 34enne, decennale esperienza, passaggio diretto esamina proposte. Tel. 02-81.31.067.

**AUSTRALIANO** laureato psicologia lingua made inglese buona conoscenza italiano olandese esperienza campo marketing offresi per impiego commerciale. Fontani via Memmi 7 Siena.

**CENTRALINISTA** possibilità passaggio diretto offresi. Telefonare allo 02-61.75.103.

**CONTABILITA'** clienti recupero crediti Iva banche lavoro autonomo diplomata ragioneria pratica telex dattilografia passa[illegible]ffresi. Milano [illegible]

## 6. Fate le domande secondo il modello:

È tanto tempo che cerco un lavoro!
*Quanto tempo è?*
Sono sette mesi.

1. È tanto tempo che cerco un lavoro!
   ?
   Sono sette mesi.
2. È tanto tempo che studio l'italiano!
   ?
   Sono sei mesi.
3. È tanto tempo che vivo in questa casa!
   ?
   Sono otto anni.
4. È tanto tempo che non vedo i miei amici!
   ?
   Sono due anni.
5. È tanto tempo che lavoro in quell'ufficio!
   ?
   Sono tre anni.

## 7. Conversazione

Carlo e Luisa vanno a casa.
E tu dove vai, Laura?
Vado anch'io a casa.
Anche Lei va a casa, signor Radi?
No, io vado al cinema.
Andate anche voi con il signor Radi, ragazzi?
No, noi andiamo alla partita.

## 8. Ed ora rispondete:

1. Dove vanno Carlo e Luisa?
2. Dove va Laura?
3. Dove va il signor Radi?
4. Dove vanno i ragazzi?

## 9. Osservate!

| | | | |
|---|---|---|---|
| Dove va? | Vado a | casa |  7 |
| | | scuola |   8 |
| | | lezione |  9 |
| | | teatro |  10 |
| | | letto | 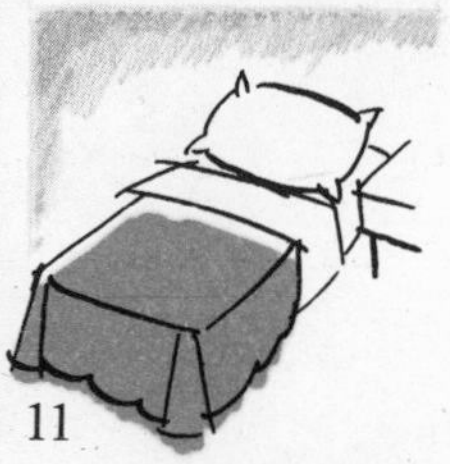 11 |

| | | | |
|---|---|---|---|
| Dove andate? | Andiamo al | cinema |  12 |
| | | concerto |  13 |
| | | mare |  14 |
| | | lago |  15 |
| | | mercato |  16 |

| | | | |
|---|---|---|---|
| Dove vai? | Vado alla | partita |  17 |
| | | Banca Commerciale |  18 |
| | | posta |  19 |
| | | stazione |  20 |
| | | messa |  21 |

## 10. Completate le seguenti frasi:

Il signor Angeli va ... teatro ogni settimana.
*Il signor Angeli va a teatro ogni settimana.*

1. Il signor Angeli va ... teatro ogni settimana.
2. La signora Massi va ... mercato ogni mattina.
3. Franco va ... lezione ogni giorno.
4. Luigi va ... partita ogni domenica.
5. Noi andiamo ... letto presto ogni sera.
6. Vado ... Banca Nazionale del Lavoro per cambiare un assegno.
7. I signori Franchi vanno ... mare ogni anno.
8. Luisa va ... casa perché non sta bene.

## 11. Conversazione

*Fra amici (tu)*

Ciao, Carla!
Ciao, Franco!
Che fai qui?
Aspetto l'autobus.
Dove vai?
In centro.
Vuoi un passaggio?
Grazie, molto gentile!

*Fra conoscenti (Lei)*

Buona sera, signora!
Buona sera, dottore!
Che fa qui?
Aspetto l'autobus.
Dove va?
In centro.
Vuole un passaggio?
Grazie, molto gentile!

## 12. Rispondete alle domande:

1. Una persona Le chiede come sta. Che cosa risponde?

   ..............................................................................................................

2. Una persona Le chiede che cosa fa questa sera. Lei non ha niente da fare. Che cosa risponde?

   ..............................................................................................................

3. Una persona Le chiede da quanto tempo studia l'italiano. Che cosa risponde?

   ..............................................................................................................

## 13. Conversazione

Senti che profumo di caffè?
Sì, lo sento.
Lo sentite anche voi?
No, noi non lo sentiamo.
Neanche Lei lo sente, signorina?
No, neanch'io lo sento.
È strano! Noi lo sentiamo e loro non lo sentono.

## 14. Ed ora mettete in ordine le seguenti parole:

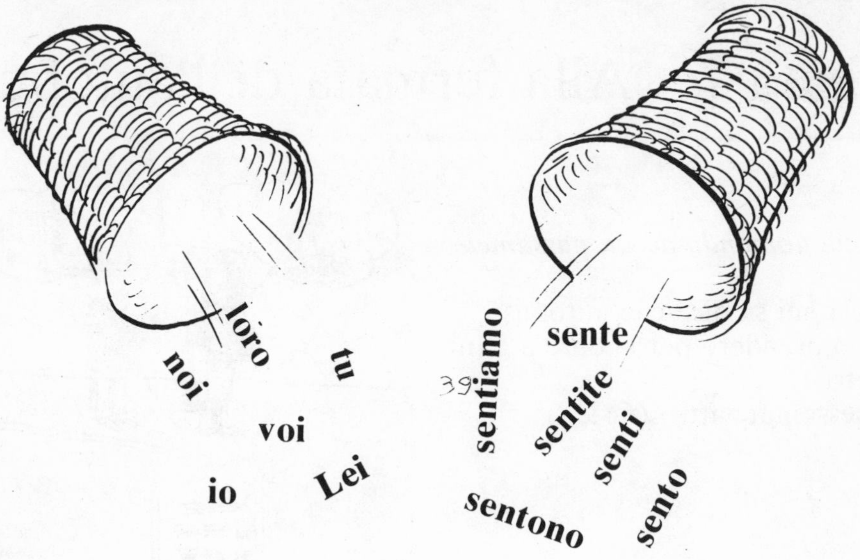


**....... un profumo di caffè**

# III Test

## 1. Mettete in ordine le seguenti parole:

1. amica un' a vado trovare.
2. non vediamo che tempo tanto è ci.
3. sta come? c'è non male e bello che fa di Lei?

## 2. Completate le parole con la lettera mancante:

1. Salv...! Come mai da quest... part...?
2. È difficil... trovare un altro lavoro. Anch'io cerc... un lavoro da molt... mes....
3. Noi andiamo a... cinema, e tu dove va...? Vado all... partit...

## 3. Completate il testo con le parole mancanti:

Marco va... letto. Luigi, va ... concerto.

Voi andate ... posta? No, andiamo ... lezione.

Tu vai ... casa? No, vado ... centro.

## 4. Ora fate il test n. 3 che si trova in fondo al libro.

# Unità 7 Alla fermata dell'autobus

**I**

*Alicia domanda ad un passante:*

Scusi, mi sa dire che autobus devo prendere per andare a San Pietro?
Il sessantaquattro (64).

1

Passa di qui?
Credo di sì, ma non ne sono sicuro. Adesso guardo...

2

Spero di sì. Sono stanca di camminare con questo caldo.

3

## II Esercizi orali

**1. Rispondete alle seguenti domande guardando solo le illustrazioni:**

Che autobus deve prendere Alicia per andare a San Pietro?
*Il sessantaquattro.*

1. Che autobus deve prendere Alicia per andare a San Pietro?
2. Che cosa bisogna avere per prendere l'autobus?
3. A quale fermata deve scendere Alicia?

**2. Provate a ricostruire il dialogo guardando solo le illustrazioni.**

Sì, ferma proprio qui. Però lo sa che non si può salire senza spiccioli?

Che vuol dire? Non capisco. Bisogna avere una moneta da duecento lire o due da cento.

Ah, sì; ora capisco. E a quale fermata devo scendere?
Al capolinea, cioè all'ultima fermata.
Grazie mille!
Prego!

**3. Rispondete alle seguenti domande:**

1. Lei di solito prende l'autobus?
2. Nella Sua città bisogna avere spiccioli per prendere l'autobus?
3. Che monete sono necessarie per fare il biglietto?

**4. Domandate al vostro compagno di banco:**

1. Se di solito prende l'autobus
2. Che vuol dire avere spiccioli per l'autobus in Italia
3. Che cos'è il capolinea

## 5. Trasformate le seguenti frasi secondo il modello:

Per prendere l'autobus bisogna avere una moneta da duecento lire.
*Per prendere l'autobus ci vuole una moneta da duecento lire.*

1. Per prendere l'autobus bisogna avere una moneta da duecento lire.
2. Per andare all'albergo bisogna avere un documento.
3. Per entrare al museo bisogna avere il biglietto.
4. Per guidare la macchina bisogna avere la patente.
5. Per vedere bene Roma bisogna avere molto tempo.

## 6. Trasformate ancora secondo il modello:

Per fare il biglietto dell'autobus bisogna avere spiccioli.
*Per fare il biglietto dell'autobus ci vogliono spiccioli.*

1. Per fare il biglietto dell'autobus bisogna avere spiccioli.
2. Per comprare quella casa bisogna avere cinquanta (50) milioni.
3. Per vivere bene bisogna avere molti soldi.
4. Per partire insieme bisogna avere due macchine.
5. Per aprire quella porta bisogna avere due chiavi speciali.

## 7. Conversazione

7

È lontana da qui Trinità dei Monti?

Abbastanza. A piedi ci vuole almeno mezz'ora.

Anche la Fontana di Trevi è così lontana?

No, è più vicina. Da qui ci vogliono circa dieci minuti.

Allora conviene andare prima alla Fontana di Trevi.

Appunto!

8

Che macchina ha, signor Radi?

Una Mercedes.

Che macchina!
Mi piace un sacco perché è grande e sicura.

Piace a tanti,
perciò ci vuole molto tempo per averla.

E ci vogliono pure molti milioni, vero?

## 8. Osservate!

| | |
|---|---|
| Ci vuole | una moneta da 200<br>una mezz'ora<br>molto tempo |
| Ci vogliono | due monete da 100<br>dieci minuti<br>molti milioni |

## 9. Rispondete alle seguenti domande:

1. Lei è a Roma e vuole andare al Colosseo, ma non sa che autobus deve prendere. Che cosa domanda ad un passante?

   .................................................................................................
   .................................................................................................
   .................................................................................................

2. Lei è nell'autobus che va al Colosseo, ma non sa a quale fermata deve scendere. Che cosa chiede ad una persona vicino a Lei?

   .................................................................................................
   .................................................................................................
   .................................................................................................

3. Che cosa dice alla persona che Le dà la risposta?

   .................................................................................................
   .................................................................................................
   .................................................................................................

## 10. Completate il seguente testo con le parole mancanti:

Alicia vuole andare ........... San Pietro, ma non sa che autobus deve ........... Un passante le dice che non si può salire ........... autobus ........... spiccioli, cioè una moneta ........... duecento lire o due ........... ........... Alicia è ........... di camminare ........... quel caldo, perciò va a San Pietro ........... l'autobus.

## 11. Conversazione

**In macchina per le vie di Roma**

Scusi, come si fa ad arrivare in Piazza del Popolo?

9

Per il Corso non si può andare perché c'è il senso unico.

10

Allora devo voltare a sinistra?

11

No, vada diritto fino al semaforo e poi alla seconda traversa giri a destra.

12

In Piazza del Popolo si può parcheggiare facilmente?

No, spesso è difficile trovare un posto, perché i due parcheggi non sono grandi.

È un brutto affare!

13

## 12. Rispondete alle seguenti domande:

1. Lei è in una città che non conosce e vuole andare in via Garibaldi. Che cosa domanda ad un passante?

.......................................................

2. Mentre Lei cammina per una strada della Sua città un signore che guida una macchina italiana Le chiede come si fa ad arrivare in centro. Che cosa gli risponde?

.......................................................

## 13. Esercizio di pronuncia e intonazione

*Ascoltate e ripetete:*

13.a. **s / ss**

L'autobus sessanta va al Colosseo.
Scusi, mi sa dire da dove passa il sessantasei?
Sono senza spiccioli per l'autobus.
Sono a Sassari da sei mesi.
Ho un sacco di spiccioli per il biglietto dell'autobus.

13.b. **Š** (come *Shakespeare*, *Schiller*)

Dove devo scendere per il Colosseo?
Scendo anch'io al Colosseo.
Allora scendiamo insieme.
Non conosce ancora il Colosseo?
A che ora uscite? Oggi non usciamo tutti, esce solo Marta.

13.c. **"sc", "sp", "st"**

Franco è stanco di studiare lo spagnolo.
Spesso non abbiamo spiccioli.
Scusi, è un autobus speciale questo?
Fausto aspetta Stella alla stazione.
Spesso sto solo perché non conosco nessuno.

**III Test**

### 1. Completate le frasi con le parole mancanti:

1. Passa ........... qui l'autobus 64? Credo ........... sì, ma non ........... sono sicuro. Spero ........... sì.
2. Alicia è stanca ........... camminare ........... quel caldo, perciò vuole ........... l'autobus ........... andare ........... S. Pietro.
3. ........... prendere l'autobus ........... vuole una moneta ........... duecento lire.
4. La Mercedes mi piace ..........., perché è grande e sicura.
5. ........... il Corso non si può andare, perché ........... il ........... ...........

### 2. Mettete in ordine le seguenti parole:

1. Alicia capolinea scendere al deve, ultima cioè all' fermata.
2. sessantaquattro il proprio ferma qui. sa lo però spiccioli senza che si non può salire?
3. come scusi fa si ad stazione alla arrivare?

# Unità 8 A cena in una trattoria

**I**

| | | |
|---|---|---|
| *Cameriere* | Prendono il primo piatto, signori? | |
| *Maria Rossi* | Io lo salto, perché non ho molta fame. | |

1

| | | |
|---|---|---|
| *Pino Rossi* | Io, invece, prendo gli spaghetti al pomodoro. Però li voglio al dente, eh! | |
| *Cameriere* | Certamente, signore. | |

2

| | |
|---|---|
| *Pino Rossi* | Di secondo che cosa c'è? |
| *Cameriere* | Carne o pesce. |

3

**II Esercizi orali**

**1. Rispondete alle seguenti domande guardando solo le illustrazioni:**

Dove vanno a cena i signori Rossi?
*Vanno in una trattoria.*

1. Dove vanno a cena i signori Rossi?
2. Perché la signora Rossi salta il primo piatto?
3. Come li vuole gli spaghetti al pomodoro il signor Rossi?
4. Perché la signora Rossi è stufa della carne?
5. La signora Rossi mangia volentieri le cozze?
6. Che cosa prende di secondo il signor Rossi?
7. Che cosa prendono da bere i signori Rossi?

4

*Maria Rossi* Sono stufa della carne: la mangio ogni giorno.

*Cameriere* Allora può prendere una trota ai ferri o delle cozze.

5

*Maria Rossi* Le cozze non le mangio volentieri. Mi porti una trota con contorno di patate fritte.

*Pino Rossi* E a me porti un filetto ben cotto con contorno d'insalata mista.

6

*Cameriere* Da bere che cosa preferiscono?

*Pino Rossi* Un litro di vino bianco e mezza minerale. ◎

**2. Provate a ricostruire la conversazione guardando solo le illustrazioni.**

### 3. Rispondete alle domande guardando le illustrazioni:

1. Vuole il primo piatto?
*No, non* lo *voglio.*

7

Vuole il primo piatto?

8

Vuole il pollo?

9

Vuole il formaggio?

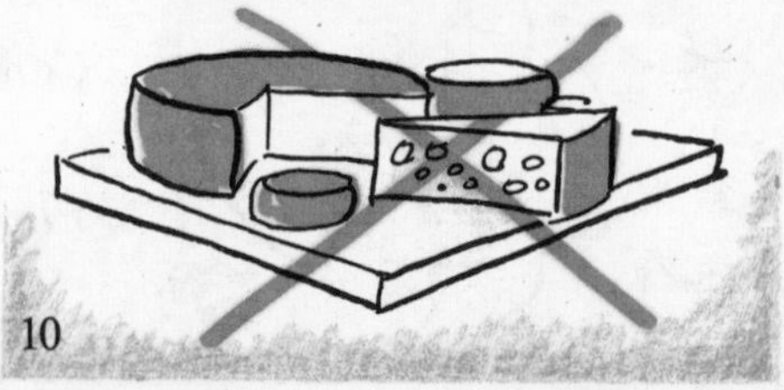
10

2. Perché Maria è stufa della carne?
*Perché* la *mangia ogni giorno.*

11

Perché Maria è stufa della carne?

12

Perché Paolo è stufo della minestra?

13

Perché Gianni è stufo della pizza?

14

3. Mangiate volentieri gli spaghetti?
*Sì, li mangiamo volentieri.*

15

Mangiate volentieri gli spaghetti?

16

Mangiate volentieri i pomodori?

17

Mangiate volentieri i tortellini?

18

4. Prendi anche tu le cozze?
*No, io non le prendo.*

19

Prendi anche tu le cozze?

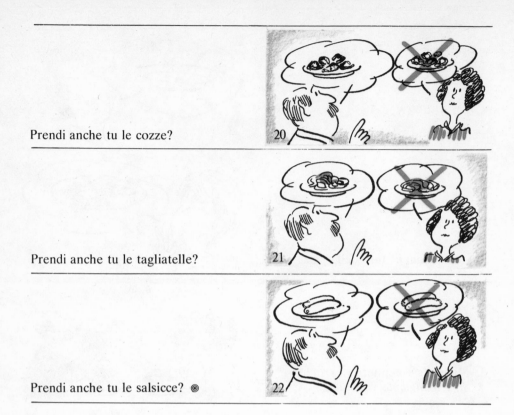

Prendi anche tu le tagliatelle?

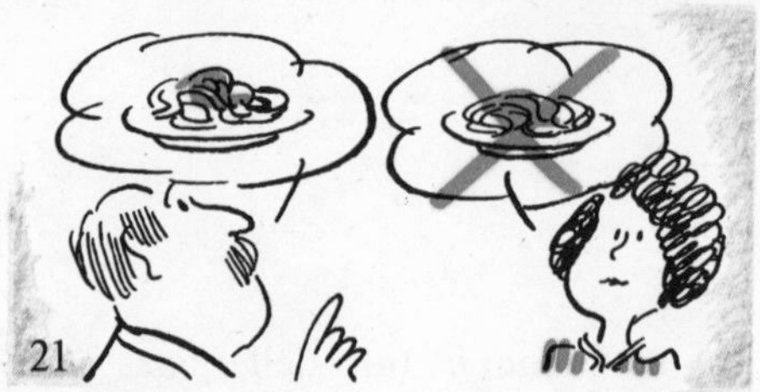


Prendi anche tu le salsicce? ◉

## 4. Osservate!

| | | | |
|---|---|---|---|
| Vuole | il primo piatto?<br>il pesce?<br>il filetto?<br>il pollo?<br>il formaggio? | | No, non **lo** voglio. |

| | | | | |
|---|---|---|---|---|
| Mangia | volentieri | gli spaghetti?<br>i tortellini?<br>i pomodori? | | Sì, **li** mangio volentieri. |

| | | | | | |
|---|---|---|---|---|---|
| Perché | Maria<br>Paolo | è stuf | a<br>o | della carne?<br>della minestra?<br>della pizza? | Perché **la** mangia ogni giorno. |

| | | | |
|---|---|---|---|
| Prendi anche tu | le cozze?<br>le tagliatelle?<br>le salsicce? | | No, io non **le** prendo. |

## 5. Conversazione

| *Fra amici (tu)* | | *Fra conoscenti (Lei)* |
|---|---|---|
| Come sono i *tuoi* spaghetti?<br>Buoni. E le *tue* tagliatelle?<br>Ottime. Le *vuoi* assaggiare? |  23 | Come sono i *Suoi* spaghetti?<br>Buoni. E le *Sue* tagliatelle?<br>Ottime. Le *vuole* assaggiare? |
| Ne prendo soltanto due.<br>Prego, *prendi* pure! |  24 | Ne prendo soltanto due.<br>Prego, *prenda* pure! |

| *Fra amici (tu)* | | *Fra conoscenti (Lei)* |
|---|---|---|
| *Scusa*, mi *passi* il sale?<br>*Tieni*! |  25 | *Scusi*, mi *passa* il sale?<br>*Tenga*! |
| *Tu* non lo *metti*?<br>Sì, dopo di *te*. |  26 | *Lei* non lo *mette*?<br>Sì, dopo di *Lei*. |
| No, no, *serviti* pure! |  27 | No, no, *si serva* pure! |

## 6. Ed ora rispondete alle seguenti domande:

1. Che cosa dice ad un amico che Le domanda:
   Posso assaggiare i tuoi tortellini?

   ..........................................................................................

2. Che cosa dice ad un conoscente che Le domanda:
   Posso assaggiare la Sua carne?

   ..........................................................................................

3. Che cosa dice ad un amico quando Lei vuole avere il vino che è vicino a lui?

   ..........................................................................................

4. Che cosa dice ad un conoscente quando Lei vuole avere l'acqua minerale che è vicina a lui?

   ..........................................................................................

## 7. Quando i signori Rossi finiscono di mangiare, arriva il cameriere:

*Cameriere* Tutto bene, signori?

*Pino Rossi* Sì, grazie!

*Cameriere* Desiderano altro?

*Maria Rossi* Nient'altro, grazie!

*Pino Rossi* Ci porti il conto, per favore.

*Cameriere* Subito, signore... Ecco a Lei: Sono ventiduemilacinquecento lire.

*Pino Rossi* Prenda!

*Cameriere* Non li ha spiccioli?

*Pino Rossi* No, ma non importa. Tenga pure il resto!

*Cameriere* Grazie, signore!

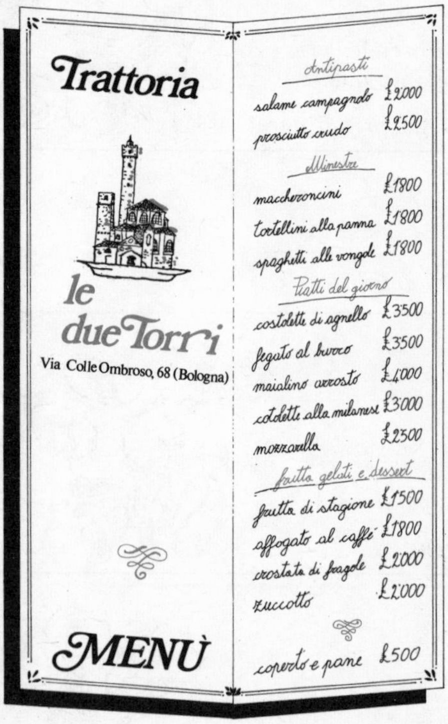


## 8. Rispondete alle seguenti domande:

1. Quant'è il conto dei signori Rossi?
2. Il signor Rossi paga con un biglietto da 20 000 e uno da 5 000; quanto deve avere di resto?
3. Chi prende le duemilacinquecento lire di resto?
4. In Italia la mancia per il cameriere è il dieci per cento (10%) del conto. Quant'è nel Suo paese?

## 9. Esercizio di pronuncia e intonazione

*Ascoltate e ripetete:*

9.a. Le consonanti «r» e «l»

Prendono il primo, signori?

Io lo salto, perché non ho molta fame.

Io prendo gli spaghetti al pomodoro. Però li voglio al dente!

Cameriere, vorrei una trota ai ferri.

Da bere che cosa preferiscono? Vino, birra o minerale?

Posso assaggiare i tuoi tortellini? Prego, prendi pure!

Desiderano altro? Nient'altro, grazie!

Ecco il conto: sono ventiduemilacinquecento lire.

9.b. Le doppie consonanti

Vorrei un piatto di spaghetti e un filetto ben cotto.

In quella trattoria le cozze sono sempre fresche.

Posso assaggiare la tua pizza? Certamente: ne puoi prendere anche mezza!

Sugli spaghetti mette il formaggio?

Preferite il pollo o le salsicce?

# III Test

## 1. Completate le parole con la lettera mancante:

Maria Rossi non prend... il primo piatto. Lo salt..., perché non ha molt... fam...
Mario Rossi vuole gli spaghetti a... dent...
Lei è stuf... della carn..., perciò mangi... una trota.

## 2. Completate le frasi con le parole mancanti:

1. Vorrei un filetto ben ........... con ........... di patate fritte.
2. Luigi è ........... degli spaghetti, perciò prende i tortellini.
3. Oggi non ho molta ..........., perciò ........... il primo piatto.
4. Mi porti gli spaghetti, ma al ..........., per favore!
5. Carlo, sono buoni i ........... tortellini? Sono ottimi, li vuoi .................?

## 3. Mettete in ordine le seguenti parole:

1. sono signora come spaghetti i Suoi?
2. Maria ogni mangia carne la giorno.
3. tortellini noi volentieri mangiamo i

## 4. Ora fate il test n. 4 che si trova in fondo al libro.

# Unità 9 Un'intervista

**I**

*Giornalista* Dov'è nato, ingegner Bistolfi?
*Ing. Bistolfi* Sono nato a Torino.

1

*Giornalista* Quanti anni ha?
*Ing. Bistolfi* Sono vecchio: ne ho sessanta.

2

*Giornalista* Complimenti! Sembra molto più giovane!
*Ing. Bistolfi* Dice davvero?
*Giornalista* Certo!

3

*Giornalista* È sposato?
*Ing. Bistolfi* Sì, sono sposato.

4

**II Esercizi orali**

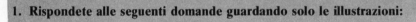

**1. Rispondete alle seguenti domande guardando solo le illustrazioni:**

Dov'è nato l'ingegner Bistolfi? *È nato a Torino.*

1. Dov'è nato l'ingegner Bistolfi?
2. Quanti anni ha?
3. Come sembra?
4. È sposato?
5. Come e quando ha conosciuto sua moglie?
6. È stato il primo amore della sua vita?
7. Fa qualche sport?
8. Perché gioca a tennis?

**2. Provate a ricostruire il dialogo guardando solo le illustrazioni.**

30

| | |
|---|---|
| *Giornalista* | Come e quando ha conosciuto Sua moglie? |
| *Ing. Bistolfi* | Per caso, trent'anni fa. |

| | |
|---|---|
| *Giornalista* | È stato il primo amore della Sua vita? |
| *Ing. Bistolfi* | Sì, per lei ho lasciato un'altra donna. |

| | |
|---|---|
| *Giornalista* | Fa qualche sport? |
| *Ing. Bistolfi* | Sì, gioco a tennis, perché ho capito che aiuta a restare giovani. |

**3. Rispondete alle seguenti domande:**

| | |
|---|---|
| 1. Lei dov'è nato? | Lei dov'è nata? |
| 2. Quanti anni ha? | Quanti anni ha? |
| 3. È sposato? | È sposata? |
| 4. Fa qualche sport? | Fa qualche sport? |

| **4. Domandate ad un conoscente:** | **ad una conoscente:** |
|---|---|
| 1. Dov'è nato | Dov'è nata |
| 2. Quanti anni ha | Quanti anni ha |
| 3. Se è sposato | Se è sposata |
| 4. Se fa qualche sport | Se fa qualche sport |

## 5. Conversazione

Dov'è nato, signor Bianchi?
Sono nato a Milano.
Anche Sua moglie è nata a Milano?
No, lei è nata a Napoli.
E i Suoi figli dove sono nati?
Sono nati tutti e due a Milano.

## 6. Rispondete alle domande secondo il modello:

1.
Quanti anni ha, signorina?
*Ne ho diciotto.*

8

Quanti anni ha, signorina?

9

Quanti figli ha, signora?

10

Quante sorelle hai, Gianni?

11

Quante macchine avete, ragazzi?

12

Quanti gatti hai, Carla?

13

2.
Ha molti amici?
*Sì, ne ho molti.*

14

Ha molti amici?
*No, ne ho pochi.*

15

Ha molti amici?

16

Vede molti film?

17

Prende molti caffè?

18

Conosce molte persone?

19

Mangia molti spaghetti?

20

3.
Hai molta fame?
*No, ne ho poca.* 21

Hai molta fame? 22

Bevi molto vino? 23

Mangi molta carne? 24

Prendi molto tè? 25

Conosci molta gente? 26

## 7. Leggete le seguenti conversazioni:

*Fra amici (tu)*

| | |
|---|---|
| *Mario* | Che hai visto alla Tv ieri sera? |
| *Carla* | Un film giallo, a colori. |
| *Mario* | *Ti* è piaciuto? |
| *Carla* | Sì, mi è piaciuto molto. |
| *Mario* | Io, invece, ho visto una commedia. |
| *Carla* | *Ti* è piaciuta? |
| *Mario* | No, non mi è piaciuta affatto. |

*Fra conoscenti (Lei)*

| | |
|---|---|
| *Signor Rossi* | Che ha visto alla Tv ieri sera? |
| *Signora Radi* | Un film giallo, a colori. |
| *Signor Rossi* | Le è piaciuto? |
| *Signora Radi* | Sì, mi è piaciuto molto. |
| *Signor Rossi* | Io, invece, ho visto una commedia. |
| *Signora Radi* | Le è piaciuta? |
| *Signor Rossi* | No, non mi è piaciuta affatto. |

---

Mi ha cercato nessuno?
Sì, è venuta Luisa Prati.
Che ha detto?
Ha detto che *ti* telefona verso le nove.

Mi ha cercato nessuno?
Sì, è venuta la signora Prati.
Che ha detto?
Ha detto che *Le* telefona verso le nove.

---

Ha telefonato nessuno per me?
Sì, ha chiamato Paola.
Che ha detto?
Ha detto che forse torna a casa stasera.

Ha telefonato nessuno per me?
Sì, ha chiamato il signor Tofi.
Che ha detto?
Ha detto che forse torna a casa stasera.

## 8. Ed ora rispondete alle seguenti domande:

1. Che cosa domanda ad un Suo amico che è andato al cinema?

   ........................................................................................................................

2. Che cosa domanda ad un conoscente che è andato alla partita?

   ........................................................................................................................

3. Che cosa domanda quando torna all'albergo dove Lei abita?

   ........................................................................................................................

---

## 9. Modi di dire

1. *Che avete fatto di bello* questa mattina?
   Siamo andate a fare spese.

27

Che avete comprato?
Non abbiamo comprato nulla.
Come mai? I prezzi sono troppo alti?
Proprio così. Ciò che ci piace *costa un occhio della testa!*

28

---

2. Hai visto la nuova macchina di Carlo?
   *Mica male*! È veloce, però è troppo bassa, per cui uno non può correre sulle strade di campagna.

29

Sì, ma *mi piace un mondo* lo stesso.

30

3. È stanco, signor Neri?

Sì, *muoio dal sonno!*

31

Allora perché non *fa un pisolino*?

32

Perché se dormo adesso sono sicuro di *passare la notte in bianco*.

33

## 10. Leggete e memorizzate

1.

| | | |
|---|---|---|
| Lunedì | è | il primo giorno della settimana. |
| Martedì | è | il secondo. |
| Mercoledì | è | il terzo. |
| Giovedì | è | il quarto. |
| Venerdì | è | il quinto. |
| Sabato | è | il sesto. |
| Domenica | è | il settimo. |

2.

| | | |
|---|---|---|
| Oggi | è | lunedì. |
| Domani | è | martedì. |
| Dopodomani | è | mercoledì. |

Sabato + domenica = il fine-settimana.

3.

| | | |
|---|---|---|
| Gennaio | è | il primo mese dell'anno. |
| Febbraio | è | il secondo. |
| Marzo | è | il terzo. |
| Aprile | è | il quarto. |
| Maggio | è | il quinto. |
| Giugno | è | il sesto. |
| Luglio | è | il settimo. |
| Agosto | è | l'ottavo. |
| Settembre | è | il nono. |
| Ottobre | è | il decimo. |
| Novembre | è | l' undicesimo. |
| Dicembre | è | il dodicesimo. |

## 11. Esercizio di pronuncia e intonazione

*Ascoltate e ripetete:*

Sono tedesco.

Sono nato a Roma.

Quanti amici ha?

Fa qualche sport?

Gioco a tennis.

Costa molto, ma mi piace tanto.

III Test

### 1. Completate le parole con la lettera mancante:

1. Dov'è nat..., signora Fabi? Sono nat... a Bologna.
2. Dove sono andat... Franco e Luisa? Franco è andat... al cinema e Luisa è andat... a fare spese.
3. Paolo, ti ... piaciut... il vino? Sì, mi ... piaciut..., e a te? A me ... piaciut... di più la birra.

### 2. Completate il testo con le parole mancanti:

Come e quando ........... conosciuto Sua moglie? ........... caso, tanti anni ........... Quanti anni ...........? ........... ho quarantacinque. Complimenti! ........... molto più giovane! ........... qualche sport? Sì, gioco ........... tennis.

### 3. Mettete in ordine le seguenti parole:

1. Bistolfi ingegner gioca l' tennis che a capito perché ha giovani aiuta restare a
2. affatto mi non piaciuta è commedia che la visto ho
3. a spese siamo fare andati non ma comprato nulla abbiamo

# Unità 10 Tempo libero

## I

*Marta* Andrai fuori questo fine-settimana?
*Laura* Sì, se farà bel tempo andrò via.

1

*Marta* Dove andrai?
*Laura* Al mare, da amici miei.

2

*Marta* Ci starai tutti e due i giorni?
*Laura* Sì, tornerò domenica notte.

3

## II Esercizi orali

**1. Rispondete alle seguenti domande guardando solo le illustrazioni:**

Laura andrà fuori questo fine-settimana? *Sì, se farà bel tempo andrà via.*

1. Laura andrà fuori questo fine-settimana?
2. Dove andrà?
3. Ci starà tutti e due i giorni?
4. Dove andrà Marta?
5. Perché Marta dice: «Povera me!»?

**2. Provate a ricostruire il dialogo guardando solo le illustrazioni.**

*Marta* Anch'io prenderò due giorni di vacanza.

*Laura* Dove andrai? In montagna?

*Marta* Per forza! A mio marito non piace né la campagna né il mare.

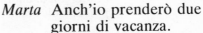

*Laura* In ogni caso è meglio andare in montagna che restare in città.

*Marta* Povera me! Preferisco stare all'ombra e invece dovrò camminare a lungo sotto il sole! ◎

**3. Rispondete alle seguenti domande:**

1. Lei andrà fuori questo fine-settimana?
2. Dove andrà?
3. Quando tornerà?
4. Preferisce andare al mare o in montagna?
5. Le piace di più stare all'ombra o al sole?

**4. Domandate al vostro compagno di banco:**

1. Se andrà fuori questo fine-settimana
2. Dove andrà
3. Quando tornerà
4. Se preferisce andare al mare o in montagna
5. Se preferisce stare all'ombra o al sole

## 5. Trasformate le seguenti frasi secondo il modello:

Sabato andrò a casa di un'amica mia. *Sabato andrò da un'amica mia.*

1. Sabato andrò a casa di un'amica mia.
2. Lunedì andrò a casa di un ragazzo svizzero.
3. Giovedì andrò a casa di una signora amica.
4. Mercoledì andrò a casa di un ingegnere tedesco.
5. Domenica andrò a casa di una ragazza inglese.

## 6. Osservate!

| | | | |
|---|---|---|---|
| | | da | Mario<br>Rita<br>una ragazza inglese<br>un ragazzo svizzero<br>un amico<br>un'amica |
| | | dal | dottore |
| Domani | | dallo | specialista |
| Fra tre giorni | andrò | dalla | mia amica |
| Fra una settimana | | dall' | amica mia<br>amico mio |
| | | dai | miei amici<br>signori Rossi |
| | | dagli | amici miei |
| | | dalle | mie amiche<br>amiche mie |

## 7. Rispondete alle domande secondo il modello:

Starà al mare tutti e due i giorni? *Sì, ci starò tutti e due i giorni.*

1. Starà al mare tutti e due i giorni?
2. Andrai alla partita tutte le domeniche?
3. Resterete in montagna tutto il mese?
4. Rimarrà a Roma per un anno?
5. Verrai al concerto ogni settimana?

## 8. Osservate!

| | | |
|---|---|---|
| Starà<br>Resterà<br>Rimarrà | in Italia | ancora a lungo? |
| Andrà<br>Verrà | in montagna | tutte le domeniche? |

| | | | |
|---|---|---|---|
| Sì, | ci | starò<br>resterò<br>rimarrò | ancora a lungo<br>ancora sei mesi |
| | | andrò<br>verrò | tutte le domeniche |

| | | | |
|---|---|---|---|
| No, | ci | starò<br>resterò<br>rimarrò | ancora pochi giorni |
| | | andrò<br>verrò | solo qualche domenica |

## 9. Conversazione

*Lei* Stasera verranno da noi i signori Smith.
*Lui* Povero me! Io non so parlare l'inglese.
*Lei* Anch'io lo parlo male.
*Lui* Sì, ma è sempre *meglio* parlare male *che* non parlare affatto.

*Lei* Gireremo la città in macchina?
*Lui* Sì; a piedi ci vorrà troppo tempo.
*Lei* Ma allora non vedremo tutto!
*Lui* È *meglio* vedere bene poche cose *che* avere solo un'idea di tutto.

## 10. Modi di dire

1. Hai telefonato a Mario?
   Sì, ma non risponde.
   *Dormirà ancora.*

8

2. Come mai gli autobus non passano?
   *Ci sarà uno sciopero!*

9

3. Secondo te quanti anni ha quella ragazza?
   *Ne avrà venticinque.*

## 11. Osservate!

| | | |
|---|---|---|
| Dormirà ancora. | = | Forse dorme ancora. |
| Ci sarà uno sciopero. | = | Forse c'è uno sciopero. |
| Ne avrà venticinque. | = | Forse ne ha venticinque. |

## 12. Riflessione grammaticale

Quando tornerai?
Tornerò domenica notte.
E Lei quando tornerà?
Tornerò anch'io domenica.
Voi, invece, quando tornerete?
Torneremo lunedì mattina.
E Paolo e Rita quando torneranno?
Non lo sappiamo di sicuro.

Tornare

- e rò
- e rai
- e rà
- e remo
- e rete
- e ranno

---

Prenderà il sole, signorina?
Sì, ne prenderò molto.
Anche tu lo prenderai?
Io no, non lo prenderò affatto.
E voi lo prenderete?
Se i nostri amici lo prenderanno,
lo prenderemo anche noi.

Prendere

- e rò
- e rai
- e rà
- e remo
- e rete
- e ranno

---

Dormirai lo stesso se a quest'ora
prendi un caffè?
Sì, dormirò lo stesso.
Anche Luigi dormirà?
Sì, dormirà senz'altro.
E voi dormirete?
No, noi non dormiremo di sicuro, e
forse non dormiranno neanche loro!

Dormire

- i rò
- i rai
- i rà
- i remo
- i rete
- i ranno

| | |
|---|---|
| Che farà questo fine-settimana? | Andrò al mare.<br>Vedrò il museo.<br>Dovrò finire un lavoro.<br>Avrò molte cose da fare.<br><br>Vorrò dormire a lungo.<br>Rimarrò a casa.<br>Verrò in campagna con voi.<br><br>Farò un viaggio.<br>Starò a casa.<br>Sarò occupato con il lavoro. |

## 13. Esercizio di pronuncia e intonazione

*Ascoltate e ripetete:*

13.a. *Frasi affermative*

Se farà bel tempo andrò via.

Anch'io prenderò due giorni di vacanza.

In ogni caso è meglio andare in montagna che restare in città.

Sabato andrò a casa di un'amica mia.

Lunedì andrò da un ragazzo svizzero.

Stasera verranno da noi i signori Smith.

Questo fine-settimana andrò al mare da amici miei.

Fra tre giorni partirò per Milano e ci starò una settimana.

13.b. *Frasi interrogative*

1. Con le parole **dove**, **quando**, **come**, **quanto**, **quale**, **che**, **cosa**, **perché**

Dove andrai? Al mare o in montagna?

Quando tornerai?

Dov'è nata, signorina?

Come ha conosciuto Suo marito, signora?

Quanti anni hai, Franco?

Che cosa farai domenica prossima?

Quale macchina preferisci?

2. *Senza quelle parole*

Andrai fuori questo fine-settimana?

Starai al mare tutti e due i giorni?

Venite anche voi con noi?

Hai telefonato a Mario?

Gli autobus non passano oggi?

Secondo Lei quanti anni ha quella ragazza?

Anche tu prenderai il sole?

Dormirai lo stesso se a quest'ora prendi un caffè?

Fa qualche sport, ingegnere?

## 13.c. *Frasi esclamative*

Povera me! Dovrò camminare a lungo sotto il sole!

Andrai in montagna? Per forza! A mio marito piace solo la montagna!

Povero me! Non so parlare l'inglese!

Gli autobus non passano? Ci sarà uno sciopero!

Ho sessant'anni. Complimenti! Sembra molto più giovane!

Dice davvero? Certo!

Questa macchina costa un occhio della testa!

## 13.d. *Frasi negative*

A lui non piace né il mare né la montagna.

La commedia di ieri non mi è piaciuta affatto.

Mia moglie non è nata a Milano, ma a Napoli.

Siamo andate a fare spese, ma non abbiamo comprato nulla.

Con questa macchina uno non può correre sulle strade di campagna.

Ho telefonato a Mario, ma non ha risposto.

Non sappiamo ancora di sicuro quando torneremo.

Luisa prenderà tanto sole; io, invece, non lo prenderò affatto.

Oggi gli autobus non passano.

## 13.e. *Frasi interrogative-negative*

Perché non venite con noi al mare?

Come mai gli autobus non passano?

Non resterete in montagna tutto il mese?

Non dormirai se a quest'ora prendi un caffè?

A Mario non piace né la montagna né il mare?

Non avete comprato nulla?

Lei non gioca a tennis?

Perché non ti è piaciuta la commedia? ◉

**1. Completate il testo con le parole mancanti:**

Se questo fine-settimana ...... bel tempo Laura andrà ...... Andrà ...... mare, ...... amici suoi. ...... starà tutti ...... due i giorni. Marta andrà ...... montagna, perché a ...... marito non piace ...... la campagna ...... il mare. Lei preferisce stare ...... ombra e invece dovrà camminare ...... lungo ...... il sole.

**2. Completate le parole con le lettere mancanti:**

1. Laura rima...à al mare sabato e domenica.
2. Domenica ve...ete anche voi al concerto?
3. Se domenica far... be... tempo andremo d... nostri amici.

**3. Mettete in ordine le seguenti parole:**

1. Luigi libero non mai ha tempo troppo perché lavora
2. città in meglio restare è che mare andare al
3. tre partirò fra Milano ci giorni per resterò e settimana una

**4. Ora fate il test n. 5 che si trova in fondo al libro**

# Unità 11 Vacanze in Italia

## I.1.

*Klaus è appena tornato dall'Italia, quando incontra Pietro, un amico italiano che lavora in Germania.*

*Pietro* Come sono andate le vacanze, Klaus?
*Klaus* Non c'è male! Sono contento, anche se quest'anno di sole ne ho preso poco.
*Pietro* Infatti non sei diventato nero come l'anno scorso.
*Klaus* Quest'anno purtroppo ho avuto poca fortuna con il tempo: non ha fatto freddo, ma è piovuto diverse volte.
*Pietro* Hai fatto almeno qualche bagno?
*Klaus* Ne ho fatti molti soprattutto i primi giorni, perché il tempo è stato veramente bello soltanto fino alla metà di agosto.
*Pietro* Sei rimasto al mare anche con il tempo brutto?
*Klaus* No, nei giorni di tempo cattivo ho girato un po' l'Italia con alcuni amici.
*Pietro* Dove sei stato?
*Klaus* In varie città dell'Italia centrale. Firenze e Pisa le ho viste piuttosto bene, invece Roma l'ho vista solo in parte.
*Pietro* Peccato! Hai perduto molto!
*Klaus* Comunque ho già deciso di vederla tutta la prossima estate.
*Pietro* Hai buttato una monetina nella Fontana di Trevi?
*Klaus* Sì, e perciò... sono sicuro di tornarci.

## I.2. Esercizi orali

**1. Trasformate le seguenti frasi secondo il modello:**

a) Klaus dice: «Quest'anno di sole ne ho preso poco.»
*Klaus dice che quest'anno di sole ne ha preso poco.*

1. Klaus dice «Quest'anno di sole ne ho preso poco.»
2. Mario dice «Quest'anno di lavoro ne ho avuto poco.»
3. Franca dice «Quest'anno di denaro ne ho speso poco.»
4. Ugo dice «Quest'anno di caldo ne ho sentito poco.»
5. Carla dice «Quest'anno di tempo ne ho perduto poco.»

b) Pietro: «Hai avuto fortuna con il tempo?»
*Klaus: «No, ne ho avuta poca.»*

1. *Pietro* Hai avuto fortuna con il tempo?
   *Klaus* ....................................................................................................

2. *Franca* Hai conosciuto molta gente al mare?
   *Luisa* ....................................................................................................

3. *Pietro* Hai mangiato tanta pastasciutta in Italia?
   *Klaus* ....................................................................................................

4. *Franca* Hai ricevuto molta posta questa settimana?
   *Luigi* ....................................................................................................

5. *Renzo* Hai fatto molta strada nel lavoro?
   *Ugo* ....................................................................................................

c) Pietro: «Hai fatto qualche bagno?»
*Klaus:* *«Sì, ne ho fatti molti.»*

1. *Pietro* Hai fatto qualche bagno?
   *Klaus* ..........................................................................................................
2. *Pietro* Hai trovato qualche amico?
   *Klaus* ..........................................................................................................
3. *Pietro* Hai avuto qualche problema?
   *Klaus* ..........................................................................................................
4. *Pietro* Hai fatto qualche viaggio?
   *Klaus* ..........................................................................................................
5. *Pietro* Hai visto qualche museo?
   *Klaus* ..........................................................................................................

d) Pietro: «Hai fatto molte vacanze?»
*Klaus:* *«Sì, ne ho fatte molte.»*

1. *Pietro* Hai fatto molte vacanze?
   *Klaus* ..........................................................................................................
2. *Pietro* Hai fatto molte fotografie?
   *Klaus* ..........................................................................................................
3. *Pietro* Hai conosciuto molte persone?
   *Klaus* ..........................................................................................................
4. *Pietro* Hai visto molte città?
   *Klaus* ..........................................................................................................

**I.3. Rispondete alle seguenti domande:**

1. Klaus ha preso molto sole in Italia?
2. Perché non è diventato nero come l'anno scorso?
3. Ha avuto fortuna con il tempo?
4. Ha fatto qualche bagno?
5. Fino a quando è stato bello il tempo?
6. Che cosa ha fatto Klaus nei giorni di tempo cattivo?
7. Ha visto Firenze e Pisa?
8. Ha visto bene Roma?
9. Perché è sicuro di tornarci?

# II Esercizi scritti

**II.1. Completate le seguenti conversazioni secondo i modelli:**

Quando hai visto Roma per la prima volta?
*L'ho vista due anni fa.*

Hai visto Milano e Firenze?
*No, non le ho viste.*

1. Quando hai fatto le vacanze in Italia?
   ............. l'anno scorso.
2. Dove ha conosciuto il signor Rossi?
   ............. al mare.
3. Ha visitato i Musei Vaticani?
   Sì, ............. molti anni fa.
4. Hai spedito la cartolina?
   Sì, ............. poco fa.
5. Avete trovato i biglietti per il concerto?
   Sì, per fortuna .............

## II.2. Sulla spiaggia

*Hans* Guarda che mare! Poche volte l'ho visto così calmo.
*Rita* È veramente liscio come l'olio.

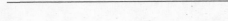


*Hans* Facciamo il bagno?
*Rita* Io l'ho già fatto un'ora fa.
*Hans* Non ne fai un altro?
*Rita* Perché no? Ne ho fatti due anche ieri mattina.

*Hans* Allora, dai, buttiamoci!
*Rita* Riesci ad arrivare fino a quella barca?

*Hans* Certamente! Non è poi tanto lontana!

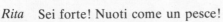

*Rita* Sei forte! Nuoti come un pesce!

*Hans* Sono tanti anni che nuoto! Ho imparato a scuola, da bambino.
*Rita* Beato te! Io, invece, ho imparato da grande.

*Hans* Comunque sei diventata brava lo stesso.
*Rita* Sì, ma quando il mare è mosso ho paura di fare il bagno.

## II.3. Previsioni del tempo

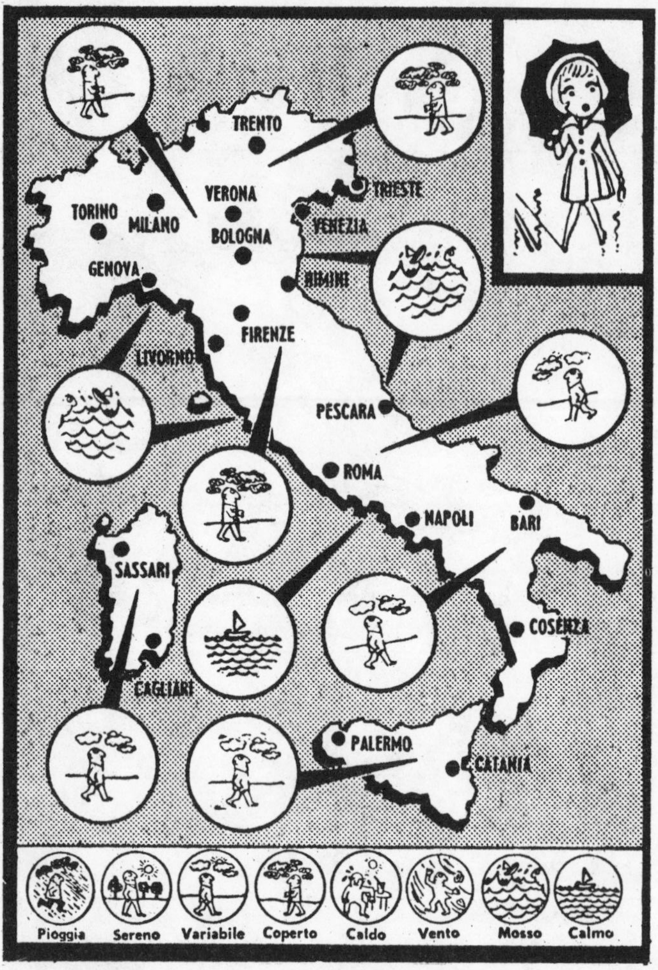


### II.4. Rispondete alle seguenti domande:

1. Com'è il mare quando non è calmo?
2. Come si dice quando il mare è molto calmo?
3. Come si dice quando una persona nuota molto bene?
4. Quando ha imparato a nuotare Rita?
5. Quando ha paura di fare il bagno Rita?

## III.1. Riflessione grammaticale

| | |
|---|---|
| Hai visto il Colosseo? | Sì, l'ho visto. |
| Hai visto anche Piazza Navona? | Sì, l'ho vista. |
| Hai visto anche i Musei Vaticani? | Sì, li ho visti. |
| Hai visto anche le Terme di Caracalla? | Sì, le ho viste. |
| Hai visto qualche città del nord? | Sì, ne ho viste diverse. |
| Hai visto qualche italiano biondo? | Sì, ne ho visti diversi. |

| | | | |
|---|---|---|---|
| Klaus | ha | preso | il sole |
| | | avuto | poca fortuna con il tempo |
| | | fatto | molti bagni |
| | | girato | l'Italia |
| | | visto | Firenze, Pisa e Roma |
| Greta | | perduto | molto |
| | | buttato | una monetina nella Fontana di Trevi |

| | | | |
|---|---|---|---|
| Klaus e Greta | hanno | preso | il sole |
| | | avuto | poca fortuna con il tempo |
| | | fatto | molti bagni |
| | | girato | l'Italia |
| | | visto | Firenze, Pisa e Roma |
| | | perduto | molto |
| | | buttato | una monetina nella Fontana di Trevi |

| | | | |
|---|---|---|---|
| Klaus | è | tornato | dall'Italia |
| | | stato | in varie città |
| | non è | diventato | nero |

| | | | |
|---|---|---|---|
| Greta | è | tornata | dall'Italia |
| | | stata | in varie città |
| | non è | diventata | nera |

| | | | |
|---|---|---|---|
| Klaus e Greta | sono | tornati | dall'Italia |
| | | stati | in varie città |
| | non sono | diventati | neri |

| | | | |
|---|---|---|---|
| Luisa e Carla | sono | tornate | dalla Spagna |
| | | state | in varie città |
| | non sono | diventate | nere |

| | |
|---|---|
| è piovuto molte volte | non ha fatto freddo |

| | | |
|---|---|---|
| il tempo | è | stato bello fino alla metà di agosto |

## III.2. Esercizi supplementari

**a) Mettete i seguenti verbi al posto esatto:**

*è, siamo, sono, ha, ha*

1. La settimana scorsa ...... fatto freddo anche in Sicilia.
2. Quest'appartamento mi ...... costato un occhio della testa.
3. Andate già via? Sì, ...... rimasti anche troppo.
4. Perché non ...... venute anche Laura e Marta?
5. Marisa ...... preso la patente ed ora può guidare anche lei.

**b) Completate le frasi al passato, secondo i modelli:**

Fra poco mangiamo: Carla ...... già buttat...... la pasta.
*Fra poco mangiamo: Carla ha già buttato la pasta.*

Dove ...... andat...... in vacanza i Suoi amici?
*Dove sono andati in vacanza i Suoi amici?*

1. Dove ...... conosciut...... Suo marito, signora?
2. Poveri noi! ...... spes...... tutti i soldi!
3. Quando ...... ritornat...... da Bologna, signorina?
4. Siamo stanchi, perché ...... nuotat...... per più di mezz'ora.
5. A vent'anni Luisa ...... andat...... a vivere da sola.

**III.3. Raccontate il contenuto del dialogo fra Pietro e Klaus, ricordando i seguenti punti:**

Klaus / vacanze in Italia / non è nero / molti bagni / tempo bello / tempo cattivo / girare l'Italia / Firenze e Pisa / Roma / la prossima estate / Fontana di Trevi /

**III.4. Rispondete alle seguenti domande:**

1. Ha mai visitato l'Italia?
2. Che cosa domanda ad un amico per sapere se ha passato bene le vacanze?
3. Quando Lei torna dal mare un amico Le dice che non è diventato nero. Che cosa gli risponde?
4. Che cosa risponde ad un amico che Le chiede se è rimasto al mare anche con il tempo brutto?
5. Che cosa chiede ad una persona che è stata in vacanza a Roma e che vuole tornarci?

**III.5. Raccontate una vostra vacanza al mare.**

## IV Esercizio di pronuncia e intonazione:

1. **C** (k) e **Č**

Klaus incontra Pietro, un amico italiano che lavora in Germania.

È contento delle vacanze.

Ha avuto poca fortuna con il tempo.

Nei giorni di tempo cattivo ha girato l'Italia con alcuni amici.

Ha visto varie città dell'Italia centrale.

Ha visto bene Firenze e Pisa, invece Roma l'ha vista poco.

Peccato! Ha perduto molto.

Ha deciso di vedere bene Roma e perciò vuole tornarci.

2. *Le doppie consonanti* (cc, dd, ll, nn, pp, ss, tt)

Quest'anno Klaus ha preso poco sole, infatti non è diventato nero.

Non ha fatto freddo, ma purtroppo è piovuto diverse volte.

Ha fatto molti bagni soprattutto i primi giorni.

Il tempo è stato bello fino alla metà di agosto e poi è diventato brutto.

Nei giorni di tempo cattivo è stato in varie città dell'Italia centrale.

Non ha visto bene Roma. Peccato!

Ha visto il Colosseo e le Terme di Caracalla.

Ha buttato una monetina nella Fontana di Trevi.

3. *Frasi interrogative*

Come sono andate le vacanze, Klaus?

Hai fatto almeno qualche bagno?

Dove sei stato?

Hai visto il Colosseo?

Hai buttato una monetina nella Fontana di Trevi?

Facciamo il bagno? Perché no?

4. *Frasi esclamative*

Peccato! Hai perduto molto!

Guarda che mare!

Allora, dai, buttiamoci!

Certamente! Non è poi tanto lontana!

Sei forte! Nuoti come un pesce!

Sono tanti anni che nuoto!

Beato te!

## V Test

**1. Completate il testo con le parole mancanti:**

Klaus ...... passato le vacanze in Italia. Quest'anno non ...... diventato nero come l'anno ...... ...... sole ...... ha preso poco, perché ...... piovuto diverse volte. Ha fatto molti ......, soprattutto i primi giorni di agosto, perché il tempo ...... stato veramente bello ...... giorni di tempo ...... ha girato un po' l'Italia con alcuni amici ...... Roma ...... buttato una ...... nella Fontana di Trevi ...... è sicuro di tornarci.

**2. Completate le parole con le lettere mancanti:**

1. Oggi il mare è veramente l......o come l'......o.
2. Klaus è f......e, nuota come un ...... e.
3. Rita nuota bene, ma ha p......a del mare m......s......o.
4. Q......c......e volt...... Rita fa due bagni al giorno.
5. Klaus ha con......to molt...... gent...... al mare.

**3. Mettete accanto ad ogni parola il suo contrario:**

| | | |
|---|---|---|
| caldo / .................... | scorso / .................... | brutto / .................... |
| lontano / .................... | mosso / .................... | poco / .................... |
| primo / .................... | buono / .................... | questo / .................... |

## VI.1. Fontana di Trevi

Chi va a Roma[1] per la prima volta non può dimenticare di vedere la Fontana di Trevi. A parte la sua bellezza, c'è un'altra ragione per farlo[2]. Dicono che se uno vuole essere sicuro di ritornare a Roma deve buttare una monetina[3] in questa fontana.
Molti lo sanno[4] e, specialmente d'estate, quando il numero di turisti è più grande, il fondo della fontana è pieno di monetine.
Che fine fanno tutte quelle monetine? Appena[5] i turisti hanno girato l'angolo, i ragazzini[6] che abitano nella zona entrano nella fontana per prenderle.
Ma niente paura[7]: il sogno dei turisti[8] può diventare[9] lo stesso realtà.

1 Un particolare della fontana di Trevi: Nettuno e i tritoni, opera di Pietro Bracci.

**Note**

1. Chi va a Roma ......: Ogni persona che va ......; 2. per farlo: per fare questo, cioè per vedere la Fontana di Trevi; 3. una monetina: una piccola moneta (da 5, 10, 20 lire); 4. lo sanno: sanno questa cosa; 5. appena ...... hanno girato l'angolo: subito dopo che sono andati via; 6. ragazzini: ragazzi molto giovani, ancora bambini; 7. Ma niente paura: ma non importa, non fa niente; 8. il sogno dei turisti: ciò che i turisti desiderano (cioè tornare a Roma); 9. può diventare ...... realtà: può diventare ...... vero.

2

2 Uno scorcio di via Margutta, la caratteristica via romana sede di una mostra di pittura all'aperto.

3 Piazza di Spagna: una veduta della famosa scalinata di Trinità dei Monti, sempre affollata di turisti.

3

5

4 Turisti si riposano in un caffè all'aperto in piazza della Rotonda a Roma.

5 Un bambino osserva con curiosità la pittoresca uniforme di una guardia svizzera all'ingresso del Vaticano.

6 Un angolo del tradizionale mercatino romano di Porta Portese.

6

## VI.2. Test

| | Vero | Falso |
|---|---|---|
| 1. Chi va a Roma per la prima volta deve vedere anche la Fontana di Trevi. | □ | □ |
| 2. Chi desidera tornare a Roma deve buttare una monetina nella Fontana di Trevi. | □ | □ |
| 3. Il fondo della fontana è pieno di monetine tutti i mesi dell'anno. | □ | □ |
| 4. Mentre i turisti sono ancora lì, i ragazzini entrano nella fontana per prendere le monetine. | □ | □ |
| 5. In questo caso il sogno dei turisti non può diventare realtà. | □ | □ |

# Unità 12 Un'esperienza di viaggio

**I.1.**

## I.2. Conversazione

A Londra *parlavate* sempre inglese, vero?
No, purtroppo fra noi *parlavamo* la nostra lingua.
Anche tu, Gianni, *parlavi* qualche volta italiano?
Sì, ma lo *parlavo* solo quando era proprio necessario.
E Lei, signorina, *parlava* solo inglese?
Sì, anche quando loro *parlavano* italiano.
Brava! Infatti Lei *parla* inglese meglio di tutti loro.

Genova, 23 marzo 1981

Cara Graziella,

dopo un viaggio disastroso, eccomi finalmente a Genova. Secondo l'orario dovevo partire da Pescara alle nove e diciotto, ma in realtà alle dieci ero ancora là ad aspettare l'arrivo del treno. Infatti il diretto da Bari viaggiava con circa mezz'ora di ritardo a causa di certi lavori sul tratto Bari-Foggia.

Quando è giunto a Pescara era pieno zeppo, perciò non ho trovato posto. Insomma, non solo ho fatto metà del viaggio in piedi, ma a Roma ho perduto la coincidenza con l'espresso per Genova. Fortunatamente, però, ho trovato subito un facchino e così ho potuto lasciare le valigie al deposito bagagli.

All'ufficio informazioni mi hanno detto che potevo prendere il rapido delle sedici e trentasei. Mancava ancora un bel po' di tempo alla partenza, perciò ho deciso di andare a bere qualcosa di fresco. Mentre uscivo dal bar ho pensato di telefonare a Rita. Il gettone ce l'avevo, ma il numero dell'ufficio no, quindi ho perso un sacco di tempo a cercarlo nell'elenco telefonico. Mentre parlavo con Rita, dietro di me c'era una lunga fila di persone che aspettavano, perciò ho fatto una telefonata molto breve.

Ma il bello è venuto dopo. Quando sono andata a ritirare le valigie non riuscivo a trovare lo scontrino. Che guaio! Se perdevo il rapido dovevo aspettare altre quattro ore! Infine lo scontrino è uscito fuori dalla tasca del vestito, ma non ti dico che brutto momento ho passato!

Nel rapido c'era una carrozza quasi vuota, dunque ho continuato il viaggio seduta comodamente.

All'arrivo un tale mi ha indicato una pensione a buon mercato. Appena l'ho vista mi è piaciuta e ho deciso di restarci.

Per oggi chiudo qui. Ti prometto, però, di scriverti ancora a lungo.

Tanti cari saluti ed un abbraccio dalla tua

Irene

Perché non siete passati da me ieri sera?
Perché *avevamo* un lavoro da finire.
E voi perché non siete venuti?
Io *avevo* un impegno e Luisa *aveva* un appuntamento.
Potevano venire almeno i ragazzi!
Già, ma *avevano* da studiare.
Insomma, *avevate* tutti qualcosa da fare!
Sì, solo tu non *avevi* niente da fare!

L'anno scorso *partivo* per il mare tutti i venerdì.
Noi, invece, *partivamo* il sabato mattina.
Come mai non *partivate* il venerdì?
Perché se *partivano* tutti il venerdì, l'ufficio restava vuoto.
Anche tu *partivi* il sabato mattina?
Sì, ma soltanto se *partiva* Franco, perché andavo in macchina con lui.

## Osservate!

| | | |
|---|---|---|
| parlare | parla | vo |
| | | vi |
| avere | ave | va |
| | | vamo |
| partire | parti | vate |
| | | vano |

| | |
|---|---|
| | ero |
| | eri |
| | era |
| essere | eravamo |
| | eravate |
| | erano |

| | | |
|---|---|---|
| dire | dice | vo |
| | | vi |
| fare | face | va |
| | | vamo |
| bere | beve | vate |
| | | vano |

# I.3. Esercizi orali

### 1. Trasformate le seguenti frasi secondo il modello:

a) Ieri ho lavorato fino alle sei.
*Io, invece, a quell'ora lavoravo ancora.*

1. Ieri ho lavorato fino alle sei.
2. Ieri ho dormito fino alle dieci.
3. Ieri ho studiato fino alle quattro.
4. Ieri ho letto fino a mezzanotte.
5. Ieri ho giocato fino alle undici.

b) Mi hanno detto: «Può prendere il rapido delle 16,36»
*Mi hanno detto che potevo prendere il rapido delle 16,36.*

1. Mi hanno detto: «Può prendere il rapido delle 16,36».
2. Mi hanno detto: «Può lasciare le valigie al deposito bagagli».
3. Mi hanno detto: «Per ritirare le valigie deve avere lo scontrino».
4. Mi hanno detto: «Per telefonare bisogna fare la fila».
5. Mi hanno detto: «Quella pensione è a buon mercato».

## I.4. Rispondete alle seguenti domande:

1. Com'è stato il viaggio di Irene?
2. Il diretto da Bari era in orario?
3. Com'era il diretto quando è giunto a Pescara?
4. Che cosa ha pensato di fare Irene mentre usciva dal bar?
5. Il gettone ce l'aveva?
6. Che cosa è successo quando è andata a ritirare le valigie?
7. Da dove è uscito fuori infine lo scontrino?
8. Che cosa doveva fare Irene se perdeva il rapido?
9. Come ha continuato il viaggio?

## II.1. Esercizi scritti

**a) Completate le seguenti frasi secondo il modello:**

Mentre ...... dal bar, Irene ...... di telefonare a Rita.
Mentre *usciva* dal bar, Irene *ha pensato* di telefonare a Rita. *(uscire - pensare)*

1. Mentre ........... a casa, Luigi ........... Lina. *(tornare - incontrare)*
2. Mentre ........... l'autobus, Rosa ........... passare le sue amiche. *(aspettare - vedere)*
3. Mentre ........... con Sandra, Marco ........... tre grappe. *(parlare - bere)*
4. Mentre ........... la televisione, Carla e Franca ........... un sacco di pasticcini. *(guardare - mangiare)*
5. Mentre ........... per le vie di Firenze, Fred ........... il passaporto. *(girare - perdere)*

**b) Trasformate le seguenti frasi secondo il modello:**

Irene ha detto: «Mentre parlavo al telefono, molta gente faceva la fila».
*Irene ha detto che mentre parlava al telefono molta gente faceva la fila.*

1. Irene ha detto: «Mentre parlavo al telefono, molta gente faceva la fila».
...........................................................................................................
2. Franco ha detto: «Mentre giocavo a tennis, Carla stava seduta all'ombra».
...........................................................................................................
3. Luigi ha detto: «Mentre parcheggiavo sotto casa, Marisa guardava dalla finestra».
...........................................................................................................
4. Gianna ha detto: «Mentre facevo colazione, Marco parlava con un amico».
...........................................................................................................
5. Marta ha detto: «Mentre mettevo in ordine la camera, Pia faceva le valigie».
...........................................................................................................

## c) Completate le frasi con i seguenti verbi:

*avere, costare, essere, riuscire, sapere, sentire, stare, volere*

Perché non hai mangiato niente ieri sera?
Perché non ...... fame.
Perché non *avevo* fame.

1. Perché non è uscita ieri sera, signorina?
   Perché non ...... bene.
2. Perché non avete aperto la finestra?
   Perché ...... freddo.
3. Perché Carlo e Lucio sono andati via così presto?
   Perché ...... stanchi.
4. Perché domenica è rimasta a casa, signora?
   Perché non ...... dove andare.
5. Perché siete rimasti in piedi fino a tardi?
   Perché non ...... sonno.
6. Perché Franz è andato in banca?
   Perché ...... aprire un conto corrente.
7. Perché non avete preso il rapido?
   Perché non ...... spendere tanto.
8. Perché non hai comprato quel vestito?
   Perché ...... troppo.
9. Perché Sandra non è stata bene in Inghilterra?
   Perché non ...... una parola d'inglese.
10. Perché siete arrivati soltanto adesso?
    Perché non ...... a trovare la strada.

# II.2. Gettoni introvabili

*Moglie* Come mai non mi hai telefonato?
*Marito* Perché non sono riuscito a trovare neanche un gettone.
*Moglie* È una bella scusa! Possibile che non avevi delle monete da cento lire?
*Marito* Sì, ce le avevo, ma la gettoniera era vuota.
*Moglie* Hai provato al bar?
*Marito* Naturalmente! Ho girato diversi bar, ma non c'erano gettoni.
*Moglie* Sarà, ma non ci credo!
*Marito* Ma è vero! Lo sai anche tu che li usano per dare il resto quando mancano le monete.

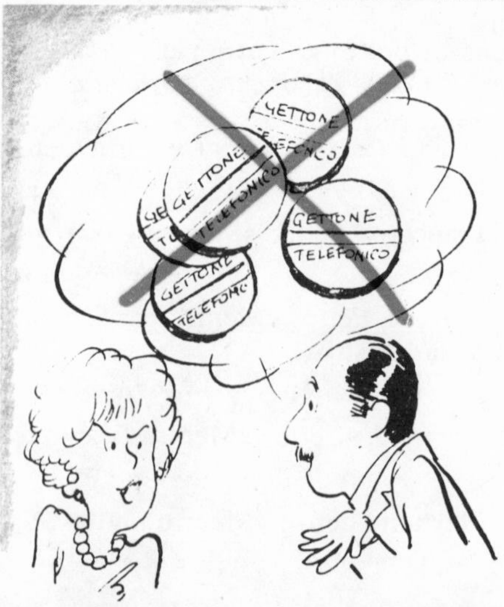

1

## II.3. Ed ora rispondete alle domande:

1. Perché il marito non ha telefonato alla moglie?
2. Perché non ha potuto usare le monete da cento lire?
3. Che cosa ha fatto per cercare i gettoni?
4. La moglie crede a ciò che dice il marito?
5. Perché è difficile trovare i gettoni nei bar?

# II.4. Pendolari

*Signor Radi* Insegna ancora a Parma, signora?
*Signora Mari* No, per fortuna da un anno insegno qui a Bologna.

2

---

*Signor Radi* Meno male! Così non deve più viaggiare in treno.
*Signora Mari* Già, grazie a Dio quel brutto periodo è finito!

3

---

*Signor Radi* Ricordo che la mattina partiva molto presto.
*Signora Mari* Sì, d'inverno quando partivo era ancora buio.

4

---

*Signor Radi* Come mai? Non c'erano treni comodi?
*Signora Mari* Proprio così! Dovevo prendere un treno locale e il viaggio non finiva mai!

5

---

*Signor Radi* Spendeva anche molto, immagino......
*Signora Mari* No, non tanto: come statale avevo la riduzione.
*Signor Radi* Già, dimenticavo che anche gli insegnanti sono impiegati dello Stato.

6

---

*Signora Mari* Lei, invece, continua ad andare avanti e indietro fra Bologna e Forlì?
*Signor Radi* Per forza! Per ragioni di famiglia non posso rimanere fisso a Bologna. ◎

7

---

## II.5. Rispondete alle seguenti domande:

1. Da quanto tempo insegna a Bologna la signora Mari?
2. Deve ancora viaggiare in treno?
3. Quando insegnava a Parma, la mattina partiva presto?
4. C'erano treni comodi?
5. Che treno doveva prendere?
6. Spendeva molto?
7. Il signor Radi viaggia ancora ogni giorno?
8. Per quale ragione non può rimanere fisso a Bologna?

14 **FIRENZE - BOLOGNA - MILANO** 14

| | | | | | | | | | | | |
|---|---|---|---|---|---|---|---|---|---|---|---|
| | | ⊠ | ○ ⊠ | R 1 ⊠ | a | | R 1 ⊠ | ⊠ | ⊠ | | |
| **FIRENZE S.M.N.** | p. | 12.30 | 13.27 | **14.23** | ... | ... | ... | 15.24 | **16.54** | ... | ... |
| **BOLOGNA C.** | p. | 14.01 | 15.00 | **15.46** | 15.52 | 16.05 | **17.12** | 17.21 | **18.20** | 18.48 | 18.55 |
| MODENA | p. | 14.26 | │ | │ | 16.17 | 16.31 | │ | 17.49 | │ | 19.13 | 19.22 |
| REGGIO EMILIA | p. | 14.46 | │ | │ | 16.35 | 16.49 | │ | 18.07 | │ | 19.31 | 19.42 |
| PARMA | p. | 15.11 | │ | │ | 16.57 | 17.10 | │ | 18.29 | │ | 19.52 | 20.04 |
| FIDENZA | p. | 15.26 | │ | │ | 17.12 | 17.26 | │ | 18.45 | **19.21** | 20.09 | 20.20 |
| PIACENZA | p. | 15.50 | │ | │ | 17.44 | 18.00 | │ | 19.21 | │ | 20.36 | 20.46 |
| **MILANO CENTR.** | a. | 16.40 | 17.10 | **17.40** | 18.35 | 19.00 | **19.05** | 20.20 | **20.30** | 21.30 | 21.45 |

| | | | | | | | | | | | |
|---|---|---|---|---|---|---|---|---|---|---|---|
| | | | ⊠ | | ⊠ | ○ ⊠ b | R 1 ⊠ | 1 R ⊠ | | b c | |
| **FIRENZE S.M.N.** | p. | ... | 18.16 | ... | 19.21 | **19.41** | **20.15** | ... | ... | ... | ... |
| **BOLOGNA C.** | p. | 19.08 | 19.58 | 20.09 | 20.51 | **21.07** | **21.35** | **21.54** | 22.10 | 22.30 | ... |
| MODENA | p. | │ | 20.26 | 20.37 | │ | │ | │ | │ | 22.36 | 22.55 | ... |
| REGGIO EMILIA | p. | │ | 20.44 | 20.55 | │ | │ | │ | │ | 22.54 | 23.12 | ... |
| PARMA | p. | │ | 21.05 | 21.15 | │ | │ | │ | │ | 23.16 | 23.33 | ... |
| FIDENZA | p. | │ | 21.21 | 21.31 | │ | │ | │ | │ | 23.32 | │ | ... |
| PIACENZA | p. | │ | 21.48 | 21.58 | │ | │ | │ | │ | 0.02 | 0.09 | ... |
| **MILANO CENTR.** | a. | 21.50 | 22.45 | 22.55 | 23.05 | **23.05** | **23.38** | **23.52** | 0.55 | 0.56 | ... |

# III.1. Riflessione grammaticale

| | | |
|---|---|---|
| 1. | Alle dieci Irene *aspettava* ancora il treno. |  |
| | Mentre Irene *parlava* al telefono, molte persone *facevano* la fila. | 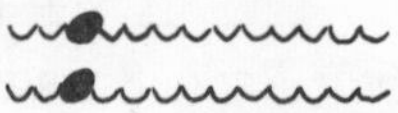 |
| | Il treno *viaggiava* con mezz'ora di ritardo, *era* pieno zeppo, molte persone *stavano* in piedi, alcuni *parlavano*, altri *dormivano* ...... | 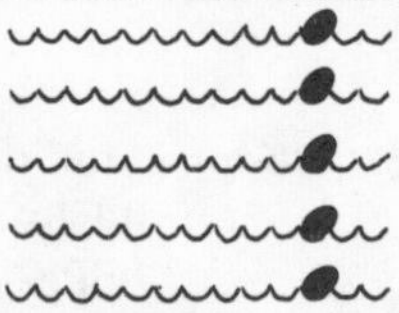 |
| 2. | Mentre *aspettava* il treno, Irene *ha fatto* colazione e *ha comprato* un giornale. | 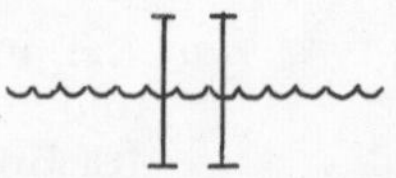 |
| 3. | L'anno scorso Luigi *andava* al mare tutti i venerdì. |  |

## Osservate!

| | | |
|---|---|---|
| 1. | 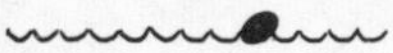 | = Un momento di un'azione passata. |
| 2. | 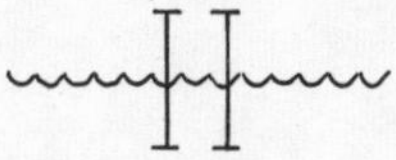 | = Azione passata, cominciata prima dell'arrivo di altre azioni. |
| 3. |  | = Azioni passate, ripetute per abitudine. |

## Attenzione!

a) Ieri alle sei Marco *guardava* la televisione.  (imperfetto)

b) Ieri Marco *ha guardato* la televisione fino alle sei e mezzo.  (perfetto)

c) Mentre *guardava* la tv, Marco *parlava* con Lucio.  (imperfetto)

d) Prima Marco *ha guardato* la tv e poi *ha parlato* con Lucio.  (perfetto)

e) Per mezz'ora Marco *ha guardato* la tv e *ha parlato* con Lucio. 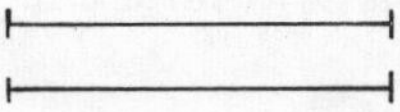 (perfetto)

f) L'anno scorso Luigi *andava* al mare tutti i venerdì.  (imperfetto)

g) L'anno scorso Luigi *è andato* al mare tutti i venerdì. 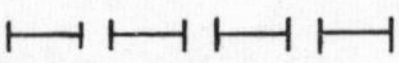 (perfetto)

| | | |
|---|---|---|
| 4. |  | = Azioni passate, accadute una dopo l'altra, ma non ripetute per abitudine. |

## III.2. Esercizi supplementari

**Rispondete alle domande secondo il modello:**

a) Come ieri, anche oggi Luisa studierà il francese dalle 4 alle 5.
Che cosa ha fatto ieri Luisa dalle quattro alle cinque?
*Ha studiato il francese.*
Che cosa faceva ieri Luisa alle quattro e mezzo?
*Studiava il francese.*

1. Come ieri, anche oggi Franco giocherà a tennis dalle 4 alle 5.
Che cosa ha fatto ieri Franco dalle 4 alle 5?
.....................................................................................................
Che cosa faceva ieri Franco alle 4,30?
.....................................................................................................
2. Come ieri, anche oggi Roberto guarderà la tv dalle 4 alle 5.
Che cosa ha fatto ieri Roberto dalle 4 alle 5?
.....................................................................................................
Che cosa faceva ieri Roberto alle 4,30?
.....................................................................................................
3. Come ieri, anche oggi Sandra farà un pisolino dalle 4 alle 5.
Che cosa ha fatto ieri Sandra dalle 4 alle 5?
.....................................................................................................
Che cosa faceva ieri Sandra alle 4,30?
.....................................................................................................
4. Come ieri, anche oggi Piero farà un giro in macchina dalle 4 alle 5.
Che cosa ha fatto ieri Piero dalle 4 alle 5?
.....................................................................................................
Che cosa faceva ieri Piero alle 4,30?
.....................................................................................................
5. Come ieri, anche oggi Marta ascolterà la radio dalle 4 alle 5.
Che cosa ha fatto ieri Marta dalle 4 alle 5?
.....................................................................................................
Che cosa faceva ieri Marta alle 4,30?
.....................................................................................................

b) Ieri sera alle sette lavorava ancora?
*Sì, ho lavorato tutto il giorno.*

1. Ieri sera alle sette studiava ancora?
.....................................................................................................
2. Ieri sera alle sette aspettava ancora?
.....................................................................................................
3. Ieri sera alle sette viaggiava ancora?
.....................................................................................................
4. Ieri sera alle sette dormiva ancora?
.....................................................................................................
5. Ieri sera alle sette guidava ancora?
.....................................................................................................

**c) Completate la storia di Ferdinando mettendo i verbi al tempo giusto (perfetto o imperfetto):**

FERDINANDO di Dahl Mikkelsen

Ferdinando (decidere) ...... di scappare di casa. (Prendere) ...... le sue cose e zitto zitto (andare) ...... via. Poco dopo, mentre (andare) ...... in giro tutto solo, (cominciare) ...... a pensare che forse la mamma, il papà ed il cane (soffrire) ...... a causa sua.

Mentre (pensare) ...... a loro, (piangere) ......

Ad un tratto (prendere) ...... la decisione di tornare indietro.

Quando (entrare) ...... in casa, (vedere) ...... che nessuno (essere) ...... in pena per lui: il cane (dormire) ...... tranquillo, il papà (leggere) ...... il giornale e la mamma (lavare) ...... i piatti. Che delusione per il povero Ferdinando!

## III.3. Raccontate il contenuto della lettera di Irene a Graziella, ricordando i seguenti punti:

fare un viaggio disastroso / dovere partire alle 9,18 / alle 10 ancora lì / ritardo / lavori sul tratto Bari-Foggia / treno pieno zeppo / in piedi / perdere la coincidenza / rapido delle 16,36 / telefonare a Rita / gettone / fila di persone / ritirare le valigie / scontrino / nel rapido carrozza quasi vuota / arrivo a Genova / pensione a buon mercato / decidere di restarci /

## III.4. Rispondete alle seguenti domande:

1. Che cosa dice quando ha viaggiato in piedi o ha perduto una coincidenza o ha avuto altri problemi durante un viaggio in treno?
2. Che cosa domanda per sapere dove può lasciare le valigie alla stazione?
3. Che cosa chiede ad un passante quando arriva in una città che non conosce e vuole trovare una pensione non troppo cara?
4. Lei deve fare una telefonata da un telefono pubblico ma la gettoniera è vuota. Che cosa chiede, allora, in un bar vicino?
5. Lei deve fare una telefonata da un telefono pubblico, ma non ha monete da 100 lire, perciò la gettoniera non serve. Che cosa chiede, allora, in un bar?

## III.5. Raccontate una vostra esperienza di viaggio in treno

## IV Esercizio di pronuncia e intonazione

1. *Frasi esclamative*

Eccomi finalmente a Genova!

Il bello è venuto dopo!

Che guaio! Non riuscivo a trovare lo scontrino!

Se perdevo il rapido dovevo aspettare altre quattro ore!

Che brutto momento ho passato!

Brava! Lei parla inglese meglio di tutti loro!

Insomma, avevate tutti qualcosa da fare!

È una bella scusa!

Sarà, ma non ci credo!

Ma è vero!

Meno male! Così non deve più viaggiare in treno!

Grazie a Dio quel brutto periodo è finito!

Dovevo prendere un treno locale e il viaggio non finiva mai!

2. *Frasi interrogative*

A Londra parlavate sempre inglese, vero?

Anche tu, Gianni, parlavi qualche volta italiano?

Perché non siete passati da me ieri sera?

Come mai non partivate il venerdì?

Perché non avete preso il rapido?

Come mai non mi hai telefonato?

Possibile che non avevi delle monete da cento lire?

Hai provato al bar?

Insegna ancora a Parma, signora?

Come mai partiva tanto presto?

Non c'erano treni comodi?

Lei continua ad andare avanti e indietro fra Bologna e Forlì?

3. **C** (K) e **Č**

Secondo l'orario dovevo partire alle nove e diciotto.

Alle dieci ero ancora là ad aspettare.

Il diretto viaggiava con circa quindici minuti di ritardo.

A Roma ho perduto la coincidenza per Ancona.

Per fortuna ho trovato subito un facchino.

Ho perduto un sacco di tempo a cercare il numero di Rita.

Ho trovato il numero dell'ufficio nell'elenco telefonico.

C'era una lunga fila, perciò ho fatto una telefonata breve.

Nel rapido c'era una carrozza quasi vuota.

Un tale mi ha indicato una pensione a buon mercato.

Tanti cari saluti ed un abbraccio!...

4. **G** e **Ğ**

Dopo un viaggio disastroso siamo giunti finalmente a Genova.

Il diretto da Foggia viaggiava con venti minuti di ritardo.

Ho lasciato le valigie al deposito bagagli.

Il gettone ce l'avevo, ma il numero di telefono no.

Che guaio! Non riuscivo a trovare il biglietto.

Per oggi chiudo qui, ma ti prometto di scriverti ancora a lungo.

5. *Le doppie consonanti* (cc, gg, pp, rr, ss, tt, zz)

Alle otto Attilio aspettava ancora l'arrivo del treno.

Infatti il diretto viaggiava con sette minuti di ritardo.

L'espresso per Lecce era pieno zeppo.

Nel diretto c'erano quattro carrozze piene zeppe.

Nella gettoniera non c'erano più gettoni.

Per fortuna quel brutto periodo è passato.

Gli statali hanno una riduzione sul prezzo del biglietto.

Il signor Massi non può rimanere fisso a Lucca. ◉

# V Test

**1. Completate il testo con le parole mancanti:**

Irene ha fatto un viaggio ...... : ha fatto metà del viaggio ...... piedi e a Roma ha perduto la ...... ...... il rapido ...... Genova.
A Roma ...... le valigie al ...... bagagli e poi è andata ...... bere ...... di fresco.
Ha pensato di telefonare ...... Rita: il gettone ...... , ma il numero dell'ufficio no, ...... ha perduto un ...... di tempo ...... cercarlo nell' ...... telefonico.
Ha fatto una telefonata molto ...... , perché ...... di lei ...... una lunga ...... di persone che ...... Quando è andata a ...... le valigie, non ...... a trovare lo ......
Che ......! Se ...... il rapido, ...... aspettare ...... quattro ore.
...... lo scontrino è uscito ...... dalla ...... del vestito.
Irene ha continuato il viaggio seduta ......, perché nel rapido c'era una ...... quasi ......

**2. In alcune delle seguenti frasi c'è uno sbaglio: trovatelo!**

1. Mentre Rita prendeva il sole, molti ragazzi la guardavano.
2. Ieri Maria viaggiava tutto il giorno.
3. Domenica scorsa Marco guidava per otto ore.
4. Questa mattina parlavo al telefono con Franca fino alle undici.
5. Ieri sera a quest'ora dormivo già.
6. La scorsa estate andavo al lago una sola volta.

**3. Mettete accanto ad ogni parola il suo contrario:**

| | | | | | | | | |
|---|---|---|---|---|---|---|---|---|
| arrivo | / | ............... | pieno | / | ............... | fresco | / | ............... |
| seduto | / | ............... | indietro | / | ............... | presto | / | ............... |
| breve | / | ............... | a buon mercato | / | ............... | ricordare | / | ............... |

**4. Mettete accanto ad ogni parola il sinonimo che conoscete:**

| | | | | | | | | |
|---|---|---|---|---|---|---|---|---|
| giungere | = | ............ | molto pieno | = | ............ | fortunatamente | = | ........ |
| infine | = | ............ | dunque | = | ............ | | | |
| un bel po' | = | ............ | rimanere | = | ............ | | | |

**5. Ora fate il test n. 6 che si trova in fondo al libro.**

## VI.1. L'Italia

L'Italia è una nazione giovane: ha soltanto poco più di un secolo[1] di vita. All'inizio[2] era una monarchia, oggi è una repubblica parlamentare divisa in venti regioni (di cui cinque con maggiore autonomia delle altre), in novantacinque provincie e in circa ottomila comuni.

Sullo «stivale»[3] che si stende per 1.200 chilometri in mezzo al Mediterraneo vivono cinquantasei milioni di italiani, i quali sanno che il «bel paese» è stato per millenni[4] teatro di incontri e di scontri di popoli e di civiltà antiche e recenti[5] come gli Etruschi, i Romani, i Normanni, gli Arabi, e come la Magna Grecia, il Papato, il Rinascimento. A volte basta citare[6] alcuni nomi di città italiane come Firenze o Venezia per suscitare ricordi[7] di civiltà di cui ancor oggi esistono mirabili tracce[8].

2

3

1 Pesca in Sicilia: un momento della "mattanza" del tonno.

2 Raccolta delle arance al Sud. Gli agrumi costituiscono una parte importante dell'esportazione italiana.

3 Una veduta dello stabilimento petrolchimico di Gela, in Sicilia.

Rispetto al Sud, il Nord dell'Italia ha più industrie ed un tenore di vita[9] più alto. Il Meridione[10] è meno sviluppato, ma in compenso[11] ha tali bellezze naturali e un clima così temperato[12] da attirare un numero sempre più grande di turisti.

Anche se è fra le prime dieci nazioni più industrializzate del mondo, l'Italia ha un reddito[13] per abitante dei più bassi in confronto ad altri paesi del Mercato Comune Europeo.

Un tempo le Alpi rappresentavano la difesa naturale dell'Italia. Oggi, grazie ai trafori[14] come quello del Monte Bianco e ai valichi stradali[15], la catena più alta d'Europa[16] è solo un luogo di splendide montagne e di ghiacciai eterni, meta[17] di alpinisti e di sciatori che passano con facilità i confini con la Francia, la Svizzera, l'Austria e la Jugoslavia.

4

4-5 Per il Sud, il turismo rappresenta una delle principali fonti di reddito. Lo sviluppo degli impianti turistici ha trasformato l'aspetto delle coste meridionali: qui accanto un complesso alberghiero in Calabria; sotto un villaggio turistico in Sardegna.

5

**Note**

1. un secolo: cento anni; 2. All'inizio: nei primi tempi; 3. stivale: nome che si dà all'Italia, che è fatta appunto come uno stivale; 4. millennio: mille anni; 5. civiltà antiche e recenti: civiltà molto vecchie e più nuove; 6. citare: dire; 7. suscitare ricordi: far ricordare; 8. mirabili tracce: resti che tutti ammirano per la bellezza; 9. tenore di vita: livello di vita in senso economico; 10. Il Meridione: il Sud dell'Italia; 11. in compenso: in cambio; 12. temperato: né troppo caldo né troppo freddo; 13. reddito: entrata di denaro che una persona ha ogni anno; 14. trafori: gallerie, tunnel; 15. valichi stradali: passi; 16. la catena più alta d'Europa: le Alpi; 17. meta: luogo preferito.

6 

7 

8 

6 L'imbocco della galleria del Monte Bianco sul versante italiano.

7 Catena di montaggio all'Alfa Romeo di Arese, seconda industria automobilistica in Italia dopo la FIAT di Torino.

8 Cantieri navali a Monfalcone (Venezia Giulia).

## VI.2. Test

| | Vero | Falso |
|---|---|---|
| 1. All'inizio l'Italia era una repubblica parlamentare | ☐ | ☐ |
| 2. Cinque regioni hanno più autonomia delle altre | ☐ | ☐ |
| 3. Le provincie sono circa ottomila | ☐ | ☐ |
| 4. Firenze e Venezia suscitano ricordi di civiltà di cui oggi non esistono più tracce | ☐ | ☐ |
| 5. Il Nord dell'Italia ha un tenore di vita più alto rispetto al Sud | ☐ | ☐ |
| 6. L'Italia ha un reddito per abitante piuttosto basso rispetto ad altri paesi del Mercato Comune Europeo | ☐ | ☐ |
| 7. Con i trafori e i valichi stradali le Alpi rappresentano la difesa naturale dell'Italia. | ☐ | ☐ |

# Unità 13 La casa

## I.1.

*Marta* Stamattina sono stata a vedere la nuova casa di Gianna.

*Carla* È un bell'appartamento?

*Marta* Sì, ed è anche molto accogliente.

*Carla* È suo o ce l'ha in affitto?

*Marta* È suo.

*Carla* È grande?

*Marta* Tre stanze più servizi.

*Carla* Non è un po' piccolo per la sua famiglia?

*Marta* Sì; infatti il soggiorno comprende la sala da pranzo ed il salotto.

*Carla* Possono mangiare anche in cucina?

## I.2. Esercizi orali

**1. Rispondete alle seguenti domande secondo il modello:**

È di Gianna quell'appartamento?
*Sì, è suo.*

1. È di Gianna quell'appartamento?

.......................................................................................................

2. È di Franca quel posto?

.......................................................................................................

| | |
|---|---|
| *Marta* | No, perché non c'è spazio sufficiente. |
| *Carla* | Almeno le camere sono grandi? |
| *Marta* | Quella di Gianna e di suo marito abbastanza. |
| *Carla* | E quella del bambino? |
| *Marta* | La sua è più piccola della loro, ma in cambio ha il balcone. |
| *Carla* | A che piano è l'appartamento? |
| *Marta* | Al quarto piano. |
| *Carla* | Le finestre danno sulla strada o sul cortile? |
| *Marta* | Purtroppo danno tutte sulla strada. |
| *Carla* | Allora ci sarà tanto rumore! |
| *Marta* | Sì, e questo è un guaio specialmente di notte. ◎ |

3. È di Marco quella casa?

..........................................................................................

4. È di Marta quel giornale?

..........................................................................................

5. È di Claudio quel garage?

..........................................................................................

**2. Trasformate le frasi secondo il modello:**

Carlo dice: «La mia famiglia è numerosa».
*Carlo dice che la sua famiglia è numerosa.*

1. Carlo dice: «La mia famiglia è numerosa».
   ..........
2. Franco dice: «Il mio ufficio è lontano dal centro».
   ..........
3. Marta dice: «Il mio lavoro è interessante».
   ..........
4. Luisa dice: «La mia casa è sempre in ordine».
   ..........
5. Marco dice: «La mia camera è piuttosto piccola».
   ..........

**3. Come sopra:**

Mario e Lucia dicono: «Il nostro bambino va già a scuola».
*Mario e Lucia dicono che il loro bambino va già a scuola.*

1. Mario e Lucia dicono: «Il nostro bambino va già a scuola».
   ..........
2. Anna e Marco dicono: «La nostra casa costa un occhio della testa».
   ..........
3. Franco e Rita dicono: «Il nostro soggiorno è abbastanza grande».
   ..........
4. Gino e Paola dicono: «La nostra macchina è di seconda mano».
   ..........
5. Marta e Ugo dicono: «Il nostro televisore è a colori».
   ..........

**4. Completate i dialoghi secondo il modello:**

L'appartamento di Mario è caro.
*Sì, ma il mio è più caro del suo.*

1. L'appartamento di Mario è caro.
   *Sì, ma* ..........
2. Il lavoro di Mario è pesante.
   *Sì, ma* ..........
3. L'ufficio di Mario è lontano.
   *Sì, ma* ..........

4. Il televisore di Mario è grande.
   *Sì, ma* ..........................................................................................................................

5. Il letto di Mario è comodo.
   *Sì, ma* ..........................................................................................................................

**I.3. Rispondete alle seguenti domande:**

1. Dov'è stata stamattina Marta?
2. È un bell'appartamento?
3. È suo o ce l'ha in affitto?
4. È grande?
5. Che cosa comprende il soggiorno?
6. Perché Gianna e la sua famiglia non possono mangiare anche in cucina?
7. La camera di Gianna e di suo marito è grande?
8. E quella del bambino?
9. A che piano è l'appartamento di Gianna?
10. Le finestre danno sulla strada o sul cortile?

## II.1. Esercizi scritti

**1. Completate le frasi secondo il modello:**

È grande *il Suo* appartamento, signora?

1. È grande ........... casa, signor Neri?
2. È grande ........... studio, ingegnere?
3. È grande ........... città, signorina?
4. È grande ........... paese, signora?
5. È grande ........... barca, dottore?

**2. Come sopra:**

La camera dei bambini è più piccola *della* nostra.

1. Il loro appartamento è più vecchio ........... nostro.
2. La sua poltrona è più comoda ........... mia.
3. Il tuo ufficio è più grande ........... mio.
4. Il mio numero di telefono è più facile ........... tuo.
5. Il nostro lavoro è più difficile ........... vostro.

**3. Completate i seguenti dialoghi secondo il modello:**

La mia macchina da scrivere non funziona.
*Se la tua non funziona, puoi usare la mia.*

1. La mia macchina da scrivere non funziona.

..........................................................................................................

2. Il mio telefono non funziona.

..........................................................................................................

3. La mia macchina fotografica non funziona.

..........................................................................................................

**4. Come sopra:**

Ieri non ho scritto perché la mia macchina era guasta.
*Se la tua non funzionava, potevi usare la mia.*

1. Ieri non ho scritto perché la mia macchina era guasta.

..........................................................................................................

2. Ieri non ho fatto telefonate perché il mio telefono era guasto.

..........................................................................................................

3. Ieri non ho visto la televisione perché il mio apparecchio era guasto.

..........................................................................................................

**5. Rispondete alle domande secondo il modello:**

Quella macchina è di Giulia o di suo figlio?
*Non è sua: è di suo figlio.*

1. Quella macchina è di Giulia o di suo figlio?

..........................................................................................................

2. Quella stanza è di Paola o di suo fratello?

..........................................................................................................

3. Quella casa è di Franca o di suo marito?

..........................................................................................................

**6. Come sopra:**

Quella macchina è di Giulio o di sua figlia?
*Non è sua: è di sua figlia.*

1. Quella macchina è di Giulio o di sua figlia?

..........................................................................................................

2. Quella stanza è di Roberto o di sua sorella?

..........................................................................................................

3. Quella casa è di Franco o di sua moglie?

..........................................................................................................

## II.2. All'agenzia immobiliare

*Impiegata* Dica, signore!
*Signor Martini* Cerco un appartamento in affitto.

*Impiegata* Come lo desidera?
*Signor Martini* Possibilmente non troppo grande.
*Impiegata* Allora ne abbiamo uno che fa proprio per Lei.

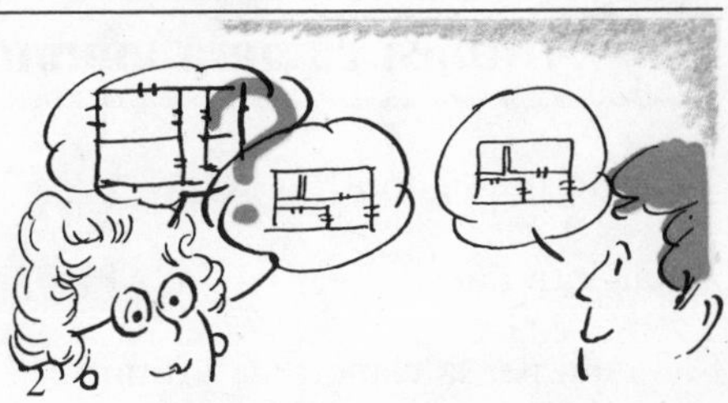


*Signor Martini* Quante stanze ha?
*Impiegata* Due camere, cucina e bagno.

*Signor Martini* Bene! Quant'è l'affitto?
*Impiegata* Duecentomila lire al mese.

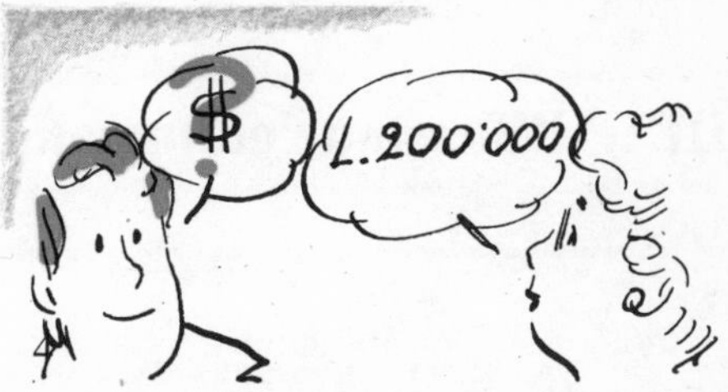


*Signor Martini* A che piano è?
*Impiegata* Al sesto, ma c'è l'ascensore.

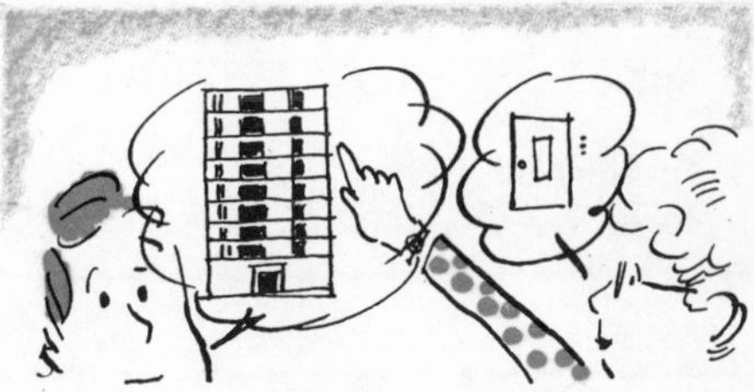


*Signor Martini* Qual è l'indirizzo?
*Impiegata* Via Monti 22, interno 15.

### II.3. Rispondete alle seguenti domande:

1. Che cosa cerca il signor Martini?
2. Come lo desidera?
3. Quante stanze ha l'appartamento?
4. Quant'è l'affitto?
5. A che piano è?
6. Qual è l'indirizzo?

## II.4. Affittasi camera ammobiliata

Buongiorno, signora!

Buongiorno!

Sono qui per la camera da affittare.

Si accomodi, da questa parte!
Grazie!

Ecco: questa è la camera e quello di fronte è il bagno.

Quant'è l'affitto?

Centoventimila lire.

## III.1. Riflessione grammaticale

1.

| | | | | |
|---|---|---|---|---|
| io<br>noi | ho<br>abbiamo | | il mio<br>il nostro | |
| tu<br>voi | hai<br>avete | un appartamento | il tuo<br>il vostro | appartamento è in pieno centro |
| lui (lei) Lei<br>loro | ha<br>hanno | | il suo<br>il loro | |

2.

| | | | | |
|---|---|---|---|---|
| io<br>noi | ho<br>abbiamo | | la mia<br>la nostra | |
| tu<br>voi | hai<br>avete | una casa | la tua<br>la vostra | casa è in pieno centro |
| lui (lei) Lei<br>loro | ha<br>hanno | | la sua<br>la loro | |

3.

| | | | |
|---|---|---|---|
| È di | Gianna / Marco | quell'appartamento? | Sì, è suo. |
| È di | Gianna / Marco | quella casa? | Sì, è sua. |

4.

| | | |
|---|---|---|
| È di Marisa e Paolo | quell'appartamento? | Sì, è il loro. |
| È di Marisa e Paolo | quella casa? | Sì, è la loro. |

5.

| | | |
|---|---|---|
| Il | mio amico | ha la macchina. |
| | Mio fratello | ha la motocicletta. |
| La | mia amica | studia farmacia. |
| | Mia sorella | studia chimica. |
| Il | mio professore | è giovane. |
| | Mio padre | è vecchio. |

6.

| | |
|---|---|
| Il mio appartamento | vale più del suo. |
| La mia casa | vale più della sua. |
| La mia casa | vale più del suo appartamento. |
| La mia camera è | meno bella della tua. |
| Il mio soggiorno è | meno grande della vostra sala da pranzo. |
| Il mio appartamento | vale quanto il suo. |

## III.2. Esercizi supplementari

**1. Trasformate le seguenti frasi secondo il modello:**

Quanti anni ha il tuo bambino, Paola?
*Quanti anni ha il Suo bambino, signora?*

1. Dove dà la tua finestra, Franco?

   ........................................................................................................, dottor Freddi?

2. È di oggi il tuo giornale, Luisa?

   ........................................................................................................, signorina?

3. È comoda la tua sedia, Aldo?

..............................................................................................., signor Franchi?

4. Di che razza è il tuo cane, Marta?

..............................................................................................., signora Petrini?

5. È grande la tua città, Pablo?

..............................................................................................., signor Rodríguez?

**2. Completate le seguenti frasi secondo il modello:**

Il mio sport preferito è il calcio, e ...... qual è, signor Martini?
Il mio sport preferito è il calcio, e *il Suo* qual è, signor Martini?

1. Il mio bagaglio è al deposito, e ........... dov'è, signora?
2. La nostra banca è qua vicino, e ........... dov'è, ragazzi?
3. Il mio garage è piccolo, e ........... com'è, Gianni?
4. La mia famiglia è numerosa, e ........... com'è, signorina?
5. Il nostro orologio è fermo, e ........... cammina, Franca?

**3. Trasformate le seguenti frasi secondo il modello:**

È più grande la Sardegna o la Sicilia?
*La Sardegna è più grande della Sicilia.*

1. È più veloce il rapido o l'espresso?

...............................................................................................

2. È più vecchia l'Europa o l'America?

...............................................................................................

3. È più forte il caffè o il tè?

...............................................................................................

4. È più caro il ristorante o la trattoria?

...............................................................................................

5. È più facile l'italiano o l'arabo?

...............................................................................................

**4. Completate la storia di Ferdinando usando i tempi passati (perfetto e imperfetto):**

RDINANDO di Dahl Mikkelsen

(Mancare) ...... tre giorni al ventisette del mese e la moglie di Ferdinando (avere) ...... bisogno di soldi per fare la spesa. Appena (vedere) ...... che Ferdinando (andare) ...... a fare la doccia, (uscire) ...... in punta di piedi dalla cucina per andare a guardare nelle tasche dei pantaloni di suo marito. Anche lui, però, (avere) ...... lo stesso problema: infatti, mentre la moglie (scoprire) ...... che le tasche dei pantaloni (essere) ...... vuote, lui (cercare) ...... un po' di soldi dentro la borsetta di sua moglie!

**III.3. Raccontate il contenuto del dialogo fra Marta e Carla, ricordando i seguenti punti:**

Marta / nuova casa di Gianna / appartamento accogliente / tre stanze più servizi / in cucina non c'è spazio sufficiente / camera bambino / tanto rumore /

**III.4. Rispondete alle seguenti domande:**

1. L'appartamento dove abita è Suo o ce l'ha in affitto?

.......................................................................................................................

2. Che cosa chiede per sapere quanto è grande un appartamento?

.......................................................................................................................

3. Che cosa domanda per sapere dove danno le finestre?

.......................................................................................................................

**III.5. Raccontate com'è il vostro appartamento.**

## IV Esercizio di pronuncia e intonazione

1. *Le doppie consonanti* (bb, cc, ff, gg, ll, mm, nn, pp, ss, tt).

L'appartamento di Gianna è bello ed accogliente.

Il soggiorno comprende la sala da pranzo ed il salotto.

Purtroppo tutte le finestre danno sulla strada.

C'è tanto rumore anche di notte.

Affittasi camera ammobiliata.

È alto l'affitto? No, è abbastanza basso.

2. *Frasi interrogative*

È un bell'appartamento?

È suo o ce l'ha in affitto?

Non è un po' piccolo per la sua famiglia?

Possono mangiare anche in cucina?

Almeno le camere sono grandi?

A che piano è l'appartamento?

Le finestre danno sulla strada o sul cortile?

3. **Ğ** e **Č**

Gianna mangia nel soggiorno perché in cucina non c'è spazio sufficiente.

È di oggi quel giornale?

L'ufficio di Lucia è lontano dal centro.

Il nostro lavoro è difficile.

Il cugino di Angela studia farmacia.

Il calcio è il mio sport preferito.

Il mio orologio è fermo: che ore sono?

## V Test

**1. Completate le frasi con il possessivo giusto:**

1. Franco ha detto che ............ doccia non funziona bene.
2. Luigi racconta a tutti ............ storia.
3. Marta passa ............ tempo libero a fare spese.
4. Pietro ha lasciato ............ ragazza.
5. Rita ha affittato ............ appartamento al mare.

**2. Trovate gli errori nelle seguenti frasi:**

1. L'appartamento di Renato è più grande di nostro.
2. La mia sorella è sposata da un anno.
3. Franco è più giovane che io.
4. Mia macchina è vecchia, ma va ancora bene.
5. Quanti anni ha Suo bambino, signora?

**3. Completate le frasi con le parole mancanti:**

1. La nuova casa dei Rossi costa un ............ testa.
2. Ho comprato una macchina ............ mano.
3. Siamo saliti ............ piedi, perché l'ascensore è ............
4. Ho preso ............ affitto un appartamento di tre stanze più ............
5. La finestra del soggiorno ............ strada.

# VI.1. La stampa in Italia

I quotidiani[1] sono circa ottanta ed i periodici circa seimila. I giornali più diffusi[2] sono il «Corriere della Sera» di Milano, «La Stampa» di Torino, «Il Giorno» di Milano, «La Repubblica» di Milano e di Roma, «La Nazione» di Firenze, «Il Messaggero» di Roma, «Il Resto del Carlino» di Bologna, «Il Tempo» di Roma, «Il Mattino» di Napoli.

Molti quotidiani portano edizioni locali che assicurano una diffusione più larga in tutte le regioni, incluse quelle che non hanno giornali propri.

In genere la «terza pagina» dei quotidiani comprende[3] pezzi di carattere prevalentemente[4] culturale (letteratura, arte, critica).

Gli organi ufficiali dei partiti politici sono: «Il Popolo» della Democrazia Cristiana (DC), «L'Unità» del Partito Comunista Italiano (PCI), «Avanti!» del Partito Socialista Italiano (PSI), «La Voce Repubblicana» del Partito Repubblicano Italiano (PRI), «Umanità» del Partito Socialdemocratico Italiano (PSDI) e «Il Secolo d'Italia» del Movimento Sociale Italiano (MSI).

1

1 Testate di alcuni fra i più diffusi quotidiani italiani.

Alcuni quotidiani sono dedicati esclusivamente allo sport[5]: i più diffusi sono «La Gazzetta dello Sport», «Tuttosport».

Molto più letti sono invece i settimanali e i mensili a diffusione popolare, come i fotoromanzi[6] e i fumetti[7] che tappezzano[8] le pareti delle edicole[9] insieme alle riviste o ai rotocalchi[10] tra cui i più diffusi sono: «Panorama», «L'Espresso», «Famiglia Cristiana», «Epoca», «Oggi» e i periodici femminili come «Grazia», «Amica», «Annabella».

Da alcuni anni gli insegnanti portano in classe giornali e riviste per abituare[11] i loro allievi alla lettura e alla discussione. È noto, infatti, che[12] gli italiani leggono ancora molto poco, soprattutto i quotidiani.

2

3

2 Vecchio chiosco di giornali in una piazza milanese.

3 Un gruppo di studenti del liceo al lavoro con dei quotidiani.

**Note**

1. quotidiani: giornali che escono tutti i giorni; 2. più diffusi: più letti; 3. comprende: include; 4. prevalentemente: soprattutto; 5. sono dedicati esclusivamente allo sport: parlano soltanto di sport; 6. fotoromanzi: storie illustrate con fotografie, di carattere generalmente romantico; 7. fumetti: storie fatte soltanto di figure disegnate, con scritte che escono dalla bocca dei personaggi; 8. tappezzano: coprono; 9. edicola: chiosco, luogo dove si comprano i giornali; 10. riviste e rotocalchi: giornali illustrati; 11. abituare: far prendere l'abitudine; 12. è noto ...che: tutti sanno ...che.

## VI.2. Test

| | Vero | Falso |
|---|---|---|
| 1. I quotidiani sono riviste che escono ogni settimana | □ | □ |
| 2. Ogni regione italiana ha giornali propri | □ | □ |
| 3. Molti quotidiani portano edizioni locali | □ | □ |
| 4. La «terza pagina» comprende pezzi di carattere culturale | □ | □ |
| 5. Gli organi ufficiali sono giornali dei partiti politici | □ | □ |
| 6. I fotoromanzi e i fumetti sono poco diffusi | □ | □ |
| 7. Gli insegnanti cercano di abituare gli allievi alla lettura dei giornali | □ | □ |

# Unità 14

# Le professioni preferite dagli italiani

## I.1.

*Signor Sabin* Suo figlio è già laureato?

*Signor Rossi* No, frequenta l'ultimo anno di medicina.

*Signor Sabin* Ha scelto una facoltà lunga e difficile...

*Signor Rossi* Direi che è più lunga che difficile, ma per lui non è un problema: gli piace molto studiare.

*Signor Sabin* Ho sentito che ci sono troppi medici in Italia. È vero?

*Signor Rossi* Sì, ma ci sono anche tanti ingegneri, architetti, avvocati...

*Signor Sabin* E anche tanti insegnanti, no?

*Signor Rossi* Infatti. Ma forse non sa che tra gli insegnanti ci sono più donne che uomini.

*Signor Sabin* Come mai? Non guadagnano abbastanza?

## I.2. Esercizi orali

**1. Trasformate le seguenti frasi secondo il modello:**

È una facoltà lunga e difficile
*È più lunga che difficile.*

1. È una facoltà lunga e difficile.

..........................................................................................

2. È una professione interessante e conveniente.

..........................................................................................

| | |
|---|---|
| *Signor Rossi* | Con i loro stipendi non si può certo mantenere una famiglia. |
| *Signor Sabin* | Ma in fondo per una donna è la professione ideale, anche se è più faticosa che conveniente. |
| *Signor Rossi* | Sì, perché le permette di seguire anche la famiglia. |
| *Signor Sabin* | In Italia l'ingresso alle facoltà non è programmato? |
| *Signor Rossi* | No, finora non esiste il numero chiuso: ognuno può scegliere la facoltà che gli piace. |
| *Signor Sabin* | Allora ci saranno molti disoccupati! |
| *Signor Rossi* | Non Le dico quanti! |
| *Signor Sabin* | È un problema da risolvere. |
| *Signor Rossi* | Sì, ma non è facile. |
| *Signor Sabin* | È chiaro che non è semplice, tuttavia non si può rimandare. ◎ |

3. È una casa brutta e cara.

..............................................................................................................

4. È un'esperienza utile e bella.

..............................................................................................................

5. È una macchina veloce e sicura.

..............................................................................................................

**2. Completate i seguenti dialoghi secondo il modello:**

È un lavoro conveniente?
*No, è più faticoso che conveniente.*

1. È un lavoro conveniente?
......................................................................................................
2. È un lavoro facile?
......................................................................................................
3. È un lavoro semplice?
......................................................................................................
4. È un lavoro bello?
......................................................................................................
5. È un lavoro interessante?
......................................................................................................

**3. Come sopra:**

Il numero di donne e di uomini è uguale?
*No, ci sono più donne che uomini.*

1. Il numero di donne e di uomini è uguale?
......................................................................................................
2. Il numero di ragazzi e di ragazze è uguale?
......................................................................................................
3. Il numero di ingegneri e di architetti è uguale?
......................................................................................................
4. Il numero di giovani e di vecchi è uguale?
......................................................................................................
5. Il numero di radio e di televisori è uguale?
......................................................................................................

**I.3. Rispondete alle seguenti domande:**

1. Il figlio del signor Rossi è già laureato?
2. Perché per lui non è un problema frequentare una facoltà lunga e difficile?
3. Tra gli insegnanti ci sono più uomini o più donne?
4. Gli insegnanti guadagnano molto?
5. Perché la professione di insegnante è l'ideale per una donna?
6. In Italia esiste il numero chiuso?
7. Che cosa succede allora?

## II.1. Esercizi scritti

**1. Completate i seguenti dialoghi secondo il modello:**

Paolo ha comprato una macchina rossa.
Perché proprio rossa?
Perché *gli* piace il rosso.

1. Marco non va mai alla partita?
   No.
   Come mai?
   Perché il calcio non ........... interessa.

2. Pietro non prende il caffè?
   No, perché ........... fa male.

3. Franco ha preso la mia macchina.
   Perché?
   ........... serviva per accompagnare Marta.

4. Perché Lucio è andato via?
   Perché ........... dava fastidio il rumore che c'è qui.

5. Pino cerca un altro lavoro.
   Come mai?
   Perché lo stipendio che prende non ........... basta per vivere.

**2. Come sopra:**

Carla ha comprato un altro vestito
Ne ha già tanti!
Sì, ma *le* piace seguire la moda.

1. Luisa non è andata a vedere quel film?
   No.
   Come mai?
   Perché il cinema non ........... interessa.

2. Laura non beve il vino?
   No, perché ........... fa male.

3. Marta ha preso la mia macchina.
   Perché?
   ........... serviva per andare a Napoli.

4. Perché Rita è andata via?
   Perché ........... dava fastidio il rumore che c'è qui.

5. Susanna cerca un altro lavoro.
   Come mai?
   Perché lo stipendio che prende non ........... basta per vivere.

**3. Come sopra:**

Fra i laureati ci sono molti disoccupati?
Non *Le* dico quanti, signor Sabin!

1. Mi va di bere qualcosa.
   ........... va una coca-cola?
   Sì, grazie.

2. Ho dimenticato la penna a casa.
   Se ........... serve, ........... do la mia.

3. È nuovo questo vestito?
   Sì, ........... piace?
   Sì, è davvero carino.

4. ........... posso chiedere un favore?
   Dica pure!
   ........... dispiace chiudere la porta?
   Ma certo!

5. Quando mi darà una risposta?
   ........... telefono domani a casa.

**4. Come sopra:**

Perché i tuoi amici non hanno bevuto il vino rosso?
Perché *gli* piaceva di più quello bianco.

1. Perché Carlo e Mario non sono rimasti di più in Francia?
   Perché non ........... bastavano i soldi.

2. Devo scrivere oggi stesso a mio padre e mia madre.
   È molto tempo che non ........... scrivi?
   Sono almeno due mesi.

3. Che cosa regalate a Marco e Rita per il loro matrimonio?
   Forse ........... regaliamo un servizio di piatti.

4. Claudio e Lucio vengono con noi?
   No, ........... dispiace, ma non possono.

5. I Suoi amici hanno poi comprato quella bella casa al mare?
   No, perché ........... sembrava un po' troppo cara.

**5. Come sopra:**

Come mai Sandra e Gina non partono con gli altri?
Perché non *gli* piace viaggiare in aereo.

1. Devo telefonare ad Anna e Rita.
   Se ........... telefoni adesso, le trovi senz'altro.

2. Paola e Marta vengono con noi?
   No, ........... dispiace, ma non possono.

3. Franca e Laura hanno problemi di soldi?
   Sì, lo stipendio che prendono non ........... basta per vivere.

4. Maria e Carla pensavano di andare in centro, ma non ci sono autobus.
   Se vogliono, ........... do io un passaggio.

5. Silvia e Luisa non vanno alla partita con i loro ragazzi?
   No, perché il calcio non ........... interessa.

**6. Come sopra:**

I tuoi genitori aspettano da te una lettera. Quando gli scrivi?
Scrivo *loro* stasera.

1. Aldo e Marta aspettano da te una telefonata. Quando gli telefoni?

   ..........................................................................................

2. Sergio e Mario aspettano da te una risposta. Quando gli rispondi?

   ..........................................................................................

3. Anna e Sara aspettano da te due parole. Quando gli parli?

   ..........................................................................................

## 7. Hobbies

Ho una gran passione per la musica.

Che genere di musica Le piace?

Mi interessa soprattutto la musica folk.

Ha molti dischi?

Ho più cassette che dischi.

Però deve ammettere che l'incisione su dischi è più perfetta.

Sì, ma le cassette mi permettono di ascoltare la musica anche in macchina.

1

A Luisa piace tanto lavorare a maglia.

Allora sarà bravissima!

Infatti fa delle cose meravigliose.

Sa anche cucire?

Sì, ma le piace di più il lavoro ai ferri.

Allora perché non le chiedi di fare un golfino anche per me...?

2

A chi scrivi?

A mio fratello.

Se non sbaglio gli hai già mandato tre cartoline.

È vero, ma gli piace riceverne tante perché fa la collezione.

3

## 8. Leggete i seguenti dialoghi

I miei figli lavorano già.
I miei, invece, studiano ancora.

Posso vedere i tuoi giornali?
Non sono miei, sono del signore seduto davanti a me.

Scusi, signore, posso vedere i Suoi giornali?
Prego, faccia pure!

Marco è più giovane dei suoi compagni?
No, è più vecchio di loro.

Rita è più grande dei suoi compagni?
Sì, è più grande di loro.

I vostri genitori sono anziani?
Abbastanza: il babbo ha 60 anni e la mamma 57.
Allora sono più vecchi i nostri genitori.

Gli insegnanti guadagnano molto?
No, i loro stipendi non sono alti.

Ho finito le sigarette.
Fuma una delle mie.
Grazie, ma le tue sono troppo leggere.

Quali sono le Sue idee in fatto di politica?
Non m'interessa la politica.

Grazie delle vostre gentili parole!
Era il minimo che potevamo dirLe per un lavoro così bello!

Le nostre telefonate sono sempre lunghe.
Parlate in teleselezione?
Sì, e spendiamo un capitale!

Franco ha dei vestiti molto eleganti.
Sì, e anche le sue camicie sono sempre all'ultima moda.

Marta ha dei vestiti molto eleganti.
Sì, e anche le sue scarpe sono sempre all'ultima moda.

I tuoi amici sono molto noiosi.
Perché?
Perché parlano solo delle loro avventure.

## II.2. Vita d'impiegato

*Signor Frisch* Perché con la laurea che ha preferisce fare l'impiegato?

4

*Signor Sarti* Perché mi interessa avere uno stipendio fisso.

5

*Signor Frisch* È un impiegato dello Stato?
*Signor Sarti* No, sono impiegato in un'industria privata.

6

*Signor Frisch* Che orario di lavoro fa?
*Signor Sarti* Otto ore al giorno, escluso il sabato.

7

*Signor Frisch* Quanti giorni di ferie ha all'anno?
*Signor Sarti* Un mese.

8

*Signor Frisch* Ha la possibilità di fare carriera?
*Signor Sarti* Sì, fra qualche anno potrò diventare capufficio.

9

*Signor Frisch* Allora guadagnerà molto più di adesso.
*Signor Sarti* Sì, ma pagherò anche più tasse...

10

**II.3 Rispondete alle seguenti domande:**

1. Perché il signor Sarti preferisce fare l'impiegato?
2. È un impiegato dello Stato?
3. Che orario di lavoro fa?
4. Quanti giorni di ferie ha all'anno?
5. Ha la possibilità di fare carriera?

# III.1. Riflessione grammaticale

| | | | | |
|---|---|---|---|---|
| È un lavoro | più | faticoso | che | conveniente |
| È una facoltà | | lunga | | difficile |
| Mi piace | | lavorare | | studiare |
| Ci sono | | donne | | uomini |
| Ho | | cassette | | dischi |

| | | |
|---|---|---|
| Che genere di musica | ti<br>gli<br>le<br>Le<br>vi<br>gli | piace? |

| | | |
|---|---|---|
| mi<br>gli<br>le<br>mi<br>ci<br>gli | piace | la musica folk. |

| | | | |
|---|---|---|---|
| A | Marco<br>Rita<br>Pio e Lina<br>Lia e Sara | piacciono | i dischi<br>o<br>le cassette? |

| | | | |
|---|---|---|---|
| gli<br>le<br>gli | piacciono | di più | le cassette. |

| | | | |
|---|---|---|---|
| A | Pio e Lina<br>Lia e Sara | piacciono | i dischi<br>o<br>le cassette? |

| | | |
|---|---|---|
| gli piacciono<br>piacciono loro | di più | le cassette |

| | | | | |
|---|---|---|---|---|
| Stasera | esco<br>usciamo<br>esce<br>esci<br>uscite<br>escono | con | i miei<br>i nostri<br>i suoi<br>i tuoi<br>i vostri<br>i loro | amici<br>figli<br>genitori<br>fratelli |

| | | | |
|---|---|---|---|
| fumo<br>fumiamo<br>fuma<br>fumi<br>fumate<br>fumano | solo | le mie<br>le nostre<br>le sue<br>le tue<br>le vostre<br>le loro | sigarette |

| | | | |
|---|---|---|---|
| Sono | di | Remo<br>Anna | quei dischi?<br>quelle cassette? |

| | | |
|---|---|---|
| Sì, | sono | suoi<br>sue |

**III.2. Raccontate il contenuto del dialogo fra il signor Sabin ed il signor Rossi, ricordando i seguenti punti:**

Il figlio del signor Rossi / ultimo anno di medicina / facoltà lunga / per lui non è un problema / troppi medici in Italia / insegnanti / professione ideale per una donna / ingresso alle facoltà / numero chiuso / disoccupati / problema da risolvere /

**III.3. Rispondete alle seguenti domande:**

1. Quali sono le professioni preferite dai giovani del Suo paese?
2. Nel Suo paese esiste il numero chiuso?
3. Fra gli insegnanti ci sono più donne che uomini?
4. Con i loro stipendi gli insegnanti possono vivere bene?
5. Fra i laureati ci sono molti disoccupati?
6. Qual è l'orario di lavoro degli impiegati?
7. Quanti giorni di ferie hanno gli impiegati?
8. Guadagna più un impiegato dello Stato o un insegnante di scuola superiore?
9. Sono alte le tasse per chi ha uno stipendio fisso?

**III.4. Raccontate come e perché avete scelto la professione o il lavoro che fate. Se studiate ancora, parlate della professione o del lavoro che volete fare in futuro.**

## IV Esercizio di pronuncia e intonazione

1. **gna, gne, gni, gno, gnu**

Gli insegnanti guadagnano abbastanza?

Ci sono anche molti ingegneri?

Ho bisogno della macchina per accompagnare Laura.

Ognuno può scegliere la facoltà che preferisce.

Incontro il signor Martini ogni giorno al bar.

Volete ancora un po' di cognac?

2. *Le doppie consonanti* (cc, mm, rr, ss, tt, zz)

La professione di insegnante è più interessante che conveniente.

L'ingresso alle facoltà non è programmato.

Fra i laureati ci sono molti disoccupati.

Ci sono più ragazzi che ragazze.

Mi interessa avere uno stipendio fisso.

Le cassette permettono di ascoltare la musica anche in macchina.

A Marco non piacciono queste sigarette.

Con quel lavoro non c'è la possibilità di fare carriera.

3. **gli**

Suo figlio studia ancora?

La famiglia di Gigliola vive a Marsiglia.

Luisa fa delle cose meravigliose a maglia.

Se non sbaglio, quella signora è la moglie di Guglielmo.

Ognuno può scegliere la facoltà che gli piace.

4. *Frasi interrogative*

Suo figlio è già laureato?

Ci sono troppi medici in Italia, è vero?

E anche tanti insegnanti, no?

È un lavoro conveniente?

È nuovo questo vestito?

Che genere di musica le piace?

Le posso chiedere un favore?

Quali sono le Sue idee in fatto di politica?

5. *Frasi interrogative-negative*

Marco non va mai alla partita?

Rita non vuole ancora un po' di cognac?

Perché non le chiedi di fare un golfino anche per me?

Come mai? Non guadagnano abbastanza?

Laura non beve il vino?

L'ingresso alle facoltà non è programmato?

A te non piacciono queste sigarette?

Con quel lavoro non c'è la possibilità di fare carriera?

# V Test

**1. Completate le frasi con le parole mancanti:**

1. Con uno stipendio così basso non si può ........... una famiglia.
2. C'è un grosso problema da ...........
3. Marco fa la ........... di monete di tutti i paesi.
4. Spendiamo un ........... per le telefonate in teleselezione.
5. Il dottor Sarti ha la ........... in medicina.

**2. Completate le frasi con «di» o «che», secondo il senso:**

1. Il mio lavoro è più faticoso ........... difficile.
2. Marta guadagna più ........... me.
3. Abbiamo più conoscenti ........... amici.
4. Lui è più giovane ........... voi.
5. Le macchine sportive sono più belle ........... comode.

**3. Completate le frasi con i pronomi convenienti:**

1. Maria non va d'accordo con i suoi genitori perché non ........... permettono di vivere da sola.
2. Signorina, ........... posso chiedere un favore?
3. Se non incontriamo Giorgio ........... telefoniamo a casa.
4. Che cosa portate a Sandro e Carla? ........... portiamo un disco di Bach.
5. Scusi, signora, ........... dà fastidio il fumo?

**4. Scrivete accanto ad ogni parola il suo contrario:**

ognuno / ........................................ disoccupato / ..................................
noioso / ........................................ anziano / ..................................
lungo / ........................................ privato / ..................................

**5. Ora fate il test n. 7 che si trova in fondo al libro.**

## VI.1. Le vacanze degli italiani

È tempo di vacanze. Anche se l'estate inizia[1] sul calendario il 21 giugno gli italiani, per tradizione e per necessità, cominciano le ferie a partire dal primo luglio[2]. In un primo momento i «vacanzieri» che si spostano[3] da un punto all'altro della penisola[4] non sono numerosi poi, man mano che[5] ci si avvicina all'agosto, le colonne della trasmigrazione turistica[6] si fanno più sostenute[7], fino a registrare, intorno a Ferragosto[8], i pienoni[9] in tutte le località marittime[10], sui monti e sui laghi. Quella di concentrare le ferie in poche settimane è una abitudine tutta italiana che spesso trasforma il periodo di vacanze in un *tour de force*[11] costoso e per nulla riposante[12]. Sembra non ci sia niente da fare[13]. Ogni anno si parla di scaglionare le ferie[14], di utilizzare gli impianti[15] in un arco di tempo più ampio[16]. Poi, invece, tutto si ripete come l'anno prima e solo il 15 agosto si ha il *tutto esaurito*[17].

La concentrazione delle ferie non è che uno[18] dei tanti aspetti negativi del modo degli italiani di fare le vacanze. (Quando parliamo di vacanze naturalmente ci riferiamo a[19] quel 35 per cento della popolazione che riesce, come dicono le statistiche, a «trascorrere[20] almeno cinque giorni consecutivi[21] fuori dell'abituale[22] luogo di residenza e di lavoro»). Sessantacinque italiani su cento restano a casa e nel loro vocabolario non esiste la parola vacanza.

Taddeo Conca, *La macchina delle vacanze,*
in «L'Unità», 6 luglio 1977

**Note**

1. inizia: comincia, 2. a partire dal primo luglio: dal primo luglio; 3. si spostano: vanno; 4. penisola: l'Italia, chiamata così per la forma che ha; 5. man mano che: quanto più; 6. le colonne della trasmigrazione turistica: la massa della gente che va in vacanza (la parola «colonne» fa pensare alla lunga fila di macchine che si forma sulle strade in quel periodo); 7. si fanno più sostenute: aumentano; 8. Ferragosto: il 15 agosto; 9. i pienoni: il *tutto completo* degli alberghi e delle pensioni; 10. le località marittime: i posti di mare; 11. *tour de force* (francese): grande sforzo, fatica; 12. per nulla riposante: che invece di riposare, stanca; 13. Sembra non ci sia...: «sia» è il congiuntivo presente del verbo «essere» (per l'uso di questo modo vedere l'unità 22); 14. scaglionare le ferie: non concentrarle in soli due mesi all'anno; 15. utilizzare gli impianti: usare le attrezzature dei luoghi di vacanza; 16. in un arco di tempo più ampio: in uno spazio di tempo meno breve; 17. *tutto esaurito:* gli alberghi e le pensioni sono al completo; 18. non è che uno...: è soltanto uno...; 19. ci riferiamo a: pensiamo a; 20. trascorrere: passare; 21. cinque giorni consecutivi: cinque giorni di seguito, uno dopo l'altro; 22. abituale: normale, solito.

1

2

1 Lunga coda in autostrada alla partenza per le vacanze.

2 Un mare... di ombrelloni su una spiaggia dell'Adriatico.

3 Milano: piazza della Scala deserta il giorno di ferragosto.

3

## VI.2. Test

| | Vero | Falso |
|---|---|---|
| 1. Gli italiani cominciano le ferie il 21 giugno | ☐ | ☐ |
| 2. Le persone che vanno in vacanza diventano numerose a partire dal primo luglio | ☐ | ☐ |
| 3. Intorno a Ferragosto si registrano i pienoni in tutte le località turistiche | ☐ | ☐ |
| 4. Spesso le vacanze degli italiani sono care e poco riposanti perché tutti prendono le ferie nello stesso periodo | ☐ | ☐ |
| 5. Soltanto il 65 per cento degli italiani riesce ad andare in vacanza | ☐ | ☐ |

# Unità 15 Dal medico

## I.1.

*Ferguson* Buongiorno, dottore.
*Dr. Mori* Buongiorno! È la prima volta che viene da me, vero?
*Ferguson* Sì, infatti sono di passaggio a Firenze.
*Dr. Mori* Qual è il Suo nome?
*Ferguson* Ferguson
*Dr. Mori* Me lo ripete lettera per lettera, per favore?
*Ferguson* Effe, e, erre, gi, u, esse, o, enne.
*Dr. Mori* Bene. Che disturbi ha?
*Ferguson* Ho un dolore al petto, mi gira la testa e ho le gambe pesanti.
*Dr. Mori* Ha mai sofferto di cuore?
*Ferguson* Veramente no. Non ho mai avuto malattie di nessun genere.
*Dr. Mori* Quanto ha di pressione?
*Ferguson* Non glielo so dire...
*Dr. Mori* Non importa: ora gliela misuro...
*Ferguson* È troppo alta?
*Dr. Mori* Sì, e alla Sua età si deve fare attenzione.
*Ferguson* C'è il pericolo di un infarto?
*Dr. Mori* Sì, ma si può evitare con una cura energica.
*Ferguson* Allora me la dia e seguirò i Suoi consigli.
*Dr. Mori* Le medicine non bastano, ci vuole anche molto riposo e, naturalmente, niente fumo e niente alcool.
*Ferguson* Allora non posso partire in macchina per la Svezia?
*Dr. Mori* Se deve guidare Lei, glielo sconsiglio.
*Ferguson* Fra quanti giorni dovrò fare un controllo?
*Dr. Mori* Fra una decina di giorni, dopo che avrà finito la cura.
*Ferguson* Grazie, dottore, arrivederLa!
*Dr. Mori* ArrivederLa!

## I.2. Esercizi orali

**1. Completate i dialoghi secondo il modello:**

Qual è il Suo nome?
Ferguson.
*Me lo ripeta, per favore!*

1. Qual è il Suo nome?
Ferguson.

.................................................................................

2. Qual è il Suo numero di telefono?
   234051.

   ..........................................................................................

3. Qual è il Suo indirizzo?
   Via Mazzini 30.

   ..........................................................................................

4. Qual è il Suo conto corrente?
   2118.

   ..........................................................................................

5. Qual è il Suo albergo?
   Excelsior.

   ..........................................................................................

**2. Come sopra:**

Chi mi indica la fermata dell'autobus?
*Gliela indico io.*

1. Chi mi indica la fermata dell'autobus?

   ..........................................................................................................

2. Chi mi chiude la finestra?

   ..........................................................................................................

3. Chi mi apre la porta?

   ..........................................................................................................

**3. Come sopra:**

Quanto ha di pressione?
*Non glielo so dire.*

1. Quanto ha di pressione?

   ..........................................................................................................

2. Che film c'è alla televisione?

   ..........................................................................................................

3. Perché c'è sciopero?

   ..........................................................................................................

**I.3. Rispondete alle seguenti domande:**

1. Il signor Ferguson è già andato altre volte dal dottor Mori?
2. Il signor Ferguson vive da molto in Italia?
3. Che disturbi ha?
4. Sa dire al medico quanto ha di pressione?
5. Il signor Ferguson deve tornare in Svezia in macchina. Il dottor Mori è d'accordo?
6. Quando dovrà fare un controllo il signor Ferguson?

## II.1. Leggete le seguenti conversazioni:

| *Confidenziale (tu)* | *Formale (Lei)* |
|---|---|
| 1. Vieni a teatro stasera?<br>Sì, ma non ho ancora preso il biglietto.<br>Se vuoi, te lo prendo io.<br>Ti ringrazio! | Viene a teatro stasera?<br>Sì, ma non ho ancora preso il biglietto.<br>Se vuole, glielo prendo io.<br>La ringrazio! |

| | |
|---|---|
| 2 Mi spieghi qual è la strada per andare ad Urbino?<br>Te la mostro sulla carta. | Mi spiega qual è la strada per andare ad Urbino?<br>Gliela mostro sulla carta. |
| 3. Ti servono ancora i miei libri?<br>Sì, se permetti te li rendo domani. | Le servono ancora i miei libri?<br>Sì, se permette glieli rendo domani. |
| 4. Ho dimenticato le chiavi sul tavolo.<br>Te le porto io. | Ho dimenticato le chiavi sul tavolo.<br>Gliele porto io. |
| 5. Ho finito le sigarette.<br>Se ti piacciono, te ne do un pacchetto delle mie.<br>Grazie, molto gentile! | Ho finito le sigarette.<br>Se Le piacciono, gliene do un pacchetto delle mie.<br>Grazie, molto gentile! |

## II.2. Esercizi scritti

**1. Completate i seguenti dialoghi con i pronomi convenienti:**

1. Signorina, mi può cambiare diecimila lire?
   Se le ho, ........... cambio senz'altro.
2. Chi di voi dice a Carla che stasera andiamo al cinema?
   ........... dico io.
3. La Sua penna scrive molto bene.
   Se Le piace, ........... regalo.

**2. Completate le frasi con i seguenti verbi: *si può, si deve, si vuole.***

1. Con questo rumore non ........... dormire.
2. Per guidare ........... avere la patente.
3. Se ........... vivere a lungo non ........... bere e fumare troppo.
4. Non ........... fare sempre ciò che piace.
5. In quella trattoria ........... mangiare a tutte le ore.

**3. Trasformate le frasi secondo il modello:**

Prima finirò la cura e poi farò un controllo.
*Farò un controllo dopo che avrò finito la cura.*

1. Prima lascerò il bagaglio e poi visiterò la città.
   ...........................................................................................
2. Prima prenderò lo stipendio e poi comprerò quel vestito.
   ...........................................................................................
3. Prima imparerò l'italiano e poi farò un viaggio in Italia.
   ...........................................................................................

## II.3. Dal dentista

*Dentista* Si accomodi, signorina! La vedo un po' giù!

*Sig.na Carli* Sì, sono a terra. Da stanotte ho un terribile dolore a un dente.

*Dentista* Me lo faccia vedere: apra bene la bocca!

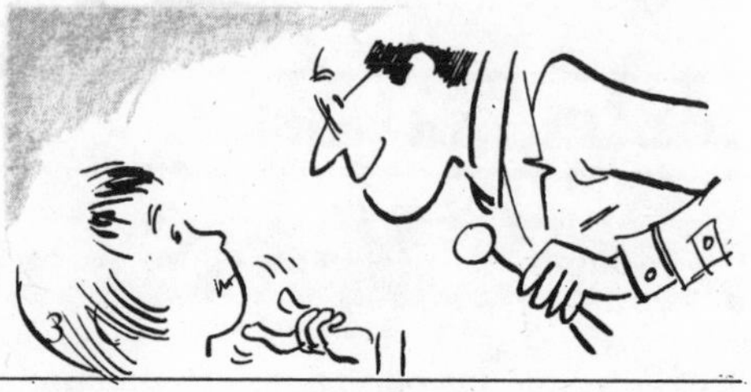

*Sig.na Carli* Si deve togliere?

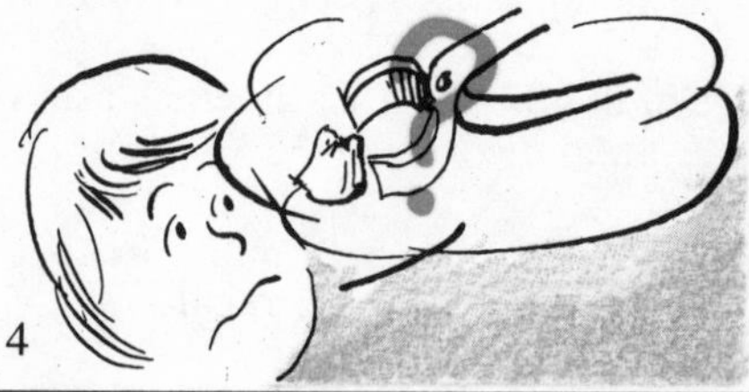

*Dentista* No, forse si può ancora curare.

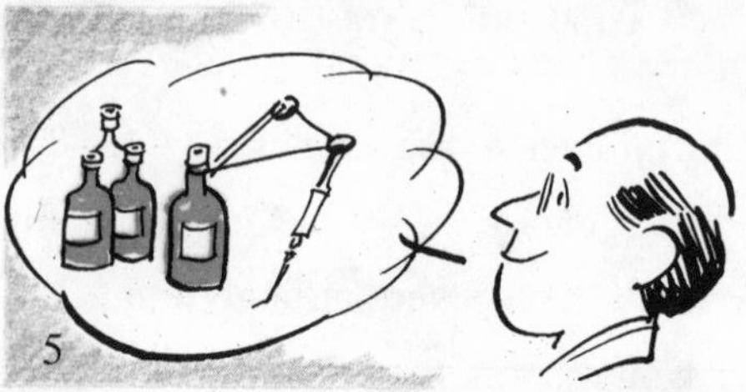

*Sig.na Carli* Ho paura del trapano!

*Dentista* Coraggio! Se si vuole avere una bella bocca si deve soffrire un po'.

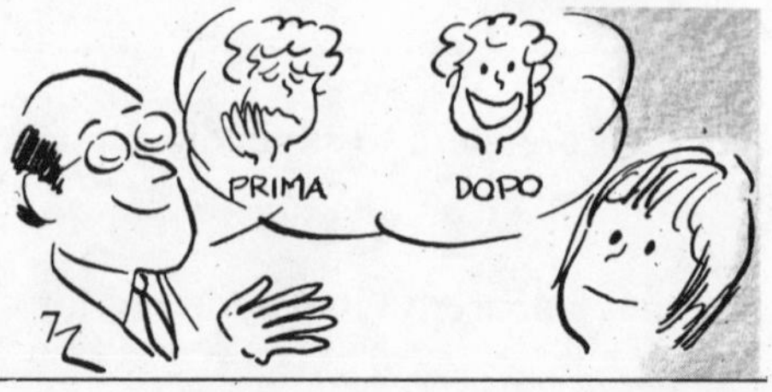

## II.4. Rispondete alle seguenti domande:

1. Perché è a terra la signorina Carli?
2. Si deve togliere il dente?
3. Di che cosa ha paura la signorina Carli?
4. Secondo il dentista che cosa si deve fare per avere una bella bocca?

## II.5. In farmacia

*Farmacista* Dica!

*Robert* Vorrei delle compresse per il raffreddore.

*Farmacista* Ecco a Lei!

*Robert* Vorrei anche delle pillole per dormire.

*Farmacista* Mi dispiace, ma senza ricetta non gliele posso dare.

## II.6. Conversazione con il medico di famiglia

Pronto? C'è il dottore?
Sì, glielo passo subito.

Pronto? Con chi parlo?
Sono Marco Tardini.

Mi dica!

Ho la febbre e mi fa male lo stomaco. Può venire subito?

Subito non posso: devo fare prima tre visite.

Ma viene di sicuro entro stasera?

Sì, glielo assicuro.

Grazie! A più tardi, allora!

# III.1. Riflessione grammaticale

1.

| | | | | |
|---|---|---|---|---|
| Quel libro | è | mio<br>nostro | Me lo<br>Ce lo | dai, per favore? |
| | | tuo<br>vostro | Te lo<br>Ve lo | devo dare? |
| | | suo<br>loro | Glielo<br>Glielo | |

2.

| | | |
|---|---|---|
| Quel libro | è | mio |
| Quella penna | | mia |
| Quei giornali | sono | miei |
| Quelle sigarette | | mie |

| | | |
|---|---|---|
| Me | lo | dai, per favore? |
| | la | |
| | li | |
| | le | |

3.

| | | |
|---|---|---|
| Quel libro è | di | Giorgio<br>Marta<br>Franco e Anna |
| | Suo, | signor Rossi<br>signorina |

glielo devo dare?

4.

| | | | | |
|---|---|---|---|---|
| Hai già reso | il libro<br>la penna<br>i giornali<br>le fotografie | a | Marco<br>Luisa | ? |

| | |
|---|---|
| Sì, | gliel' ho reso<br>gliel' ho resa<br>glieli ho resi<br>gliele ho rese |

5.

| | | |
|---|---|---|
| Con questo rumore non | Si deve | fare attenzione |
| In quella trattoria | si può | dormire |
| Questa medicina non | si mangia | a tutte le ore |
| Questo dente | si può | dare senza ricetta |
| | si può | curare |

6.

| | | | | |
|---|---|---|---|---|
| Farò | un controllo | dopo che | avrò finito | la cura. |
| Partirò | in treno | appena | sarà finito | lo sciopero. |
| Starai | meglio | dopo che | avrai dormito | un po'. |
| Ti darò | una risposta | dopo che | avrò parlato | con Lucio. |
| Potrò | uscire | dopo che | sarà tornato | Mario. |

**III.2. Raccontate il contenuto del dialogo fra il signor Ferguson e il dottor Mori, ricordando i seguenti punti:**

Il signor Ferguson / di passaggio a Firenze / dolore al petto / testa e gambe / malattie di nessun genere / pressione alta / infarto / cura energica / medicine, riposo, fumo, alcool / partire in macchina / guidare / fare un controllo / una decina di giorni /

**III.3. Rispondete alle seguenti domande:**

1. Quando uno ha la pressione alta, che disturbi ha?
2. Lei ha mai avuto qualche disturbo?
3. Sa quanto ha di pressione?
4. Bastano le medicine per evitare l'infarto?
5. Che cosa si deve fare quando un dente non si può curare?
6. Lei ha paura del trapano?
7. Nel Suo paese è necessaria la ricetta per comprare le pillole per dormire?
8. Quali sono le compresse per il raffreddore più comuni nel Suo paese?

**III.4. Certamente siete stati qualche volta dal medico. Raccontate quali erano i vostri disturbi e che cosa vi ha consigliato il medico.**

**III.5. Forse avete avuto qualche volta mal di denti e siete andati dal dentista. Raccontate come sono andate le cose.**

## IV Esercizio di pronuncia e intonazione

1. **Ğ** e **G**

Buongiorno! Che genere di disturbi ha?

Mi gira la testa e ho le gambe pesanti.

Ci vuole una cura energica.

Seguirò i Suoi consigli, dottore.

Posso guidare fino all'albergo?

Il signor Ferguson è di passaggio in Italia.

È di oggi quel giornale?

In quella trattoria si mangia bene.

Mi piace viaggiare in treno. Lascerò le valigie al deposito bagagli.

Mi spiega qual è la strada per Genova?

La vedo un po' giù, signorina! Coraggio!

Quel libro è di Giorgio.

Grazie, molto gentile!

Vorrei delle pastiglie per la gola.

## 2. **Č** e **C**

Il signor Ciotti è andato dal medico.

Ha mai sofferto di cuore? C'è il pericolo di un infarto.

Le medicine non bastano.

Niente alcool! Fra una decina di giorni ci vuole un controllo.

Allora non posso partire in macchina? Chi mi indica la fermata dell'autobus?

A che ora chiudono i ristoranti?

Se ti piacciono le mie sigarette, te ne do un pacchetto.

Ho dimenticato le chiavi sul tavolo.

Prima farò una doccia e poi visiterò la città.

Mi faccia vedere il dente: apra bene la bocca! Forse si può ancora curare.

Mi dispiace, ma queste medicine non gliele posso dare senza ricetta.

## 3. *Le doppie consonanti* (cc, dd, ff, gg, ll, rr, ss, tt, zz)

Sono di passaggio a Ferrara.

Mi ripeta il Suo nome lettera per lettera.

Ho un dolore al petto.

Ha mai sofferto di cuore? Quanto ha di pressione?

Alla Sua età si deve fare attenzione. Allora non posso partire in macchina?

Fra una settimana dovrà fare un controllo.

Grazie, dottore, arrivederLa!

Qual è il Suo indirizzo?

Devo spedire subito questa lettera.

Non ho ancora preso il biglietto per il teatro.

Se permetti, prendo una delle tue sigarette. Prendi pure tutto il pacchetto!

Si accomodi, signorina!

Sono a terra: da stanotte ho un terribile dolore a un dente.

Me lo faccia vedere: apra bene la bocca! Coraggio!

Se si vuole avere una bella bocca si deve soffrire un po'.

Vorrei delle compresse per il raffreddore.

Queste pillole non gliele posso dare senza ricetta. ◎

# V Test

**1. Completate le frasi con le preposizioni convenienti (semplici o articolate):**

1. È la prima volta che viene ........... me, vero?
2. Il signor Ferguson è ........... passaggio a Firenze.
3. Mi ripeta il Suo nome lettera ........... lettera.
4. Ha mai sofferto ........... cuore?
5. ........... Sua età si deve fare attenzione.
6. ........... una decina ........... giorni dovrò fare un controllo.
7. Sono ........... terra! Ho un terribile mal ........... denti!
8. Vorrei ........... compresse ........... raffreddore.

**2. Completate le frasi con i pronomi convenienti:**

1. Questo disco non mi piace. Se a te piace, ........... regalo.
2. Non ho ancora finito di vedere i Suoi giornali: .......... posso rendere domani?
3. Ho dimenticato di portarvi le fotografie: ........... manderò per posta.
4. Abbiamo poche cassette: ........... dai alcune delle tue per stasera?
5. Ho bisogno di un'informazione. Forse ........... può dare Lei.

**3. In alcune delle seguenti frasi ci sono degli sbagli: trovateli!**

1. È pronta la pizza? Sì, te l'ho già messa nel piatto.
2. Non mi hai mandato neanche una cartolina dalla Francia? Come no! Ti ho mandato due.
3. Avete i biglietti per il concerto? Sì, ce li ha preso Marco.
4. Volevo comprare le pillole per dormire, ma il farmacista non me le ha date senza ricetta.
5. Scusi, sono pronti i miei documenti? Sì, Le li ho già mandati per posta.

**4. Completate le frasi secondo il senso, usando la forma impersonale del verbo:**

1. In Italia ........... entrare al cinema quando ..........., anche se il film è già cominciato.
2. In quella trattoria ........... bene e a buon mercato.
3. Non ........... mai d'imparare!
4. Questa medicina ........... con un po' d'acqua.
5. Una città così piccola ........... in due giorni.

## VI.1. I mezzi di trasporto e le comunicazioni in Italia

L'Italia ha una rete ferroviaria abbastanza sviluppata (16.000 chilometri), se si considera[1] il rilievo[2] assai accidentato[3]. Altrettanto notevoli sono la rete di strade (300.000 Km.), alcune delle quali tracciate dai Romani, come la Via Emilia o la Via Aurelia, e la rete di autostrade (5.700 Km.) fra le più belle del mondo (Autostrada del Sole). Se a ciò si aggiungono[4] centinaia [5] di porti e decine di aeroporti, è facile capire come la rete viaria italiana sia[6] all'altezza delle grandi nazioni europee.

Alcune località[7] possono essere raggiunte[8] per terra con treni più o meno veloci (locale, diretto, espresso, rapido), per mare con navi più o meno piccole (piroscafi, motonavi, traghetti, aliscafi, battelli, barche a vela) e per aria con gli aerei della compagnia di bandiera: l'Alitalia.

Su ogni mezzo di trasporto si può viaggiare più o meno comodamente: in prima o seconda classe sui treni, in prima classe o in classe turistica su navi e aerei. Gli orari dei mezzi sono segnalati[9] sulle ventiquattro ore della giornata: se un treno parte alle 0,40 significa[10] che fa servizio notturno, se un aereo arriva alle 12,40 significa che atterra di giorno.

Durante l'estate questi mezzi vengono letteralmente presi d'assalto[11] dagli italiani che si recano[12] in vacanza e dai 25 milioni di turisti stranieri che vengono a soggiornare[13] in Italia da tutti i paesi del mondo.

**Note**

1. se si considera il...: se si tiene conto del...; 2. il rilievo: la superficie; 3. assai accidentato: con molte montagne; 4. Se a ciò si aggiungono: se oltre a questo si considerano; 5. centinaia di...: tanti; 6. è facile capire come... sia: per l'uso del congiuntivo vedere la unità 22; 7. località: luoghi, città; 8. possono essere raggiunte: uno ci può arrivare; 9. sono segnalati: sono indicati; 10. significa: vuol dire; 11. vengono letteralmente presi d'assalto: sono pieni zeppi di gente che va in vacanza; 12. si recano: vanno; 13. soggiornare: passare un periodo di tempo.

1

1 Tratto di ferrovia costiera presso Capo Spartivento in Calabria.

2 Mezzi di trasporto di ieri e di oggi nella brulla campagna pugliese.

2

3

3 L'aeroporto Leonardo da Vinci di Fiumicino (Roma): aerei in attesa di decollare.

## VI.2. Test

| | Vero | Falso |
|---|---|---|
| 1. La rete ferroviaria italiana non è molto sviluppata | ☐ | ☐ |
| 2. La rete viaria italiana è sviluppata come quella delle grandi nazioni europee | ☐ | ☐ |
| 3. Su ogni mezzo di trasporto ci sono due classi | ☐ | ☐ |
| 4. Se un treno parte alle 11,10 significa che viaggia di notte | ☐ | ☐ |
| 5. D'estate non è difficile trovare posto sui treni, sugli aerei e sulle navi | ☐ | ☐ |

# Unità 16 All'Università per Stranieri di Perugia

## I.1.

| | |
|---|---|
| *Carmen* | Vorrei iscrivermi al corso medio. |
| *Segretaria* | Quanto tempo ha studiato l'italiano? |
| *Carmen* | Due mesi, ma soltanto tre ore alla settimana. |
| *Segretaria* | Nel Suo caso è meglio iscriversi al corso preparatorio che frequentare il corso medio. |
| *Carmen* | Non sarà troppo facile? |
| *Segretaria* | All'inizio forse si annoierà un po', ma dopo si accorgerà che non è inutile cominciare da capo. |
| *Carmen* | Lei ha ragione: una lingua s'impara bene solo se si hanno delle buone basi. |
| *Segretaria* | Dunque si è decisa per il preparatorio? |
| *Carmen* | Sì, farò un corso di tre mesi. |
| *Segretaria* | Bene! Ha con sé due foto per la tessera? |
| *Carmen* | Sì, eccole! Scusi, quanto è la tassa di iscrizione? |
| *Segretaria* | Cinquantamila lire al mese. |
| *Carmen* | Dove posso pagare? |
| *Segretaria* | Si accomodi alla cassa! Intanto Le preparo la tessera che Le permetterà di frequentare il corso, di usufruire della mensa studentesca e di entrare gratis nei musei. |
| *Carmen* | In quale classe devo andare? |
| *Segretaria* | In quella indicata con un segno rosso sull'orario che Le ho dato. |
| *Carmen* | Ah, sì, vedo. E dove si comprano i libri? |
| *Segretaria* | In qualsiasi libreria della città. |
| *Carmen* | Grazie mille! |

## I.2. Esercizi orali

**1. Rispondete alle seguenti domande:**

1. A che corso vuole iscriversi Carmen?
2. Quanto tempo ha già studiato l'italiano?
3. Che cosa le dice la segretaria?
4. Che corso frequenterà Carmen?
5. Ha con sé due foto per la tessera?
6. Cosa potrà fare Carmen quando avrà la tessera?
7. In quale classe deve andare?
8. Dove si comprano i libri necessari?

## I.3. Leggete i seguenti dialoghi:

Vuoi frequentare il corso medio?
No, mi iscriverò al corso preparatorio.

Ti alzi presto la mattina?
No, mi sveglio alle sette, ma non mi alzo subito.

Vieni via o ti fermi qui?
Mi trattengo ancora un po'.

Allora ti saluto.
Ciao.

Sei pronta per uscire, Maria?
No, ma mi preparo in due minuti.
Fai pure con calma, non c'è fretta.

È da molto che studia l'italiano?
Da due mesi.
Complimenti! Si esprime già molto bene.

Marco è un tipo nervoso: si arrabbia facilmente.
Sì, ma per fortuna si calma presto.

Con i bambini piccoli Laura non si riposa mai.
Poverina! Veramente non sta mai in pace!

Piove forte, tira vento e non abbiamo neppure un ombrello. Che facciamo?
Aspettiamo, forse fra poco smette.
Comunque mi metto un altro paio di scarpe, almeno non mi bagno i piedi.

Le vacanze si avvicinano: che progetti avete?
Nessuno. Quest'anno non ci muoviamo.

È un ottimo affare. Se non lo fate, vi pentirete.
Dici sul serio?
Certo! Ma dovete sbrigarvi, altrimenti perdete l'occasione.

Come ti vesti per andare alla festa dei Martini?
Mi metto il vestito rosso.
E come ti pettini? Lasci i capelli giù?
No, me li tiro su.

Di che cosa si interessano i Suoi amici?
Di storia dell'arte.
Allora si trovano certamente bene in Italia!

## I.4. Esercizi scritti

**1. Ed ora completate le frasi con la forma conveniente del verbo:**

Franco *si riposa* un po' prima di tornare in ufficio. *(riposarsi)*

1. Se scopro che Gina non mi ha detto la verità, ........... *(arrabbiarsi)*
2. Se ..........., fai in tempo a prendere il treno delle sei. *(sbrigarsi)*
3. Marta e Giulio ........... bene nella nuova casa. *(trovarsi)*
4. Marco dice sempre che vuole cambiare macchina, ma non ........... mai. *(decidersi)*
5. Non abbiamo fretta, perciò ........... ancora con voi. *(trattenersi)*
6. Carmen studia l'italiano soltanto da un mese e ancora non ........... bene. *(esprimersi)*
7. I miei genitori ........... se non torno a casa a dormire. *(preoccuparsi)*
8. A che ora ........... la domenica, signorina? *(alzarsi)*

## 2. Completate i dialoghi secondo il modello:

Lasci i capelli giù?
No, *me li* tiro su.

1. Quando ti metti il vestito nero?
   ........... metto per andare a cena fuori.
2. Con questo tempo mi metto gli stivali.
   Allora ........... metto anch'io.
3. Ti lavi spesso la testa?
   ........... lavo una volta alla settimana.
4. Ti vuoi lavare le mani?
   No, ........... lavo dopo.
5. Non senti freddo con quel golfino?
   Sì, infatti ora ........... metto uno più pesante.

## 3. Completate i dialoghi con le parti mancanti:

Carmen frequenta il corso medio?
No, si *è* iscritt*a* al corso preparatorio.

1. Come mai sei così stanca?
   Perché stamattina mi ........... alzat........... alle cinque.
2. Perché i Rossi non frequentano più il dottor Zanetti?
   Perché si ........... accort........... che non era un vero amico.
3. Ha fatto delle belle vacanze, signorina?
   No, quest'anno non mi ........... moss...........
4. Erano già pronte Anna e Carla quando siete arrivati?
   No, ma si ........... preparat........... in cinque minuti.
5. Siete poi andati al cinema ieri sera?
   Sì, ma ci ........... annoiat........... e siamo usciti prima della fine.

## 4. Leggete i seguenti dialoghi:

Che fai?
Mi alzo, così ti siedi tu al mio posto.

Vai sempre a letto così presto?
Sì, perché la mattina mi alzo alle sei.

Non vi annoiate a guardare la tv?
No, anzi, ci divertiamo!

Non si stanca a lavorare tanto, signorina?
Mi riposerò quando sarò vecchia!

Se ti bagni i capelli prenderai il raffreddore.
Me li asciugherò appena arriverò a casa.

A che ora ti sei addormentata stanotte?
A mezzanotte, ma poi mi sono svegliata alle quattro e non ho più dormito.

Se si avvicina, forse ci vede meglio, signor Valeri.
No, ci vedo meglio se mi allontano.

---

**5. Scrivete accanto ai seguenti verbi il contrario che conoscete:**

| | | | | | |
|---|---|---|---|---|---|
| sedersi | / | .................................. | divertirsi | / | .................................. |
| stancarsi | / | .................................. | bagnarsi | / | .................................. |
| svegliarsi | / | .................................. | allontanarsi | / | .................................. |

**6. Ora fate una frase al passato con ciascuno dei verbi che avete scritto sopra**

**7. Trasformate le seguenti frasi secondo il modello:**

Per imparare bene una lingua uno deve avere delle buone basi.
*Certo! Una lingua si impara bene solo se si hanno delle buone basi.*

1. Per ascoltare bene un disco uno deve avere dei buoni apparecchi.

   ..........................................................................................................................

2. Per fare bene un discorso uno deve avere le idee chiare.

   ..........................................................................................................................

3. Per curare bene una malattia uno deve prendere le medicine giuste.

   ..........................................................................................................................

4. Per fare bene un viaggio uno deve avere pochi bagagli.

   ..........................................................................................................................

**8. Ed ora completate le frasi con la forma conveniente del verbo:**

1. Il raffreddore ................. di solito d'inverno. *(prendere)*
2. Questi pantaloni ................. facilmente in casa. *(lavare)*
3. L'italiano ................. in molti paesi del mondo. *(studiare)*
4. La pizza ................. bene a Napoli. *(mangiare)*
5. Con il pesce ................. vino bianco. *(bere)*
6. In Italia ................. molti dialetti. *(parlare)*
7. Alcune medicine ................. solo con la ricetta. *(comprare)*
8. Un milione ................. con sei zeri. *(scrivere)*

## II.1. Conversazione

*Roberto* Ci si trova bene a Perugia?

*Mary* Molto: quando ci si iscrive ad un corso si fa subito amicizia con tante persone.

*Roberto* Quante ore alla settimana si studia?

*Mary* Venti ore.

*Roberto* Non ci si stanca?

*Mary* Un po', ma in compenso dopo un mese ci si esprime già abbastanza bene.

*Roberto* Che cosa offre la città?

*Mary* Molte possibilità. Se poi ci si interessa di arte o di musica qui ci si trova nel proprio ambiente.

*Roberto* Insomma non ci si annoia mai?

*Mary* No, ci si diverte e non ci si accorge del tempo che passa.

**II.2. Ed ora trasformate le frasi secondo il modello:**

Uno si trova bene in questa città?
*Sì, ci si trova bene.*

1. Uno si stanca molto ad arrivare in centro a piedi?
.........................................................................................................

2. Uno si esprime bene dopo tre mesi di studio?
.........................................................................................................

3. Uno si diverte tanto a stare con quelle persone?
.........................................................................................................

4. Uno si accorge subito che non è inutile cominciare da capo?
.........................................................................................................

## II.3. Problemi di cuore

*Marco* Perché fai quella faccia triste?

*Pietro* Mi sono innamorato di una ragazza della mia classe.

*Marco* E non sei felice?

*Pietro* No, perché forse lei non mi ama.

*Marco* Perché non glielo chiedi?

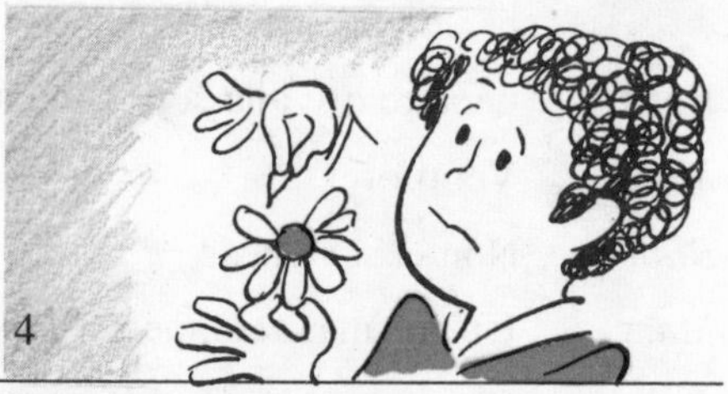

*Pietro* Non ho il coraggio.

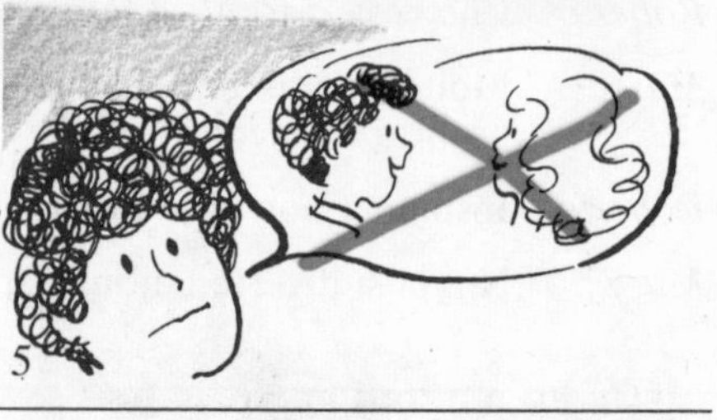

*Marco* Non sarai mica timido?!

*Pietro* No, ma ho paura della risposta.

*Marco* Secondo me è meglio parlare chiaro che restare nel dubbio.

*Pietro* Hai ragione, seguirò il tuo consiglio.

## II.4. Rispondete alle seguenti domande:

1. Che cosa è successo a Pietro?
2. Perché non è felice?
3. Perché non chiede alla ragazza se lo ama?
4. Che cosa è meglio fare secondo Marco?

## II.5. Trasformate le frasi secondo il modello:

È meglio parlare chiaro o restare nel dubbio?
*Secondo me è meglio parlare chiaro che restare nel dubbio.*

1. È meglio cominciare da capo o continuare in questo modo?
 ..........................................................................................
2. È meglio andare a piedi o prendere la macchina?
 ..........................................................................................
3. È meglio sedere davanti o restare dietro?
 ..........................................................................................
4. È meglio telefonare subito o scrivere una lettera?
 ..........................................................................................
5. È meglio andare a lezione o studiare da soli?
 ..........................................................................................

## II.6. Conversazione

Come va con lo studio dell'italiano?

Me la cavo, ma ho ancora molto da imparare.

Comunque si fa capire già bene.

Eppure per me è più facile capire che parlare.

## III.1. Riflessione grammaticale

1.

| | | | | |
|---|---|---|---|---|
| Che cosa | ti | ha detto la segretaria? | | |
| | Mi | ha detto che forse all'inizio | mi | annoierò. |
| Che cosa | vi | ha detto la segretaria? | | |
| | Ci | ha detto che forse all'inizio | ci | annoieremo. |
| La segretaria | ti | ha detto che forse all'inizio | ti | annoierai? |
| La segretaria | vi | ha detto che forse all'inizio | vi | annoierete? |

| | | |
|---|---|---|
| Che cosa ha detto la segretaria a Juan?<br>Gli ha detto che forse all'inizio | si | annoierà. |
| Che cosa ha detto la segretaria a Carmen?<br>Le ha detto che forse all'inizio | si | annoierà. |
| Signorina,<br>la segretaria Le ha detto che forse all'inizio | si | annoierà? |
| Che cosa ha detto la segretaria agli studenti?<br>Gli ha detto che forse all'inizio | si | annoieranno. |

2.

| | | | | | |
|---|---|---|---|---|---|
| Juan | si | è | iscritt | o | ad un corso di lingua. |
| Carmen | | | | a | |
| Juan e Carmen | | sono | | i | |

3.

| | | | |
|---|---|---|---|
| Una lingua si impara bene | se | si hanno | delle buone basi |
| Un viaggio si fa bene | | | pochi bagagli |
| Un discorso si fa bene | | | le idee chiare |

4.a.

| | | |
|---|---|---|
| Con questo tempo | si prende | il raffreddore |
| Questo vestito | si porta | di sera |
| La pizza | si mangia | bene a Napoli |
| In Germania | si parla | il tedesco |

4.b.

| | | |
|---|---|---|
| D'inverno | si prendono | molte malattie |
| Questi pantaloni | si portano | di giorno |
| I tortellini | si mangiano | bene a Bologna |
| In Svizzera | si parlano | diverse lingue |

5.

| | | |
|---|---|---|
| A lavorare tanto | ci si stanca | presto |
| Dopo un mese di studio | ci si esprime | abbastanza bene |
| Con quei ragazzi | ci si diverte | molto |
| Da giovani non | ci si accorge | del tempo che passa |

6.

| | | | | |
|---|---|---|---|---|
| Nel tuo caso | è meglio | parlare chiaro | che | restare nel dubbio |
| | | fare il corso medio | | iscriversi al corso preparatorio |
| | | imparare l'inglese | | studiare il francese |
| | | continuare gli studi | | cominciare a lavorare |
| | | sedere davanti | | restare dietro |

7.

| | | | |
|---|---|---|---|
| Non parlo ancora bene, ma | me | la | cavo |
| Come | te | | cavi con il nuovo lavoro? |
| Non abbiamo bisogno di aiuto: | ce | | caviamo da soli |
| Come | ve | | cavate da soli? |
| Marco non parla ancora bene l'inglese, ma | se | | cava |
| Carla non sa guidare ancora bene, ma | se | | cava |
| Come | se | | cava con il nuovo lavoro? |
| Franco e Stella non guadagnano molto, ma | se | | cavano abbastanza bene |

**III.2. Raccontate il contenuto del dialogo fra Carmen e la segretaria, ricordando i seguenti punti:**

Iscriversi al corso medio / due mesi, tre ore alla settimana / corso preparatorio / annoiarsi / cominciare da capo / buone basi / due foto / tassa d'iscrizione / frequentare corso / mensa / musei / segno rosso sull'orario / comprare i libri /

**III.3. Rispondete alle seguenti domande:**

1. Come va con lo studio dell'italiano?
2. Quante ore alla settimana ha?
3. All'inizio si annoiava?
4. Ha la tessera?
5. Quanto è la tassa d'iscrizione per un mese?
6. Dove si comprano i libri che usa in classe?
7. Ha mai pensato di studiare in Italia? Se sì, in quale città?
8. Se un giorno si decide a frequentare un corso in Italia, quali informazioni chiede prima di iscriversi?

**III.4. Raccontate il contenuto della vostra conversazione con la segretaria quando vi siete iscritti al corso che frequentate.**

**III.4.b. Siete stati sempre felici in amore o avete avuto qualche volta problemi di cuore? Raccontate una vostra esperienza.**

## IV Esercizio di pronuncia e intonazione

1. **Č** e **Ğ**

Non sarà troppo facile questo corso?

Si accorgerà presto che è meglio cominciare da capo.

Lei ha ragione!

Le vacanze si avvicinano: che progetti avete?

Ci si trova bene a Perugia?

Lasci i capelli giù?

Stasera vado a cena fuori.

Si viaggia bene quando si hanno poche valigie.

Mi piace fare amicizia con i giovani.

Quando ci si diverte non ci si accorge del tempo che passa.

2. **C** e **G**

Vorrei frequentare il corso medio.

Dunque può andare in banca a pagare la tassa d'iscrizione.

I libri si comprano in qualsiasi libreria della città.

Se ti fermi, mi trattengo anch'io.

Dovete sbrigarvi, altrimenti perdete l'occasione.

Non senti freddo con quel golfino?

Se non si asciuga i capelli prenderà il mal di gola.

Si cammina volentieri se si hanno le scarpe comode.

Seguirò il tuo consiglio.

Me la cavo abbastanza bene con l'italiano.

3. **V e F**

Vorrei fare un corso di tre mesi.

Vieni via o ti fermi qui?

Marco è un tipo nervoso, ma per fortuna si calma presto.

Piove forte.

Le vacanze si avvicinano: che progetti avete?

È un vero affare!

Come ti vesti per andare alla festa?

Quando fa freddo mi metto gli stivali.

A che ora si è svegliato, signor Valeri?

D'inverno si prende facilmente il raffreddore.

4. *Le doppie consonanti* (ff, ll, mm, nn, rr, ss, tt, vv, zz)

Forse all'inizio si annoierà un po'.

Ha con sé due foto per la tessera?

Devo pagare la tassa d'iscrizione.

In quale classe devo andare?

Marco si arrabbia facilmente.

È un ottimo affare!

Come ti pettini? Lasci i capelli giù?

Che cosa offre la città?

Insomma non ci si annoia mai.

Pietro si è innamorato di una ragazza della sua classe. ◎

## V Test

**1. Completate le seguenti frasi con il verbo conveniente:**

1. I dischi ............ bene se ............ dei buoni apparecchi.
2. Quasi tutte le medicine ............ solo con la ricetta.
3. Le lingue ............ meglio da bambini.
4. Le tasse ............ in banca.
5. Gli stivali ............ soprattutto quando fa freddo.

**2. Mettete al posto dei puntini la terminazione esatta:**

1. Marta si è arrabbiat............ perché Luigi non le ha telefonat............
2. Appena siamo arrivati a casa ci siamo cambiat............ subito le scarpe.
3. Sandra e Laura credevano di dover aspettare tanto, invece si sono sbrigat............ quasi subito.
4. Quanto tempo si è trattenut............ a Parigi, signorina?
5. I miei genitori si sono decis............ a cambiare macchina: hanno comprato quella che gli ho consigliat............ io.

**3. Completate i dialoghi secondo il senso, usando i seguenti verbi:**

*stancarsi, svegliarsi, annoiarsi, sbrigarsi, riposarsi, arrabbiarsi, addormentarsi, prepararsi, esprimersi, accorgersi.*

1. A che ora sei andata a letto ieri sera?
   Alle undici e mezzo.
   ............ subito?
   Sì, e ............ solo alle dieci.

2. Lei è un tipo nervoso, dottor Franchi?
   Sì, ............ facilmente.
   Forse perché lavora troppo.
   Sì, infatti non ............ mai.

3. Siete pronti?
   No, ma ............ in due minuti.
   Dovete ............, altrimenti arriveremo in ritardo.

4. Sono interessanti quelle persone?
   Sì, con loro non ............ del tempo che passa.
   E di che cosa si parla?
   Un po' di tutto.
   Allora non ............ davvero.

5. È buono il corso che frequenta, signorina?
   Sì, soprattutto perché ............ già bene dopo poco tempo.
   Ma non ............ a studiare tanto?
   Eh, un po' sì.

**4. Ed ora fate il test n. 8 che si trova in fondo al libro.**

## VI.1. Perugia e l'Umbria

Ricca di bellezze[1] naturali ed artistiche, Perugia è la città ideale per un soggiorno turistico o di studio. Si trova[2] nel cuore[3] dell'Umbria, terra di San Francesco d'Assisi, e sorge[4] su una collina alta circa 500 metri.

A Perugia si possono vedere monumenti dell'epoca etrusca, romana, medioevale e rinascimentale. Se si ama l'arte non si può fare a meno di visitare[5] i diversi musei e la Galleria Nazionale dell'Umbria dove si possono ammirare[6] opere delle varie epoche e i tesori[7] della pittura umbra e toscana.

Oltre all'Università degli Studi, che risale al XIII secolo[8], c'è l'Università per Stranieri, aperta a gente di ogni nazionalità che vuole studiare la lingua e la cultura italiana.

Per iscriversi ai corsi di lingua, che si tengono a livello preparatorio[9], medio e superiore, non occorre[10] presentare alcun titolo di studio[11]. Questo è necessario soltanto se si vogliono sostenere[12] gli esami del corso superiore che rilascia[13] un diploma di abilitazione all'insegnamento[14] della lingua italiana all'estero.

Grazie alla presenza di studenti di ogni età e di ogni parte del mondo, questa piccola città di provincia assume[15] l'aspetto vivo e colorito delle città internazionali.

**Note**

1. Ricca di bellezze: poiché ha tante bellezze; 2. si trova: è; 3. nel cuore: al centro; 4. sorge: si trova, sta; 5. non si può fare a meno di visitare: si devono visitare senz'altro; 6. ammirare: vedere; 7. i tesori: le opere più importanti; 8. risale al XIII secolo: esiste dal XIII secolo; 9. preparatorio: elementare; 10. non occorre: non è necessario; 11. alcun titolo di studio: nessun diploma; 12. sostenere: dare; 13. rilascia: dà; 14. un diploma di abilitazione all'insegnamento: un diploma che permette di insegnare; 15. assume: prende.

1 Sulla destra, la facciata settecentesca del palazzo Gallenga, ora sede dell'Università Italiana per Stranieri. In fondo, la loggetta costruita ai primi del Cinquecento sull'arco etrusco detto Arco d'Augusto.

2

2 I nicchioni romani di Todi.

3 La cattedrale romanica di Spoleto (XII secolo).

4 Particolare dell'affresco di Giotto *La vita di S. Francesco* (fine del Duecento) nella Chiesa Superiore di Assisi.

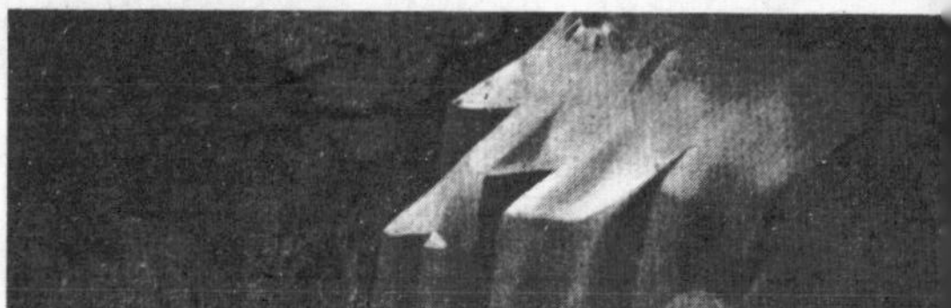

3 4

5

5 Veduta aerea di Gubbio, cittadina che ha conservato la sua struttura medioevale.

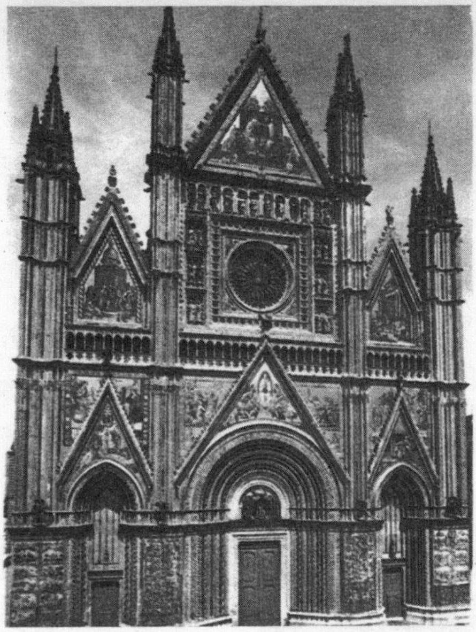

6

6 Il duomo di Orvieto, capolavoro dell'arte romanico-gotica, iniziato nel 1290, e particolare di un bassorilievo della facciata, ad opera di Lorenzo Maitani.

7 Perugia, piazza IV novembre. Al centro la Fontana Maggiore, splendida opera di Nicola e Giovanni Pisano (XIII secolo).

7

## VI.2. Test

| | Vero | Falso |
|---|---|---|
| 1. Perugia si trova al centro dell'Umbria | ☐ | ☐ |
| 2. L'Umbria è la terra di S. Francesco d'Assisi | ☐ | ☐ |
| 3. A Perugia esistono anche monumenti dell'epoca etrusca | ☐ | ☐ |
| 4. Per iscriversi ai corsi di lingua dell'Università per Stranieri occorre un titolo di studio | ☐ | ☐ |
| 5. Perugia è una piccola città di provincia, ma ha l'aspetto di una città internazionale | ☐ | ☐ |

# Unità 17

# In un negozio di abbigliamento

## I.1.

| | |
|---|---|
| *Commessa* | In che cosa posso servirLa? |
| *Cliente* | Mi piacerebbe vedere il cappotto blu che è in vetrina. |
| *Commessa* | È la taglia 46, Le va bene? |
| *Cliente* | Sì, è proprio la mia taglia. |
| *Commessa* | Un attimo che glielo prendo...... Ecco, se si accomoda in cabina si può guardare allo specchio. |
| *Cliente* | Prima di provarlo vorrei sapere quanto viene. |
| *Commessa* | Ottantacinquemila lire. |
| *Cliente* | È l'ultimo prezzo o potrei avere uno sconto? |
| *Commessa* | Mi dispiace, ma abbiamo prezzi fissi. |
| *Cliente* | Allora non ci sarebbe qualcosa di più economico? |
| *Commessa* | Sì, però cambia la qualità della stoffa: sempre pura lana, ma più leggera. |
| *Cliente* | Vediamo... |
| *Commessa* | Ecco, questo cappotto rosso viene sessantamila lire. |
| *Cliente* | Come linea andrebbe bene, ma il colore è troppo vivace. |
| *Commessa* | Lo stesso modello c'è anche in azzurro, grigio, marrone e verde scuro. |

## I.2. Esercizi orali

**1. Rispondete alle seguenti domande:**

1. Che cosa vorrebbe vedere la cliente?
2. Qual è la sua taglia?
3. Che cosa vuole sapere prima di provare il cappotto?
4. Perché non può avere uno sconto?
5. Che cosa non va bene nel cappotto rosso?
6. In quali colori c'è lo stesso modello?
7. Perché il cappotto rosso non sta bene alla cliente?
8. Perché la commessa consiglia alla cliente di prendere il cappotto blu?
9. Che cosa risponde la commessa quando la cliente le chiede come le sta il cappotto blu?
10. Che cosa fa infine la cliente?

| | |
|---|---|
| *Cliente* | Intanto me lo provo... |
| *Commessa* | Le sta un po' stretto di spalle ed è anche troppo corto. |
| *Cliente* | Non c'è una taglia più grande? |
| *Commessa* | No, ne abbiamo venduti tanti e c'è rimasta solo questa taglia. |
| *Cliente* | E non avrebbe niente di simile da farmi vedere? |
| *Commessa* | Di modelli ne abbiamo tanti, ma sono tutti più cari di questo. |
| *Cliente* | Quasi quasi prenderei quello blu... |
| *Commessa* | Glielo consiglio. Vedrà che resterà contenta. È un capo elegante e nello stesso tempo pratico. |
| *Cliente:* | Mi ha convinto: se me lo dà, lo provo. |
| *Commessa* | Subito! |
| *Cliente* | Come mi sta? |
| *Commessa* | Benissimo. Sembra fatto su misura per Lei. |
| *Cliente* | Infatti mi ci vedo bene anch'io. |
| *Commessa* | Allora che fa, lo prende? |
| *Cliente* | Sì, ormai ho deciso. |
| *Commessa* | Mentre glielo preparo, si può accomodare alla cassa. ◉ |

**2. Guardando le illustrazioni, rispondete alle domande secondo il modello:**

In che cosa posso servirLa?
*Mi piacerebbe vedere il cappotto blu che è in vetrina.*

1

---

1. In che cosa posso servirLa?
   .................................................

2

---

2. In che cosa posso servirLa?
   .................................................

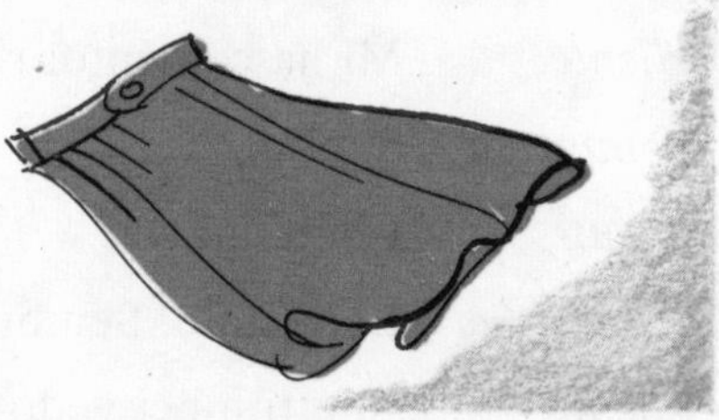

3

---

3. In che cosa posso servirLa?
   .................................................

4

---

4. In che cosa posso servirLa?
   .................................................

5

---

5. In che cosa posso servirLa?
   .................................................

6

---

## 3. Come sopra:

Desidera?
*Vorrei vedere i pantaloni marroni che sono in vetrina.*

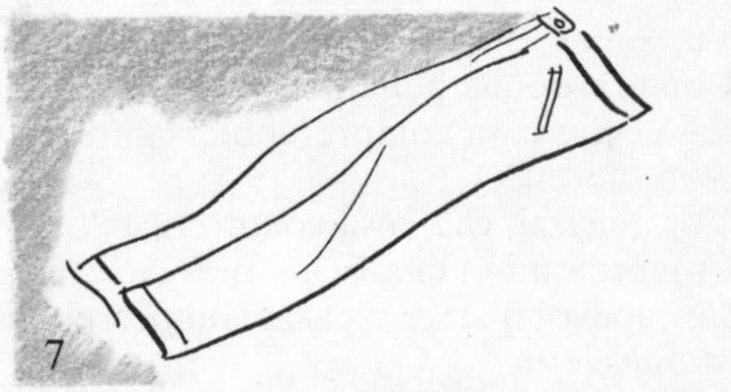
7

1. Desidera?
   ..................................................

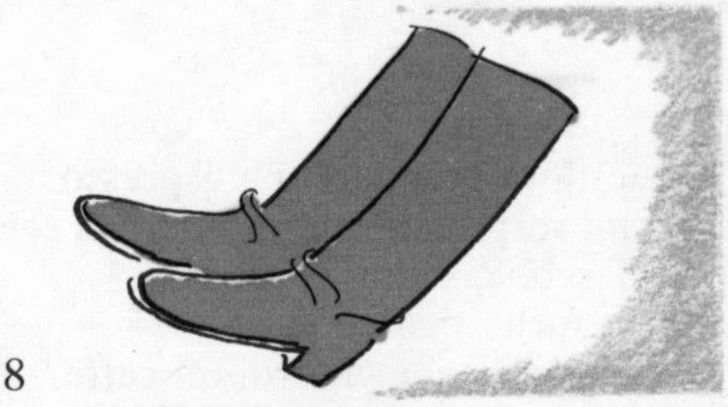
8

2. Desidera?
   ..................................................

9

3. Desidera?
   ..................................................

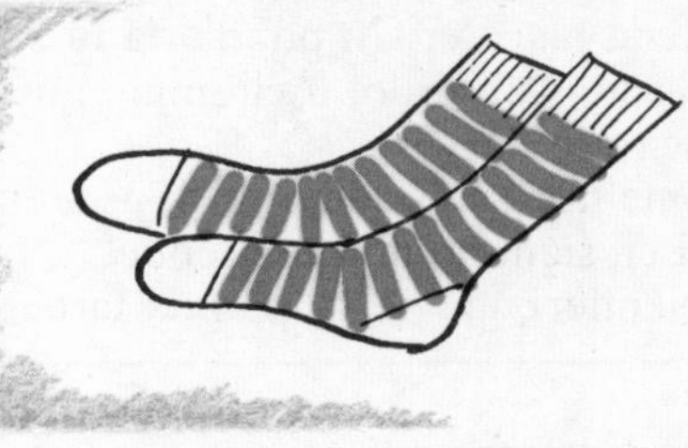
10

4. Desidera?
   ..................................................

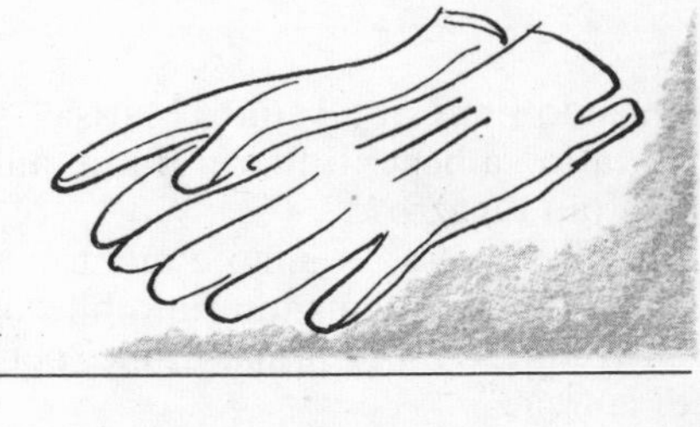
11

5. Desidera?
   ..................................................

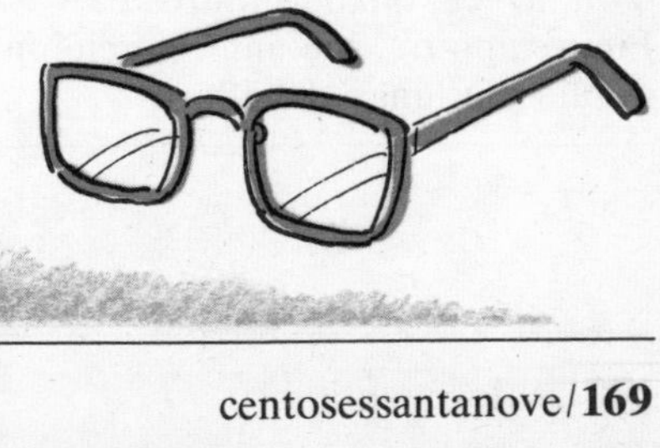
12

**4. Leggete le seguenti conversazioni:**

Tu, Anna, che cosa compreresti con un milione?
Comprerei una bella pelliccia.
E Lei che cosa comprerebbe, signorina?
Non saprei...
Voi, ragazzi, che cosa comprereste?
Compreremmo una bella motocicletta.
Lo sapevo! Tutti i ragazzi comprerebbero volentieri una motocicletta.

compr are

— erei
— eresti
— erebbe
— eremmo
— ereste
— erebbero

---

A quest'ora prenderei un espresso.
Non mi sorprende: tu prenderesti sempre il caffè. Lei cosa prenderebbe, signor Martini?
Berrei anch'io un caffè.
Lo prendereste anche voi un caffè?
Sì, lo prenderemmo volentieri.
Allora faccio il caffè per tutti?
No, forse Marta e Gianna prenderebbero volentieri un tè.

prend ere

— erei
— eresti
— erebbe
— eremmo
— ereste
— erebbero

---

Con questo sole uscirei a fare quattro passi. Usciresti con me, Laura?
Sì, con piacere. Un po' d'aria fa bene alla salute.
Se siete d'accordo, usciremmo anche noi.
Uscireste davvero?
Come no! Se usciamo tutti, uscirebbero anche i ragazzi.
E Lei, signora, non uscirebbe?
Volentieri, ma ho troppo da fare.

usc ire

— irei
— iresti
— irebbe
— iremmo
— ireste
— irebbero

---

Quando finiresti gli studi, Marisa?
Se tutto va bene, li finirei fra un anno e mezzo.
E il tuo ragazzo?
Li finirebbe fra un anno e mezzo, come me.
E le tue amiche quando finirebbero?
Dovrebbero finire prima di me, perché lavorano già alla tesi di laurea.
Voi, invece, quando finireste?
Finiremmo fra due anni, perché la nostra facoltà ha una durata più lunga della loro.

fin ire

— irei
— iresti
— irebbe
— iremmo
— ireste
— irebbero

## II.1. Esercizi

**1. Completate i dialoghi con la forma conveniente del verbo:**

1. Scusi, mi ...... mille lire? *(cambiare)*
   Gliele ...... con piacere, ma non ho moneta.
2. Franca, ...... un po' tu adesso? *(guidare)*
   ...... volentieri, ma ho paura su questa strada.
3. Ragazzi, ...... la porta, per favore? *(chiudere)*
   La ......, ma non abbiamo la chiave.
4. Maria, ci ...... un po' di whisky? *(offrire)*
   Ve l'...... con piacere, ma l'ho finito.
5. Marco, ...... questa birra? *(finire)*
   La ...... volentieri, ma ne ho già bevuta troppa.

**2. Completate i dialoghi secondo il modello:**

Non so se partire o no.
*Io al posto tuo partirei.*

1. Non so se aspettare o no.
   ........................................................
2. Non so se restare o no.
   ........................................................
3. Non so se smettere o no.
   ........................................................
4. Non so se rispondere o no.
   ........................................................
5. Non so se provare o no.
   ........................................................

**3. Leggete le seguenti conversazioni:**

| *Confidenziale (tu)* | *Formale (Lei)* |
|---|---|
| 1. Ti dispiacerebbe prestarmi un momento la tua penna? Mi dispiace, serve anche a me. | Le dispiacerebbe prestarmi un momento la Sua penna? Prego, ecco a Lei! |
| 2. Saresti così gentile da darmi un passaggio fino alla stazione? Mi dispiace, ma vado in un'altra direzione e ho una gran fretta. | Sarebbe così gentile da darmi un passaggio fino alla stazione? Con piacere! |
| 3. Scusa, sapresti dirmi che ore sono? Mi dispiace, ma non ho l'orologio. | Scusi, saprebbe dirmi che ore sono? Sono le quattro e dieci. |
| 4. Scusa, potresti dire a Marta di telefonarmi entro oggi? Lo farò con piacere. | Scusi, potrebbe dire a Marta di telefonarmi entro oggi? Purtroppo non posso farlo, perché oggi non la vedo. |

**4. Ed ora, seguendo i modelli indicati, chiedete ad un compagno di classe o all'insegnante:**

1. di aprire la finestra
2. di offrirvi una sigaretta
3. di dirvi quanto manca alla fine della lezione
4. di darvi un momento il suo giornale
5. di spiegarvi che cosa vuol dire una parola italiana che non capite.

# II.2. In un negozio di calzature

*Commessa* Desidera?
*Signora Prati* Mi servirebbe un paio di scarpe nere.

13

---

*Commessa* Con il tacco alto o basso?
*Signora Prati* Basso, di tipo sportivo.

14

---

*Commessa* Che numero porta?
*Signora Prati* Il trentasette.

15

---

*Commessa* Le andrebbero bene queste?
*Signora Prati* Potrebbero andare, se non sono troppo care.

16

---

*Commessa* Con le scarpe non si dovrebbe risparmiare: chi più spende meno spende.

17

---

*Signora Prati* Effettivamente sono comode, ma durano davvero?
*Commessa* Gliel'ho detto: le porterà per anni.

18

---

## II.3. Rispondete alle seguenti domande:

1. Che cosa servirebbe alla signora Prati?
2. Le vuole con il tacco alto o basso?
3. Che numero porta?
4. Secondo la commessa, conviene risparmiare con le scarpe?
5. Perché?
6. Potrebbe spiegare con altre parole il senso dell'espressione «chi più spende meno spende»?

## II.4. Come si dice

Chi più spende, meno spende.

Chi vivrà, vedrà.

Chi non lavora, non mangia.

Chi dorme, non prende pesci.

Chi va piano, va sano e va lontano.

Chi troppo vuole, niente ha.

Chi si contenta, gode.

## II.5. Conversazioni

### 1. Dal tabaccaio

a) Un pacchetto di Nazionali Super con filtro e una scatola di cerini.

Fa lo stesso se Le do i Minerva?

Sì, va bene ugualmente.

Ecco a Lei.

b) Vorrei della carta da lettere.

Abbiamo una confezione da 10 fogli e 10 buste, Le va bene?

Sì, quanto viene?

1.800 lire.

Ecco...

Non ha spiccioli?

No, non ho moneta.

c) Un francobollo da 350 lire.

Ecco a Lei.

Scusi, potrebbe controllare se questa lettera passa il peso?

Subito... no, non passa: va bene il francobollo da 350 lire.

### 2. Dal fotografo

Vorrei un rullino da 36 pose.

A colori o in bianco e nero? A colori c'è da 24 pose.

Va bene lo stesso. Quant'è?

2.800 lire.

**3. In un grande magazzino**

Potrebbe dirmi a che piano sono le confezioni?

Al secondo piano.

C'è l'ascensore?

No, ma c'è la scala mobile.

**4. In un negozio di tessuti**

Avete un bel cotone a tinta unita?

Che colore?

Verde mare.

No, in questa tinta ci sarebbe un misto lino.

Quanto viene al metro?

12.500 lire.

Non sarebbe caro, ma non va bene perché si deve stirare ogni momento.

Sì, ma in compenso non si ritira quando si lava.

**5. In un negozio di alimentari**

Vorrei un etto di prosciutto e un po' di pane.

Il prosciutto cotto o crudo?

Crudo.

Ecco. Nient'altro?

No, grazie, basta così. Quanto pago?

Millecinquecento lire.

**6. In un negozio di frutta e verdura**

Scusi, quanto costano queste mele?

Milleduecento lire al chilo.

Allora ne prenderei mezzo chilo.

È tutto?

No, vorrei anche dei pomodori.

Quanti ne faccio?

Un chilo, grazie.

**7. In un negozio di fiori**

Sono freschi quei garofani?

Sì, sono appena arrivati.

Ne vorrei dodici.

Sono da regalare?

Sì, potrebbe farmi un bel mazzo?

Senz'altro. ◎

## III.1. Riflessione grammaticale

1.

| | | | | |
|---|---|---|---|---|
| Vorrei vedere | il cappotto marrone<br>la camicia bianca | che | è | in vetrina |
| | i pantaloni blu<br>le scarpe nere | | sono | |

2.

| | | | |
|---|---|---|---|
| Ho comprato | il cappotto marrone<br>la camicia bianca<br>i pantaloni blu<br>le scarpe nere | che | mi ha consigliato<br>la commessa |

3.

| | | |
|---|---|---|
| Chi | più spende,<br>vivrà,<br>non lavora,<br>dorme,<br>va piano,<br>troppo vuole,<br>si contenta, | meno spende<br>vedrà<br>non mangia<br>non prende pesci<br>va sano e va lontano<br>niente ha<br>gode |

4.

| | | |
|---|---|---|
| Ti<br>Le<br>Vi | dispiacerebbe | chiudere la porta?<br>darmi un passaggio?<br>portarmi il giornale?<br>accendere la luce? |

5.

| | | | | |
|---|---|---|---|---|
| Saresti<br>Sarebbe | così | gentile | da | chiudere la porta?<br>darmi un passaggio?<br>portarmi il giornale?<br>accendere la luce? |
| Sareste | | gentili | | |

6.

| | |
|---|---|
| Sapresti | dirmi dov'è la fermata dell'autobus? |
| Potrebbe | prestarmi la Sua penna? |
| Dovrebbe | pagare la tassa d'iscrizione |
| Avreste | qualche giornale da farmi vedere? |

7.

| | |
|---|---|
| Andrei | in centro a fare spese |
| Vedrei | volentieri un film di Fellini |
| Dovrei | smettere di fumare |
| Avrei | un sacco di cose da fare |
| Vorrei | due biglietti per il concerto di domani |
| Rimarrei | ancora un po' a letto |
| Verrei | con te, se sei d'accordo |
| Farei | solo quello che mi piace |
| Starei | in casa con questo brutto tempo |
| Sarei | felice di vivere in questa città |
| Darei | una festa sabato prossimo |

**Osservate!**

8.

| *Infinito* | *Futuro* | *Condizionale* |
|---|---|---|
| essere | sarò | sarei |
| andare | andrò | andrei |
| avere | avrò | avrei |
| dovere | dovrò | dovrei |
| potere | potrò | potrei |
| sapere | saprò | saprei |
| vedere | vedrò | vedrei |
| vivere | vivrò | vivrei |
| dare | darò | darei |
| fare | farò | farei |
| stare | starò | starei |
| rimanere | rimarrò | rimarrei |
| tenere | terrò | terrei |
| venire | verrò | verrei |
| volere | vorrò | vorrei |
| cercare | cer*ch*erò | cer*ch*erei |
| spiegare | spie*gh*erò | spie*gh*erei |

9.

| | | | |
|---|---|---|---|
| Quanto | viene | questo cappotto? | |
| | vengono | queste scarpe? | |

10.

| | | | | | |
|---|---|---|---|---|---|
| Quanto | costa | quella camicia | che | è | in vetrina? |
| | costano | quei pantaloni | | sono | |

**III.2. Raccontate il contenuto del dialogo fra la cliente e la commessa del negozio di abbigliamento, ricordando i seguenti punti:**

cappotto blu / taglia 46 / cabina / quanto viene / sconto / prezzi fissi / qualcosa di più economico / cappotto rosso / colore troppo vivace / altri colori / stretto di spalle / corto / altri modelli / capo elegante e pratico / su misura / accomodarsi alla cassa /

**III.3. Rispondete alle seguenti domande:**

1. Qual è la taglia media per vestiti da donna nel Suo paese?
2. Lei che taglia ha?
3. Nel Suo paese tutti i negozi hanno prezzi fissi?
4. Dove si comprano i francobolli nel Suo paese?
5. Conosce il nome di qualche grande magazzino italiano?
6. Quali sono i pesi e le misure più comuni in Italia?

**III.4. Ed ora rispondete alle seguenti domande, immaginando di essere in Italia:**

1. Lei vuole provare un vestito che ha visto nella vetrina di un negozio. Che cosa chiede alla commessa?

   ....................................................................................................

2. Che cosa chiede per sapere il prezzo? In quali altri modi può fare la stessa domanda?

   ....................................................................................................

3. Lei vuole comprare della frutta. Che cosa dice quando entra nel negozio?

   ....................................................................................................

4. Lei deve spedire una lettera, ma non sa che francobollo ci vuole perché è troppo pesante. Che cosa chiede al tabaccaio o all'impiegato della posta?

   ....................................................................................................

5. Che cosa chiede per sapere il prezzo di una cosa dopo che l'ha già presa?

   ....................................................................................................

**III.5. Raccontate il vostro dialogo con il commesso di un negozio dove avete comprato un vestito o un altro capo di abbigliamento.**

# IV Esercizio di pronuncia e intonazione

1. *Le doppie consonanti* (bb, cc, ff, gg, ll, nn, pp, rr, ss, tt, zz)

Mi piacerebbe vedere quel cappotto blu.

Un attimo che glielo prendo.

Se si accomoda in cabina si può guardare allo specchio.

Vorrei sapere qual è l'ultimo prezzo.

Abbiamo prezzi fissi.

Cambia la qualità della stoffa.

Lo stesso modello c'è anche in marrone.

Mi sta un po' stretto di spalle.

Vorrei una gonna e una camicetta.

Quanto viene quel cappello?

Mi piacerebbe provare quelle scarpe con il tacco basso.

Potrebbe farmi un bel mazzo?

Potresti darmi un passaggio?

Vorrei un etto di prosciutto.

2. **Č** e **Ğ**

Mi piacerebbe una stoffa più leggera.

Vorrei una camicetta gialla.

Con un milione comprerei una pelliccia.

Mi darebbe un passaggio fino a Piacenza?

Ti dispiacerebbe accendere la luce, Giorgio?

Potresti dire a Gianni di venire a cena?

Questi cerini sono di Angela.

3. *Frasi interrogative*

È l'ultimo prezzo o potrei avere uno sconto?

Come mi sta questo cappotto?

Compri anche tu il cappotto blu?

Usciresti con me, Laura?

Scusi, mi cambierebbe mille lire?

Le dispiacerebbe prestarmi un momento la Sua penna?

Saprebbe dirmi che ore sono?

Saresti così gentile da aprire la finestra?

Scusi, potrebbe controllare se questa lettera passa il peso?

Quanto pago?

Quanto costano queste mele?

4. *Frasi interrogative-negative*

Non ci sarebbe qualcosa di più economico?

Non c'è una taglia più grande?

Non avrebbe niente di simile da farmi vedere?

E Lei, signora, non uscirebbe?

Non ha spiccioli?

Nient'altro? No, basta così! ◎

# VI Test

**1. Formate delle frasi con le seguenti parole:**

1. da / gentile / quel / sigarette / pacchetto / passarmi / di / così / saresti / ?
2. dispiacerebbe / giornale / vedere / il / farmi / Le / Suo / ?
3. che / ti / pantaloni / comprato / i / ho / ieri / piacciono /?
4. dirmi / le / oggi / sono / banche / sapresti / se / aperte /?
5. andrebbe / di / quattro / fare / vi / passi / pranzo / dopo /?

**2. Mettete al posto dei puntini i pronomi convenienti:**

1. ........... è la signora ........... hai salutato?
2. Qual è il ragazzo ........... studia con Franco?
3. Per ........... sono i fiori ........... avete comprato?
4. Ho preso le scarpe ........... costano meno.
5. ........... vuole risparmiare deve andare nei grandi magazzini.

**3. Completate le frasi con le preposizioni convenienti:**

1. Questo cappotto Le sta un po' stretto ........... spalle.
2. Gli altri modelli sono più cari ........... questo.
3. Uscirei volentieri, ma ho troppo ........... fare.
4. Se tutto va bene, finirei gli studi ........... un anno.
5. A Maria servirebbe un paio di scarpe ........... tacco alto.
6. Per questa cartolina ci vuole un francobollo ........... 170 lire.
7. Questi pantaloni sembrano fatti ........... misura ........... Lei.
8. Vorrei un rullino ........... colori e uno ........... bianco e nero.
9. ........... questo sole mi piacerebbe andare ........... piedi.
10. Vorrei della carta ........... lettere.

## VI.1. L'ordinamento dello Stato italiano

Per la prima volta nella storia del paese, il 2 giugno 1946 il popolo italiano ebbe[1] la possibilità di scegliere, attraverso[2] un *referendum*, fra la monarchia (quella di casa Savoia che già regnava) e la repubblica. Il voto[3] fu[4] negativo per la monarchia. Nacque[5] così l'attuale[6] repubblica, la cui Costituzione entrò in vigore[7] il 1° gennaio 1948.

Il primo Presidente nominato secondo la nuova Costituzione fu Luigi Einaudi.

La Repubblica italiana è di tipo parlamentare e non presidenziale, per cui il Presidente è capo dello Stato, ma non capo del governo. Non è scelto direttamente dal popolo, ma dai membri del Parlamento, composto[8] dalla Camera dei deputati e dal Senato della Repubblica.

Il numero dei deputati è di 630 e quello dei senatori è di 315. Essi sono eletti[9] a suffragio universale[10] dal popolo che li sceglie con voto segreto[11] nelle liste dei vari partiti.

La Camera dei deputati e il Senato sono eletti per 5 anni, il Presidente della Repubblica per 7 anni.

L'età minima per i deputati è di 25 anni, per i senatori 40 anni e per il Presidente 50 anni.

Il governo, composto dal Presidente del Consiglio e dai ministri, deve avere la fiducia delle due Camere[12].

1

**Note**

1. ebbe: passato remoto del verbo «avere» (v. unità 19); 2. attraverso: con, per mezzo di; 3. voto: risultato del referendum; 4. fu: passato remoto del verbo «essere» (v. unità 19); 5. nacque: passato remoto del verbo «nascere»; 6. attuale: che esiste oggi; 7. entrò in vigore: è diventata legge; 8. composto: formato; 9. sono eletti: sono scelti; 10. a suffragio universale: da tutto il popolo; 11. segreto: non pubblico; 12. delle due Camere: della Camera dei deputati e del Senato.

2 

3 

1 Roma: palazzo del Quirinale (a sinistra), residenza del presidente della Repubblica.

2 Una riunione alla Camera dei deputati.

3 Il presidente della Repubblica Francesco Cossiga.

## VI.2.Test

| | Vero | Falso |
|---|---|---|
| 1. Il 2 giugno il popolo italiano ha potuto scegliere per la prima volta fra la monarchia e la repubblica | □ | □ |
| 2. La Repubblica italiana è di tipo presidenziale | □ | □ |
| 3. Il Presidente è capo del governo | □ | □ |
| 4. Il Presidente è scelto dai membri del Parlamento | □ | □ |
| 5. Il Parlamento è composto dalla Camera dei deputati e dal Senato della Repubblica | □ | □ |
| 6. Il numero dei senatori e di 630 | □ | □ |
| 7. L'età minima per i deputati è di 40 anni | □ | □ |
| 8. Il presidente deve avere almeno 50 anni | □ | □ |

# Unità 18

# Vacanze di Natale sulla neve

## I.1.

*Carla* Pronto? Sei tu, Laura?

*Laura* Sì, Carla, dove sei?

*Carla* A casa.

*Laura* Ma come! Non avevi detto che saresti tornata il 7 gennaio?

*Carla* Infatti sarei rimasta in montagna, ma...

*Laura* Che ti è successo?

*Carla* Mi è capitato un incidente sul campo di sci.

*Laura* Immaginavo che saresti caduta.

*Carla* È vero che non so sciare bene, ma questa volta la colpa non è mia.

*Laura* E di chi è allora?

*Carla* Di un ragazzo che non è stato attento e mi è venuto addosso.

*Laura* Non ti sei accorta in tempo del pericolo?

*Carla* Sì, e ho anche gridato, ma lui non mi ha sentito.

*Laura* Che ti sei fatta?

*Carla* Mi sono rotta la gamba sinistra in due punti.

*Laura* Ti puoi considerare fortunata...

*Carla* Ma che dici! Vuoi scherzare?

## I.2. Esercizi orali

**1. Completate i seguenti dialoghi secondo il modello:**

Marco non è ancora tornato.
*Immaginavo che non sarebbe tornato presto.*

1. Marco non è ancora tornato.

......................................................................................................................

*Laura* Volevo dire che ti saresti potuta rompere la testa e allora l'incidente sarebbe stato più grave.

*Carla* Grazie al cielo mi sono ferita solo un po' al viso e ad una spalla.

*Laura* Scherzi a parte, perché non mi hai avvertito subito?

*Carla* Volevo farlo, ma poi ci ho ripensato.

*Laura* Perché?

*Carla* Ti avrei creato dei problemi inutili.

*Laura* Fra amici non si fanno questi discorsi! ◎

2. Franco non è ancora uscito.

.......................................................................................................

3. Luigi non è ancora partito.

.......................................................................................................

4. Mario non è ancora arrivato.

.......................................................................................................

5. Gianni non è ancora passato.

.......................................................................................................

b) Laura è già tornata.
*Ma come! Non aveva detto che sarebbe tornata più tardi?*

1. Laura è già tornata.
 ..........................................................................................
2. Marta è già uscita.
 ..........................................................................................
3. Franca è già partita.
 ..........................................................................................
4. Luisa è già arrivata.
 ..........................................................................................
5. Carla è già venuta.
 ..........................................................................................

c) Verranno certamente Carlo e Franco?
*Mercoledì scorso mi hanno detto che sarebbero venuti.*

1. Verranno certamente Carlo e Franco?
 ..........................................................................................
2. Torneranno certamente Mario e Aldo?
 ..........................................................................................
3. Partiranno certamente Gianni e Sergio?
 ..........................................................................................
4. Passeranno certamente Carlo e Remo?
 ..........................................................................................

d) Carla ha avuto un incidente sulla neve.
*Lo sapevo che prima o poi l'avrebbe avuto.*

1. Carla ha avuto un incidente sulla neve.
 ..........................................................................................
2. Mario ha comprato un televisore a colori.
 ..........................................................................................
3. Luisa ha trovato un lavoro conveniente.
 ..........................................................................................
4. Marco ha preso un raffreddore terribile.
 ..........................................................................................

### I.3. Rispondete alle seguenti domande:

1. Perché Carla non è rimasta in montagna più a lungo?
2. La colpa dell'incidente è di Carla?
3. Perché il ragazzo le è andato addosso?
4. Che si è fatta Carla?
5. Perché, secondo l'amica, Carla si può considerare fortunata?
6. Carla si è soltanto rotta una gamba?
7. Perché Carla non l'ha avvertita subito?

## I.4. Leggete i seguenti dialoghi:

| | | | |
|---|---|---|---|
| a) | Perché non mi hai avvertito subito dell'incidente? | Avrei fatto | un grosso errore, perché ti saresti preoccupata inutilmente. |
| | Volevo cambiare la macchina, ma poi ci ho ripensato. | Avresti fatto | un grosso errore, perché ancora va bene. |
| | Carla voleva lasciare l'ufficio, ma poi ci ha ripensato. | Avrebbe fatto | un grosso errore, perché non è facile trovare un altro lavoro. |
| | Perché non avete scelto la facoltà di medicina? | Avremmo fatto | un grosso errore, perché ci sono già troppi medici. |
| | Volevamo vendere l'appartamento, ma poi ci abbiamo ripensato. | Avreste fatto | un grosso errore, perché di questi tempi la casa è preziosa. |
| | I miei genitori volevano fare il viaggio in treno, ma poi ci hanno ripensato. | Avrebbero fatto | un grosso errore, perché si sarebbero stancati troppo. |

| | | | |
|---|---|---|---|
| b) | Non ti sei rotta niente, Maria? | Perché, immaginavi che | sarei caduta? |
| | Mi sono rotta una gamba. | Immaginavo che | saresti caduta. |
| | Carla si è rotta una gamba. | Immaginavo che | sarebbe caduta. |
| | Non vi siete rotti niente, ragazzi? | Perché, immaginavi che | saremmo caduti? |
| | Ci siamo fatti male alle gambe. | Immaginavo che | sareste caduti. |
| | Carlo e Marco si sono fatti male alle gambe. | Immaginavo che | sarebbero caduti. |

## II.1. Esercizi

**1. Ed ora completate i seguenti dialoghi con la forma conveniente del verbo:**

Abbiamo fatto la strada a piedi.
Perché non ci avete telefonato? *Saremmo passati* (passare)
a prendervi in macchina.

1. Sai che Marta è già partita?
   Ma come! Non avevi detto che ................ alla fine del mese? *(partire)*
2. Perché avete lasciato a casa il bambino?
   L' ................ con noi, ma non stava troppo bene. *(portare)*
3. Marco ha avuto un piccolo incidente con la macchina.
   Eravamo sicuri che prima o poi gli ................ *(succedere)*
4. Ieri sera non ti ho visto al concerto, Luisa. C'eri?
   No, ci ................, ma purtroppo avevo un altro impegno. *(venire)*
5. Perché avete rimandato la partenza?
   Perché due giorni prima abbiamo saputo che ................ *(esserci)*
   uno sciopero dei treni.

**2. Completate i seguenti dialoghi secondo il modello:**

È sicuro che Carlo scriverà?
*A me ha detto che avrebbe scritto.*

1. È sicuro che Carlo scriverà?
   ....................................................
2. È sicuro che Laura telefonerà?
   ....................................................
3. È sicuro che Marco risponderà?
   ....................................................
4. È sicuro che Anna aspetterà?
   ....................................................
5. È sicuro che Mario pagherà?
   ....................................................

**3. Completate i seguenti dialoghi con la domanda conveniente:**

Sono caduta sulla neve.
*Che ti sei fatta?*

1. Sono caduta sulla neve.
   ....................................................?
2. Marco ha avuto un incidente sul lavoro.
   ....................................................?
3. Laura è caduta per le scale.
   ....................................................?
4. Sandro e Aldo hanno avuto un incidente d'auto.
   ....................................................?
5. Al semaforo una macchina ci è venuta addosso.
   ....................................................?

## II.2. Sotto l'albero di Natale

*Laura* Per chi è questo pacchetto?
*Guido* È per te, Laura.

---

*Laura* Che c'è dentro?
*Guido* Se lo apri, lo vedi.

---

*Laura* Da quale parte si apre?
*Guido* Di fianco.

---

*Laura* Che regalo mi hai fatto?
*Guido* Non te lo dico, altrimenti che sorpresa sarebbe?

---

*Laura* Non vedo l'ora di sapere che c'è.
*Guido* Ma quanto ci vuole per aprirlo?

---

*Laura* Oh, che bello, è proprio la borsa che sognavo!
*Guido* Ero sicuro che ti sarebbe piaciuta. ◎

---

## II.3. Rispondete alle seguenti domande:

1. Guido dice a Laura che cosa c'è dentro il pacchetto per lei?
2. Che cosa le risponde quando Laura gli chiede che c'è dentro?
3. Da quale parte si apre il pacchetto?
4. Che c'è nel pacchetto?
5. Di che cosa era sicuro Guido?

## II.4. Completate i dialoghi secondo il modello:

Ti ho fatto un regalo.
*Che regalo mi hai fatto?*
È una sorpresa.

1. Ti ho comprato un disco.
   ......................................................?
   Un 33 giri di Celentano.
2. Ti ho preso un libro.
   ......................................................?
   Un giallo di Agatha Christie.
3. Ti ho fatto un golfino.
   ......................................................?
   Un cardigan rosso.
4. Ti ho portato un liquore.
   ......................................................?
   Un cognac francese.
5. Ti ho prenotato un posto.
   ......................................................?
   Un posto per il concerto di domani.

## II.5. Come sopra:

Mi presterebbe una penna?
*Quale vuole?*
Quella nera.

1. Mi passerebbe una matita?
   ......................................................?
   Quella rossa.
2. Mi darebbe un po' d'acqua?
   ......................................................?
   Quella naturale.
3. Mi passerebbe un giornale?
   ......................................................?
   Quello illustrato.
4. Mi comprerebbe un rullino?
   ......................................................?
   Quello in bianco e nero.
5. Mi passerebbe una pizza?
   ......................................................?
   Quella al pomodoro.

## III.1. Riflessione grammaticale

1.

| | | | | | |
|---|---|---|---|---|---|
| Carla | dice | che | tornerà | fra | due settimane |
| | diceva<br>ha detto | | sarebbe tornata | dopo | |

| | | | |
|---|---|---|---|
| dicono | che | verranno | certamente |
| hanno detto | | sarebbero venuti | |

| | | | | |
|---|---|---|---|---|
| Immagino | che | Carla | cadrà | sulla neve |
| Immaginavo | | | sarebbe caduta | |

| | | | | |
|---|---|---|---|---|
| Lo so | che | Mario | pagherà | per tutti |
| Lo sapevo | | | avrebbe pagato | |

2.

| *Presente* | | *Dopo il presente* | *Passato* | | *Dopo il passato* |
|---|---|---|---|---|---|
| dice | che | tornerà | diceva | che | sarebbe tornata |
| | | | ha detto | | |
| lo so | che | pagherà | lo sapevo | che | avrebbe pagato |

3.

| | | | |
|---|---|---|---|
| Hanno detto | che | sarebbero venuti, | e sono venuti davvero<br>e forse verranno davvero |
| Dicevano | | | ma poi non sono venuti |

4.

| *Nel passato* |
|---|
| Sarei rimasta in montagna, ma... |
| Ti saresti potuta rompere la testa |
| L'incidente sarebbe stato più grave |
| Ti avrei creato dei problemi inutili |

5.

| | | | |
|---|---|---|---|
| Che<br>Che tipo di | giornale | preferisce? | Quelli illustrati. |
| | macchina | | Quella sportiva. |
| | sigarette | | Quelle forti. |
| | libri | | Quelli di storia. |

6.

| | | | |
|---|---|---|---|
| Quale | giornale | preferisci: | il quotidiano o quello illustrato? |
| | macchina | | la mia o quella di Aldo? |
| Quali | sigarette | | le Nazionali Super o le Diana? |
| | libri | | i libri di storia o quelli di avventure? |

7.

| | |
|---|---|
| Che<br>Che cosa<br>Cosa | ti sei fatta?<br>vi siete fatti? |

8.

| | | |
|---|---|---|
| Quanto | tempo | ci vuole? |
| Quanta | strada | c'è da fare ancora? |
| Quanti | soldi | ci vogliono? |
| Quante | sigarette | fumi? |

9.

| | | |
|---|---|---|
| Di | chi | è la colpa? |
| A | | telefoni? |
| Da | | andrai stasera? |
| Con | | parti per la montagna? |
| Per | | è questo pacchetto? |

**III.2. Raccontate il contenuto del dialogo fra Carla e Laura ricordando i seguenti punti:**

Carla a casa / tornare il 7 gennaio / un incidente sul campo di sci / la colpa / un ragazzo / non attento / accorgersi del pericolo / gridare / gamba sinistra / fortunata / rompersi la testa / ferirsi il viso / non avvertire subito / ripensarci / creare problemi inutili /

**III.3. Rispondete alle seguenti domande:**

1. Nel suo paese c'è l'abitudine di passare le vacanze di Natale sulla neve?
2. Lei sa sciare?
3. Cosa risponde ad una persona che Le chiede se sa sciare bene?
4. Conosce il nome di qualche posto dove si può sciare in Italia?
5. Come passa di solito il Natale?

**III.4.a. Raccontate una vostra esperienza sulla neve.**

**III.4.b. Se non sapete sciare, raccontate l'esperienza di una persona amica.**

## IV Esercizio di pronuncia e intonazione

1. **Sci, sce / schi, sche**

Sai sciare, Natascia?

Scherzi a parte: che ti sei fatta?

Preferisce il pesce o la carne?

Mi piace nuotare quando il mare è liscio.

Maria avrebbe voluto per regalo alcuni dischi.

Prendi l'ascensore o sali a piedi?

2. *Le doppie consonanti* (bb, cc, dd, mm, rr, tt, vv)

Che ti è successo?

Immaginavo che saresti caduta.

La colpa è di un ragazzo che non è stato attento e mi è venuto addosso.

Perché non mi hai avvertito subito?

Lo sapevo che Marco non sarebbe arrivato presto.

Per chi è questo pacchetto?

3. *Frasi interrogative*

Pronto? Sei tu, Laura?

Vuoi scherzare?

Verranno certamente Carlo e Franco?

Sai che Marta è già partita?

Perché avete rimandato la partenza?

Da quale parte si apre?

4. *Frasi interrogative-negative*

Non dicevi che saresti tornata il sette gennaio?

Perché non mi hai avvertito subito?

Non ti sei rotta niente, Maria?

Perché non avete scelto la facoltà di medicina?

Perché non ci avete telefonato?

# V Test

**1. Completate i seguenti dialoghi con la forma conveniente del pronome e del verbo:**

1. Sai che Anna ha lasciato il lavoro?
   Lo sapevo che ...........
2. Anna ha cambiato casa.
   Ripeteva sempre che ...........
3. Perché non hai comprato le sigarette?
   ..........., ma il tabaccaio era chiuso.
4. Sa che le ferrovie fanno sciopero domani?
   Immaginavo che ...........
5. Avete sentito che Carlo sposerà quella ragazza?
   Eravamo sicuri che prima o poi ...........

**2. Completate le seguenti frasi con le preposizioni convenienti:**

1. Mi è capitato un incidente ........... campo ........... sci.
2. Non ti sei accorta ........... tempo ........... pericolo?
3. Grazie ........... cielo non mi sono ferita ........... testa.
4. ........... amici non si fanno questi discorsi!
5. Quel pacchetto si apre ........... fianco.

**3. In alcune delle seguenti frasi c'è un errore: trovatelo!**

1. Carla non ha avvertito Laura dell'incidente, perché le avrebbe creato problemi inutili.
2. Sei stata fortunata, Maria: ti potresti rompere una gamba.
3. Immaginavo che Carlo prima o poi avrebbe un incidente, perché corre troppo.
4. Sabato scorso Sandro mi ha detto che sarebbe venuto oggi, ma non ci credo.
5. Eravamo sicuri che nostro figlio troverebbe un buon lavoro, invece è ancora disoccupato.

**4. Completate le seguenti frasi con le parole mancanti:**

1. ........... ti sei fatta? Mi sono ferita ad una gamba.
2. ........... vestito ti metti? Quello rosso o quello nero?
3. ........... siamo a pranzo? Siamo otto.
4. Questo regalo per ........... è? È per Laura.
5. Di ........... stoffa è quel vestito? È di lana pura.

**5. Ed ora fate il test n. 9 che si trova in fondo al libro.**

## VI.1. Giochi e scommesse[1]

«La domenica mi lasci sempre sola...» dicono le parole di una vecchia canzone italiana in cui la donna lancia un grido disperato[2] al suo uomo che ogni domenica pomeriggio l'abbandona[3] per andare allo stadio a sostenere la squadra del cuore[4].

Il gioco del calcio è la grande passione, disinteressata[5], degli italiani che lo praticano in più di mezzo milione e, in numero molto maggiore, lo seguono dal vivo[6] o alla televisione. Ma non è tutto. In tasca ad ogni "tifoso"[7] c'è una "schedina»[8] del totocalcio[9]: altra passione, interessata questa, degli italiani di ambo i sessi[10] e di ogni età, che vedono nel «toto» un dio dispensatore di denaro[11].

La parola «toto», con le sue «t» e le sue «o», richiama alla mente l'altra parola magica, il «lotto», gioco secolare degli italiani che cercano di indovinare in anticipo[12] certi numeri che saranno estratti a sorte[13] il sabato da un'organizzazione statale appositamente istituita[14].

1 

2 

3 

CONCORSO 35

TOTOCALCIO CONI

COMITATO OLIMPICO NAZIONALE ITALIANO

Totocalcio

« AL SERVIZIO DELLO SPORT »

GIOCHI DELLA GIOVENTÙ

una manifestazione creata dal CONI per tutti i giovani

PARTITE DEL 18-4-81 — FIGLIA — SPOGLIO — MATRICE

Concorso 35 del 18-4-81

| N. | Squadra 1ª | Squadra 2ª | | |
|---|---|---|---|---|
| 1 | Italia* | Rep.Dem.Tedesca* | 1 | 1 |
| 2 | Atalanta | Rimini | X | 2 |
| 3 | Catania | Verona | 2 | 2 |
| 4 | Cesena | Bari | X | 1 |
| 5 | Foggia | Milan | 2 | X |
| 6 | Genoa | Spal | 1 | 2 |
| 7 | L.R.Vicenza | Sampdoria | X | X |
| 8 | Lecce | Lazio | 1 | 1 |
| 9 | Monza | Taranto | 1 | X |
| 10 | Pescara | Pisa (1° t.) | 2 | X |
| 11 | Pescara | Pisa (r. f.) | X | 1 |
| 12 | Varese | Palermo (1° t.) | 1 | 2 |
| 13 | Varese | Palermo (r. f.) | X | 1 |

*UNDER 21

CONSERVATE il tagliando figlia della scheda vincente! Il pagamento dei premi avviene solo previo ritiro di tale tagliando

Scrivere 1 per indicare la vittoria della Squadra 1 Scrivere 2 per indicare la sua sconfitta Scrivere X per indicare il pareggio

SCHEDA PER 2-4-8 COLONNE

1 L'attaccante Roberto Bettega, un idolo dei tifosi italiani.

2 Fase di un incontro tra la nazionale italiana e quella della Germania Occidentale.

3 Una schedina del totocalcio.

Calcio, totocalcio, lotto, lotterie...: come mai tanto accanimento[15] per questi giochi? Evasione dalla miseria quotidiana materiale e morale[16], un modo per sfuggire all'alienazione[17], insomma una specie di droga.

Sta di fatto che[18] gli italiani non solo hanno il pallino del gioco[19], ma sono anche dei grandi inventori di giochi. Questa passione per il gioco devono averla ereditata[20] dai Romani, grandi giocatori di dadi e spettatori assidui[21] dei «ludi»[22].

**Note**

1. scommesse: impegno di una somma di denaro sul risultato di un gioco o di un incontro sportivo; 2. lancia un grido disperato: grida la sua delusione; 3. l'abbandona: la lascia sola; 4. la squadra del cuore: la squadra preferita; 5. disinteressata: senza interesse personale o economico; 6. dal vivo: negli stadi; 7. tifoso: persona che sostiene la squadra del cuore, di cui segue tutte le partite; 8. schedina: piccolo foglio sul quale sono elencate tredici partite. A fianco di ognuna si scrive «1» per indicare la vittoria della squadra che gioca in casa, «2» per la vittoria della squadra ospite e «x» per il pareggio; 9. totocalcio: concorso settimanale a premi sui risultati delle partite di calcio; la parola è derivata da *totalizzatore del calcio*, sistema per calcolare il totale delle scommesse e per dividerlo poi, dopo aver detratto le tasse, fra quanti hanno fatto 13 o 12 punti; 10. di ambo i sessi: di tutti e due i sessi; 11. dispensatore di denaro: che regala denaro a piene mani; 12. indovinare in anticipo: immaginare prima dell'uscita; 13. saranno estratti a sorte: saranno scelti a caso; 14. appositamente istituita: formata per questo fine; 15. accanimento: ostinazione; 16. Evasione...: desiderio di rompere con la solita vita, povera in senso economico e spirituale; 17. sfuggire all'alienazione: evitare la condizione psicologica che porta l'uomo ad estraniarsi dall'ambiente in cui vive; 18. Sta di fatto che...; il fatto è che...; 19. hanno il pallino del gioco: hanno la mania, l'idea fissa del gioco; 20. devono averla ereditata: forse l'hanno avuta in eredità; 21. spettatori assidui: sempre presenti; 22. ludi: giochi organizzati nell'antica Roma.

4

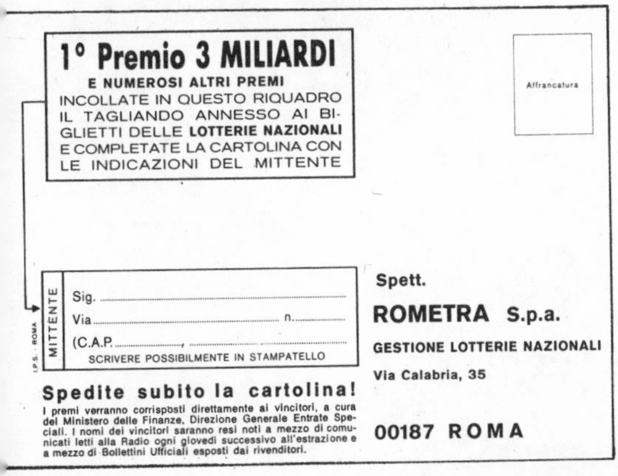

**1° Premio 3 MILIARDI**
E NUMEROSI ALTRI PREMI
INCOLLATE IN QUESTO RIQUADRO IL TAGLIANDO ANNESSO AI BIGLIETTI DELLE **LOTTERIE NAZIONALI** E COMPLETATE LA CARTOLINA CON LE INDICAZIONI DEL MITTENTE

Affrancatura

MITTENTE
Sig. ......
Via ...... n. ......
(C.A.P. ......, ......
SCRIVERE POSSIBILMENTE IN STAMPATELLO

I.P.S. - ROMA

**Spedite subito la cartolina!**
I premi verranno corrisposti direttamente ai vincitori, a cura del Ministero delle Finanze, Direzione Generale Entrate Speciali. I nomi dei vincitori saranno resi noti a mezzo di comunicati letti alla Radio ogni giovedì successivo all'estrazione e a mezzo di Bollettini Ufficiali esposti dai rivenditori.

Spett.
**ROMETRA S.p.a.**
GESTIONE LOTTERIE NAZIONALI
Via Calabria, 35
00187 ROMA

7

4 Un botteghino del lotto a Napoli.

5-6 Una cartolina di partecipazione alla lotteria nazionale.

7 Pittoresca manifestazione di tifosi napoletani prima della partita. In Italia il tifo assume spesso aspetti folcloristici.

8

8 Il passaggio del Giro d'Italia lungo le coste della Riviera Ligure. Il ciclismo su strada è uno degli sport più popolari in Italia.

## VI.2. Test

| | Vero | Falso |
|---|---|---|
| 1. Il totocalcio e il lotto sono giochi a premi | □ | □ |
| 2. Gli italiani hanno ereditato la passione del calcio dai Romani | □ | □ |
| 3. I numeri del lotto sono estratti a sorte la domenica | □ | □ |
| 4. Gli italiani seguono il calcio dal vivo o alla televisione in più di mezzo milione | □ | □ |
| 5. I Romani erano grandi giocatori di dadi e appassionati dei «ludi» | □ | □ |

# Unità 19 Radici

## I.1.

*Carlo* A prima vista si direbbe che sei italiano invece che americano.

*Frank* Infatti sono di origine italiana.

*Carlo* Ma non sei nato in Italia?

*Frank* No, e nemmeno mio padre.

*Carlo* Sono molti anni che la tua famiglia vive negli Stati Uniti?

*Frank* I miei nonni emigrarono cinquant'anni fa.

*Carlo* Da dove venivano?

*Frank* Da un piccolo paese della Sicilia.

*Carlo* Dove si stabilirono?

*Frank* In California.

*Carlo* Ebbero difficoltà a sistemarsi?

*Frank* All'inizio abbastanza, ma poi il nonno trovò un buon lavoro.

*Carlo* Sono ancora vivi tutti e due?

*Frank* No, il nonno morì quando avevo sei anni e la nonna l'anno scorso.

*Carlo* Tornarono mai in Italia?

## I.2. Esercizi orali

**1. Rispondete alle seguenti domande:**

1. Frank è nato in Italia?
2. Quanti anni fa i suoi nonni emigrarono negli Stati Uniti?
3. Da quale parte dell'Italia venivano?
4. Sono ancora vivi?
5. Quante volte tornarono in Italia?
6. In quale occasione il padre di Frank andò al paese da cui venivano i suoi genitori?
7. A Frank piacerebbe andarci?

*Frank* Sì, una volta.

*Carlo* Tuo padre conosce il paese da cui venivano i genitori?

*Frank* Sì, ci andò con mia madre in viaggio di nozze.

*Carlo* Che impressione gli fece?

*Frank* Gli piacque molto.

*Carlo* A te non piacerebbe andarci?

*Frank* Certo! È proprio questo il motivo per cui mi trovo in Italia. ◎

**2. Leggete i seguenti dialoghi:**

| *and are* |
|---|
| **and** ai<br>**and** asti<br>**and** ò<br>**and** ammo<br>**and** aste<br>**and** arono |

Bruno, chi andò a prendere Franco all'aeroporto?

Ci andarono Carlo e Gino perché io ero occupato.

Marta parlò poi con Sandro del suo problema?

No, quel giorno credette opportuno non dirgli niente.

Perché?

Perché era sicura che non l'avrebbe ascoltata.

| *cred ere* |
|---|
| cred ei (etti) |
| cred esti |
| cred é (ette) |
| cred emmo |
| cred este |
| cred erono (ettero) |

---

In che anno finì l'università, dottore?

La finii nel 1967, poco prima dell'inizio della contestazione.

| *fin ire* |
|---|
| fin ii |
| fin isti |
| fin ì |
| fin immo |
| fin iste |
| fin irono |

---

Alcuni anni fa il dottor Sarti ebbe un incidente piuttosto grave con la macchina e da allora preferisce non guidare.

Ora capisco perché guida sempre sua moglie!

| *avere* |
|---|
| ebbi |
| avesti |
| ebbe |
| avemmo |
| aveste |
| ebbero |

---

La colpa dell'incidente fu del dottor Sarti?

Sembra di sì.

| *essere* |
|---|
| fui |
| fosti |
| fu |
| fummo |
| foste |
| furono |

---

**3. Ed ora completate le frasi con la forma conveniente del verbo al passato:**

| | |
|---|---|
| Quando Sergio *tornò* nella sua città la *trovò* molto cambiata. | (tornare/trovare) |
| 1. Quando mio fratello ......... in Giappone mi ......... per regalo della stoffa di seta. | (andare/portare) |
| 2. Cinque anni fa i Rossi ......... la casa di campagna e ......... un appartamento in città. | (vendere/comprare) |
| 3. Anna ......... una classe, perciò ......... la scuola un anno dopo di me. | (ripetere/finire) |
| 4. Quando il professor Martini ......... un disturbo di cuore il medico gli ......... di fumare e da allora ha smesso. | (avere/proibire) |
| 5. Anna e Claudia ......... all'ultimo minuto, ma ......... lo stesso a trovare posto. | (arrivare/riuscire) |

## 4. Leggete i seguenti dialoghi:

Vorrei tanto rinfrescare il mio inglese. Sai se ci sono delle borse di studio per l'Inghilterra?

Sì, ci sono. L'anno scorso Mario ne chiese una per due mesi e la ottenne.

| *chied* | *ere* |
|---|---|
| chie | si |
| chied | esti |
| chie | se |
| chied | emmo |
| chied | este |
| chie | sero |

---

Costa molto il biglietto aereo per il Canadà?

Non so di preciso. Ricordo però che Sandro spese relativamente poco.

Già, ma da due anni a questa parte le tariffe sono molto aumentate.

| *spend* | *ere* |
|---|---|
| spe | si |
| spend | esti |
| spe | se |
| spend | emmo |
| spend | este |
| spe | sero |

---

A Parigi Marco fu ospite di un amico francese.

Ci rimase molto?

Circa un mese.

Beato lui!

| *riman* | *ere* |
|---|---|
| rima | si |
| riman | esti |
| rima | se |
| riman | emmo |
| riman | este |
| rima | sero |

---

Chissà perché Paolo e Giulio scelsero proprio New York per passare le vacanze?

Perché il prezzo del viaggio era conveniente.

Che strano modo di scegliere un posto per le vacanze!

| *scegli* | *ere* |
|---|---|
| scel | si |
| scegli | esti |
| scel | se |
| scegli | emmo |
| scegli | este |
| scel | sero |

---

Perché quel giorno ti arrabbiasti con Paola?

Perché mi disse che ero falso.

E invece eri sincero?

Certo! Io dico sempre la verità!

| *dire* |
|---|
| dissi |
| dicesti |
| disse |
| dicemmo |
| diceste |
| dissero |

---

## II.1. Esercizi scritti

**1. Completate la storia di Ferdinando, mettendo al passato (imperfetto e passato remoto) i verbi indicati a parte:**

**FERDINANDO** di Dahl Mikkelsen

Una mattina, ancora mezzo addormentato, Ferdinando ......... in cucina a fare colazione. Quando ........., sua moglie non gli ......... neppure uno sguardo. Ferdinando ......... un grande appetito, ma quando ......... la moglie in vestaglia e tutta spettinata, gli ......... la voglia di mangiare.

Allora ......... la borsa e ......... in fretta verso l'uscita, mentre lei lo ......... senza capire la ragione per cui non ......... fare colazione.

Quando ......... in ufficio, Ferdinando ......... al tavolo di lavoro e subito ......... una bella sorpresa: la segretaria, elegante e ben pettinata, gli ......... con un bel sorriso un caffè fumante.

andare
avere
avere
avviarsi
entrare
gettare
giungere
guardare
passare
portare
prendere
sedersi
vedere
volere

**2. Conversazioni**

| | | |
|---|---|---|
| 1. | Come mai hai deciso di andare in Italia? | Come mai ha deciso di andare in Italia? |
| | Per vedere il paese *in cui* sono nati i miei nonni. | Per vedere il paese *nel quale* sono nati i miei nonni. |
| | È solo questa la ragione *per cui* ci vuoi andare? | È solo questa la ragione *per la quale* ci vuole andare? |
| | No, vorrei visitare alcune città, *tra cui* naturalmente Roma. | No, vorrei visitare alcune città, *tra le quali* naturalmente Roma. |
| 2. | È sempre così occupata, signora? | È sempre così occupata, signora? |
| | Eh, sì, ho tante cose *a cui* badare. | Eh, sì, ho tante cose *alle quali* badare. |
| | E deve fare tutto da sola? | E deve fare tutto da sola? |
| | L'unica persona *su cui* potrei contare è mio marito, ma non è mai a casa. | L'unica persona *sulla quale* potrei contare è mio marito, ma non è mai a casa. |

**3. Leggete la seguente storia e poi provate a ripeterla alla III persona singolare (John) e alla III plurale (John e Mary):**

«Quando il treno giunse a Napoli scesi per primo e corsi a cercare un taxi.
Chiesi ad un tassista se era libero e per fortuna mi rispose di sì.
Prima di salire gli chiesi il prezzo della corsa fino al Vomero e quando lo seppi rimasi piuttosto sorpreso.
Allora il tassista mi disse che se volevo risparmiare dovevo accettare di andare insieme ad un'altra persona.
Scelsi quella soluzione e così spesi la metà di quanto avrei speso da solo.»

**4. Completate i dialoghi secondo il modello:**

Quando rendesti i soldi a Marta?
Glieli *resi* quasi subito.

1. A che ora giungesti a Zurigo l'ultima volta?
   Ci ........... alle due di notte.

2. Quale lingua scegliesti alla scuola media?
   ........... l'inglese.

3. Rimanesti molto tempo a Parigi quell'anno?
   Ci ........... un mese.

4. Cosa rispondesti a Marco in quella occasione?
   Gli ........... che secondo me aveva ragione Luigi.

5. Quella volta per andare a Milano prendesti l'aereo?
   No, ........... il treno perché l'aeroporto era chiuso per la nebbia.

## 5. Completate i seguenti dialoghi secondo il modello:

Gianni è un caro ragazzo.
Infatti è l'amico *con cui* mi trovo meglio.

1. Tua sorella ti aiuta?
   Sì, è la sola persona ........... posso contare.

2. Ha viaggiato molto?
   Sì, ho visto tanti paesi, ........... anche l'Australia.

3. Roma è davvero bella!
   Sì, è la città ........... vorrei vivere.

4. Ho sentito che il dottor Bianchi è molto bravo.
   Sì, è il medico ........... vado sempre anch'io.

5. Chissà perché Antonio ha smesso di studiare?
   Le ragioni ........... ha smesso sono diverse.

## 6. Ed ora trasformate le frasi secondo il modello:

Gianni è l'amico con cui mi trovo meglio.
Gianni è l'amico *con il quale* mi trovo meglio.

1. Mia sorella è la sola persona su cui posso contare.
   ..........................................................................................................

2. Ho visto tanti paesi, tra cui anche l'Australia.
   ..........................................................................................................

3. Roma è la città in cui vorrei vivere.
   ..........................................................................................................

4. Il dottor Bianchi è il medico da cui vado sempre anch'io.
   ..........................................................................................................

5. Le ragioni per cui Antonio ha smesso di studiare sono diverse.
   ..........................................................................................................

## II.2. Intervista con un emigrato italiano

*Giornalista* Da quanto tempo si è stabilito in Germania?
*Emigrato* Da parecchi anni.

1

*Giornalista* Perché decise di emigrare?
*Emigrato* Perché in Calabria c'era poco lavoro.

2

*Giornalista* Che mestiere faceva lì?
*Emigrato* Il muratore, come qui.

3

*Giornalista* Ebbe difficoltà a sistemarsi?
*Emigrato* No, per fortuna trovai subito lavoro.

4

*Giornalista* Torna spesso in Italia?
*Emigrato* Normalmente una volta all'anno per rivedere i parenti.

5

*Giornalista* Non pensa di ritornarci definitivamente?
*Emigrato* Sì, ma solo quando andrò in pensione.

6

---

*Giornalista* Dunque è soddisfatto della vita che conduce qui?
*Emigrato* Sì, i vantaggi sono tanti, ma ci sono anche dei problemi.

7

---

*Giornalista* Vuol dire che si sente straniero sia qui che in patria?
*Emigrato* Questo è il punto. Non sono né carne né pesce.

8

---

*Giornalista* Non parliamo poi dei figli!
*Emigrato* Già, loro hanno anche problemi con la scuola. ◎

9

---

**1. Rispondete alle seguenti domande:**

1. Perché l'emigrato decise di partire per la Germania?
2. Che mestiere faceva in Calabria?
3. Ebbe difficoltà a sistemarsi in Germania?
4. Per quale ragione torna in Italia una volta all'anno?
5. Quando pensa di ritornarci definitivamente?
6. Quali sono i problemi di cui parla?
7. Potrebbe spiegare il senso che prende in questo caso l'espressione «non sono né carne né pesce»?

## III.1. Riflessione grammaticale

1.

| - *are* | | - *ere* | | - *ire* | |
|---|---|---|---|---|---|
| and | ai<br>asti<br>ò<br>ammo<br>aste<br>arono | cred | ei (-etti)<br>esti<br>é (-ette)<br>emmo<br>este<br>erono (-ettero) | part<br>fin | ii<br>isti<br>ì<br>immo<br>iste<br>irono |

2.

| *avere* | *essere* |
|---|---|
| ebbi<br>avesti<br>ebbe<br>avemmo<br>aveste<br>ebbero | fui<br>fosti<br>fu<br>fummo<br>foste<br>furono |

3.

| *-dere* | | *-ndere* | |
|---|---|---|---|
| chie<br>chiu<br>deci | si<br>desti<br>se<br>demmo<br>deste<br>sero | pre<br>re<br>rispo<br>sce<br>spe | si<br>ndesti<br>se<br>ndemmo<br>ndeste<br>sero |

| *-cere* | | *-gere* | |
|---|---|---|---|
| convin | si<br>cesti<br>se<br>cemmo<br>ceste<br>sero | giun | si<br>gesti<br>se<br>gemmo<br>geste<br>sero |

| | | | | |
|---|---|---|---|---|
| correre →<br>rimanere → | cor<br>rima | si<br>se<br>sero | corr<br>riman | esti<br>emmo<br>este |

4.

| | | | | |
|---|---|---|---|---|
| dire →<br>leggere →<br>scrivere →<br>vivere → | di<br>le<br>scri<br>vi | ssi<br>sse<br>ssero | dic<br>legg<br>scriv<br>viv | esti<br>emmo<br>este |

5.

| | | | |
|---|---|---|---|
| bere → | bevvi | bevve | bevvero |
| cadere → | caddi | cadde | caddero |
| conoscere → | conobbi | conobbe | conobbero |
| piacere → | piacqui | piacque | piacquero |
| piovere → | | piovve | |
| rompere → | ruppi | ruppe | ruppero |
| sapere → | seppi | seppe | seppero |
| tenere → | tenni | tenne | tennero |
| volere → | volli | volle | vollero |

6.

| *fare* | *dare* | *stare* | *mettere* | *vedere* |
|---|---|---|---|---|
| feci | diedi (detti) | stetti | misi | vidi |
| facesti | desti | stesti | mettesti | vedesti |
| fece | diede (dette) | stette | mise | vide |
| facemmo | demmo | stemmo | mettemmo | vedemmo |
| faceste | deste | steste | metteste | vedeste |
| fecero | diedero (dettero) | stettero | misero | videro |

**Osservate!**

| io | lui | loro |
|---|---|---|
| -i | -e | -ero |

7.a.

<table>
<tr><td rowspan="2">È</td><td>l'amico</td><td rowspan="4">con</td><td rowspan="4">cui</td><td rowspan="4">mi trovo meglio</td></tr>
<tr><td>l'amica</td></tr>
<tr><td rowspan="2">Sono</td><td>gli amici</td></tr>
<tr><td>le amiche</td></tr>
</table>

7.b.

<table>
<tr><td rowspan="2">È</td><td>l'amico</td><td rowspan="4">con</td><td>il</td><td rowspan="2">quale</td><td rowspan="4">mi trovo meglio</td></tr>
<tr><td>l'amica</td><td>la</td></tr>
<tr><td rowspan="2">Sono</td><td>gli amici</td><td>i</td><td rowspan="2">quali</td></tr>
<tr><td>le amiche</td><td>le</td></tr>
</table>

7.c.

<table>
<tr><td rowspan="3">È la persona</td><td>a</td><td rowspan="7">cui</td><td>voglio più bene</td></tr>
<tr><td>di</td><td>ho bisogno in questo momento</td></tr>
<tr><td>da</td><td>ho ricevuto tanti favori</td></tr>
<tr><td rowspan="4">Sono le persone</td><td>in</td><td>ho più fiducia</td></tr>
<tr><td>su</td><td>posso contare sempre</td></tr>
<tr><td>con</td><td>vado più d'accordo</td></tr>
<tr><td>per</td><td>mi preoccupo di più</td></tr>
</table>

7.d.

<table>
<tr><td rowspan="4">È la persona</td><td>alla</td><td rowspan="4">quale</td><td>voglio più bene</td></tr>
<tr><td>della</td><td>ho bisogno in questo momento</td></tr>
<tr><td>dalla</td><td>ho ricevuto tanti favori</td></tr>
<tr><td>nella</td><td>ho più fiducia</td></tr>
<tr><td rowspan="4">Sono le persone</td><td>sulle</td><td rowspan="4">quali</td><td>posso contare sempre</td></tr>
<tr><td>con le</td><td>vado più d'accordo</td></tr>
<tr><td>per le</td><td>mi preoccupo di più</td></tr>
<tr><td>tra le</td><td>mi trovo meglio</td></tr>
</table>

**III.2. Raccontate il contenuto del dialogo fra Carlo e Frank ricordando i seguenti punti:**

origine italiana / Frank e suo padre / i nonni / piccolo paese della Sicilia / California / sistemarsi / nonno e nonna morire / tornare in Italia / padre e madre / viaggio di nozze / Frank in Italia / motivo /

**III.3. Rispondete alle seguenti domande:**

1. Nel Suo paese ci sono persone di origine italiana?
2. Conosce qualche famiglia con un cognome italiano?
3. Lei sa quanti sono gli italiani che vivono all'estero per lavoro?
4. Lei è di origine italiana? Se sì, da quale parte dell'Italia è emigrata la Sua famiglia?

**III.4.a. Se siete di origine italiana, raccontate come, quando e perché i vostri nonni o i vostri genitori hanno deciso di emigrare nel paese in cui vivete.**

**III.4.b. Se non siete di origine italiana, raccontate la storia di qualche conoscente che è emigrato nel vostro paese.**

**III.4.c. Se non potete raccontare né l'una né l'altra storia, parlate del vostro caso (se siete nati nella città in cui vivete, se da bambini o da adulti avete cambiato città, ecc.).**

## IV Esercizio di pronuncia e intonazione

1. *Le doppie consonanti* (bb, cc, ff, gg, ll, mm, nn, pp, rr, ss, tt, zz)

I miei nonni emigrarono cinquant'anni fa.

Ebbero abbastanza difficoltà a sistemarsi.

Andammo in Inghilterra in viaggio di nozze.

Ci piacque molto Assisi.

Credetti opportuno non dire niente a Gianni.

Il dottor Sarti ebbe un incidente con la macchina.

In Giappone comprai della stoffa di seta.

Paolo andò a New York perché il prezzo del viaggio era conveniente.

Quando Ferdinando entrò, sua moglie non gli gettò neppure uno sguardo.

Graziella è sempre tanto occupata.

2. *Frasi interrogative*

Da dove venivano i tuoi nonni?

Ebbero difficoltà a sistemarsi in California?

Sono ancora vivi tutti e due?

Tornarono mai in Italia?

Andasti tu a prendere Franco all'aeroporto?

Parlasti con Sandro del tuo problema?

In che anno finì l'università, dottore?

Sai se ci sono delle borse di studio per l'Inghilterra?

Come mai ha deciso di andare in Italia?

È sempre così occupata, signora?

3. *Frasi esclamative*

Ora capisco perché guida sempre sua moglie!

Beato lui!

Che strano modo di scegliere un posto per le vacanze!

Certo! Io dico sempre la verità!

Roma è davvero bella!

# V Test

**1. Completetate le frasi con i pronomi «che», «cui», «quale», secondo il senso:**

1. Il letto su ........... ho dormito in albergo era molto comodo, per ........... mi sono riposato bene.
2. Vorrei andare a vedere il film ........... danno al cinema Odeon.
3. Abbiamo letto molti libri interessanti, tra i ........... anche uno sulla storia d'Italia.
4. Tanti anni fa Pietro mi prestò i soldi di ........... avevo bisogno per fare un viaggio di studio.
5. Maria è una persona alla ........... si può dire tutto, perché non va a raccontarlo agli altri.

**2. Completate le parole con le lettere mancanti:**

1. Dante na...........e a Firenze nel 1265.
2. Quella sera Franco bev...........e troppo e poi st........... e male fino al giorno dopo.
3. La prima volta che andò a sciare, Marta ca...........e e si r...........p...........e una gamba.
4. Chie...........r........... a Giulio se potevano prendere la sua macchina e lui risp........... subito di sì.
5. Appena s...........pi che davano l'ultimo film di Fellini cor...........i a vederlo.

**3. Formate delle frasi con le seguenti parole:**

1. mai / paese / stato / Frank / è / nel / non / cui / venivano / da / i / nonni / suoi /
2. cui / prendemmo / l' / treno / per / chiuso / nebbia / era / il / per / aeroporto / la /
3. Marco / su / sempre / e / Laura / sono / unici / gli / cui / contare / amici / posso /
4. molto / a / parte / sono / da / questa / due / tariffe / anni / telefoniche / aumentate / le /
5. Luisa / badare / tante / è / perché / stanca / sempre / cose / cui / ha / a /

**4. Completate le frasi con la preposizione conveniente:**

1. Andammo ........... Francia ........... viaggio ........... nozze.
2. Helga viene ........... una piccola città ........... Germania.
3. Franco fu molto contento ........... regalo che gli facemmo.
4. Quando il treno arrivò ........... Roma, scendemmo ........... primi e corremmo ........... cercare un taxi.
5. Il dottor Rossi è il medico ........... cui vado ........... tanto ........... tanto ........... una visita ........... controllo.

## VI.1. Lamento[1] per il Sud

La luna rossa, il vento, il tuo colore
di donna del Nord, la distesa di neve[2]...
Il mio cuore è ormai su queste praterie
in queste acque annuvolate[3] dalle nebbie.
Ho dimenticato il mare, la grave[4]
conchiglia soffiata dai pastori siciliani,
la cantilena[5] dei carri lungo le strade
dove il carrubo[6] trema nel fumo delle stoppie,[7]
ho dimenticato il passo degli aironi e delle gru[8]
nell'aria dei verdi altipiani
per le terre e i fiumi della Lombardia.
Ma l'uomo grida dovunque la sorte d'una patria.[9]
Più nessuno mi porterà nel Sud.

Oh, il Sud è stanco di trascinare[10] morti
in riva[11] alle paludi[12] di malaria,
è stanco di solitudine, stanco di catene,[13]
è stanco nella sua bocca
delle bestemmie[14] di tutte le razze
che hanno urlato morte con l'eco dei suoi pozzi
che hanno bevuto il sangue del suo cuore.
Per questo i suoi fanciulli[15] tornano sui monti,
costringono i cavalli sotto coltri[16] di stelle,
mangiano fiori d'acacia lungo le piste[17]
nuovamente rosse, ancora rosse, ancora rosse.
Più nessuno mi porterà nel Sud.

Salvatore Quasimodo, *La vita non è sogno*
Mondadori, Milano

**Note**

1. lamento: parole che nascono dal dolore (anche: componimento in versi dettato da un fatto triste); 2. distesa di neve: grande superficie coperta di neve; 3. annuvolate: rese grigie; 4. grave: pesante; 5. cantilena: lento e ritmico ripetersi di rumori; 6. carrubo: tipo di albero; 7. stoppie: ciò che resta dell'erba dopo che è stata tagliata; 8. aironi e gru: tipi di uccello; 9. grida... la sorte d'una patria: vuole avere una patria; 10. trascinare: portare; 11. riva: zona di terra che limita una distesa d'acqua o un fiume; 12. paludi: zone in cui l'acqua resta ferma; 13. catene: simbolo di mancanza di libertà, di schiavitù; 14. bestemmie: parole volgari dette per offendere o maledire; 15. fanciulli: ragazzi; 16. coltri: coperte; 17. piste: strade di montagna.

1

2

1 Greggi al pascolo vicino al tempio di Segesta in Sicilia.

2 Nebbia mattutina alla periferia di Milano.

## VI.2. Test

| | Vero | Falso |
|---|---|---|
| 1. Il Sud di cui parla il poeta è la Sicilia, la terra dove è nato. | □ | □ |
| 2. Il poeta vuole ritornare al Sud. | □ | □ |
| 3. Il Sud è stanco del dominio straniero. | □ | □ |
| 4. Il poeta ama il Nord, dove vive da anni. | □ | □ |
| 5. Anche se sta bene a Milano, il poeta pensa con rammarico alla sua terra. | □ | □ |

# Unità 20

# Fermi tutti, è una rapina!

## I.1.

*Antonio* Dammi il giornale! Voglio vedere cosa dice della rapina a cui ho assistito ieri.

*Lorenzo* Tieni! Leggi ad alta voce, così sento anch'io!

*Antonio* «Banditi armati e a volto scoperto hanno rapinato l'agenzia numero due del Banco di Napoli. Tutto si è svolto nel giro di pochi minuti. Erano circa le dodici. A poca distanza dalla banca si è fermata una Fiat 127 di colore bianco, targata Genova. Sono scesi tre uomini che si sono diretti a passo svelto e sicuro verso la banca.»

*Lorenzo* Ma non avevi detto che i banditi erano due?

*Antonio* Infatti. Forse uno è rimasto fuori.

*Lorenzo* Continua!

*Antonio* «Uno è rimasto a fare da palo e gli altri due sono entrati con le armi in pugno.»

*Lorenzo* Allora avevi ragione tu. Va' avanti!

*Antonio* «Uno dei banditi ha gridato: "Non muovetevi, è una rapina!". Poi ha gettato al cassiere un sacchetto di plastica e gli ha detto: "Non fare scherzi! Mettici tutti i soldi! Riempilo!".»

*Lorenzo* E lui ha ubbidito?

*Antonio* Purtroppo non aveva altra scelta se voleva salvare la pelle.

*Lorenzo* Sentiamo!

## I.2. Esercizi orali

**1. Completate i dialoghi secondo il modello:**

a) Dobbiamo scrivere?
*Sì, scrivete, per favore!*

1. Dobbiamo scrivere?

.................................................................................................................................

2. Dobbiamo scendere?

.................................................................................................................................

3. Dobbiamo smettere?

.................................................................................................................................

| | |
|---|---|
| *Antonio* | «Il cassiere, sotto la minaccia della pistola, si è diretto verso la cassaforte, ha preso tutte le banconote che c'erano e le ha messe nel sacchetto, come gli aveva ordinato di fare il bandito.» |
| *Lorenzo* | Immagino la paura che aveva il cassiere! |
| *Antonio* | Poveretto! Era pallido e tremava come una foglia. |
| *Lorenzo* | Finisci di leggere! |
| *Antonio* | «Appena afferrati i soldi, i banditi sono fuggiti a tutta velocità verso la macchina dove un complice era rimasto ad attenderli con il motore acceso.» |
| *Lorenzo* | E la polizia è riuscita ad arrestarli? |
| *Antonio* | È proprio quello che volevo sapere, Lorenzo. Ma qui non dice niente. ◎ |

b) Che dici, usciamo adesso?
*No, uscite dopo, è meglio.*

1. Che dici, usciamo adesso?

   ..............................................................................................

2. Che dici, partiamo adesso?

   ..............................................................................................

3. Che dici, saliamo adesso?

   ..............................................................................................

4. Che dici, finiamo adesso?

   ..............................................................................................

c) Giocate subito?
Sì, perché?
*Giocate dopo insieme a noi!*

1. Giocate subito?
Sì, perché?
..........................................................................................................

2. Entrate subito?
Sì, perché?
..........................................................................................................

3. Tornate subito?
Sì, perché?
..........................................................................................................

4. Cominciate subito?
Sì, perché?
..........................................................................................................

**2. Formate delle frasi secondo il modello:**

a) Consigliate ad un amico di smettere di fumare.
*Smetti di fumare!*

1. Consigliate ad un amico di smettere di fumare.
..........................................................................................................

2. Consigliate ad un amico di rimanere a casa.
..........................................................................................................

3. Consigliate ad un amico di prendere l'ascensore.
..........................................................................................................

4. Consigliate ad un amico di bere di meno.
..........................................................................................................

b) Chiedete ad un amico di aprire la finestra.
*Apri la finestra, per favore!*

1. Chiedete ad un amico di aprire la finestra.
..........................................................................................................

2. Chiedete ad un amico di finire il discorso.
..........................................................................................................

3. Chiedete ad un amico di partire in treno.
..........................................................................................................

4. Chiedete ad un amico di seguire i consigli del medico.
..........................................................................................................

c) Pregate un amico di continuare a leggere.
*Continua a leggere! Ti prego!*

1. Pregate un amico di continuare a leggere.
........................................................................................................................

2. Pregate un amico di parlare piano.
........................................................................................................................

3. Pregate un amico di aspettare un momento.
........................................................................................................................

4. Pregate un amico di restare ancora un po'.
........................................................................................................................

## 3. Completate i dialoghi secondo il modello:

a) Posso portare il cane?
*Certo! Portalo pure!*

1. Posso portare il cane?
........................................................................................................................

2. Posso finire il vino?
........................................................................................................................

3. Posso scegliere il posto?
........................................................................................................................

4. Posso aprire il televisore?
........................................................................................................................

b) Perché non chiedete il prezzo?
Dici che è meglio?
*Chiedetelo, vi conviene!*

1. Perché non chiedete il prezzo?
Dici che è meglio?
........................................................................................................................

2. Perché non scrivete l'indirizzo?
Dici che è meglio?
........................................................................................................................

3. Perché non prendete il rapido?
Dici che è meglio?
........................................................................................................................

4. Perché non studiate l'inglese?
Dici che è meglio?
........................................................................................................................

## 4. Rispondete alle seguenti domande:

1. A che cosa ha assistito Antonio?
2. Quanti erano i banditi?
3. Che cosa ha fatto uno di loro?
4. E gli altri due cosa hanno fatto?
5. Che cosa ha gridato uno dei banditi?
6. Che cosa ha gettato al cassiere?
7. Che cosa ha fatto il cassiere?
8. Da che cosa si capiva che aveva paura?
9. Chi aspettava in macchina i banditi?

## I.4. Leggete i seguenti dialoghi:

Franco, di' a Giulio di telefonarmi!
Sta' tranquillo, lo farò senz'altro.

Va' piano, è una strada pericolosa!
Se hai paura, guida tu!
Sii un po' più gentile!
Allora smetti di dirmi come devo guidare!
Se hai voglia di litigare, dillo!

Hai fretta?
No, fa' pure con calma!
Mentre mi aspetti, da' uno sguardo al giornale!
Prima dovrei fare una telefonata.
Falla pure!

Sei pronta, Laura?
Abbi pazienza! Ho quasi finito.
Di' un po': ci vuole tanto a prepararsi?
Uff! Non essere noioso!

Per favore, portami la bottiglia di vino che è sulla tavola e un bicchiere.
Subito!
Già che ci sei, vammi a prendere le sigarette!
Dove sono?
Dovrebbero essere nella tasca della giacca.

Se domattina vedi Carla, dille di venire a pranzo da noi.
Diglielo tu, per favore, perché se la invito io, forse non accetta.
Ma io non la vedrò.
Allora telefonale!

Stammi a sentire, Sergio!
Che c'è? Dimmi!
Al posto tuo accetterei quell'offerta di lavoro.
Ma è un lavoro che non mi piace.
Pensaci bene prima di rifiutarlo! Non hai tante altre possibilità.

Come mi vesto per andare a cena fuori?
Mettiti l'abito blu.
Non sarebbe meglio quello grigio?
Fammelo vedere!
Guarda!
Hai ragione. Ha una linea più moderna.

## II.1. Esercizi

**1. Ora immaginate di parlare con un amico e ditegli:**

1. di stare zitto ............................................................................!
2. di avere pazienza ............................................................................!
3. di essere più gentile ............................................................................!
4. di fare presto ............................................................................!
5. di andare piano ............................................................................!

**2. Allo stesso amico consigliate:**

1. di alzarsi prima la mattina ..................................................................!
2. di prendersi una vacanza ..................................................................!
3. di vestirsi bene ..................................................................!
4. di mettersi a lavorare ..................................................................!
5. di spiegarsi meglio ..................................................................!

**3. Completate ora i dialoghi, usando i seguenti verbi: decidersi, ricordarsi, misurarsi, godersi, sbrigarsi**

1. Puoi aspettarmi un momento?
   Sì, ma ........... altrimenti faremo tardi!

2. Non so se accettare o no quel lavoro.
   ..........., se no lo daranno a qualcun altro!

3. Vado a fare la spesa.
   ........... di comprare anche lo zucchero!

4. Penso già al ritorno in città.
   Intanto ........... le vacanze in santa pace!

5. Ho la fronte calda e non mi sento bene.
   ........... la febbre!

## 4. Completate i dialoghi secondo il modello:

Ti serve ancora la penna?
No, non mi serve più.
*Allora dalla a Remo, per favore!*

1. Potresti farmi un piacere?
   Come no!
   Allora ........... a comprare le sigarette, per favore!

2. Pensi di vedere Aldo stasera?
   Sì, ho un appuntamento con lui alle nove.
   Allora ........... di passare da me domattina, per favore!

3. Hai per caso l'ultimo disco di Celentano?
   Sì, ce l'ho.
   Allora ........... sentire, per favore!

4. Come mai Laura non è uscita con te?
   È un po' giù.
   Allora ........... vicino, per favore!

5. Ti posso chiedere un po' di whisky?
   Purtroppo l'ho finito.
   Allora ........... un bicchiere di vino, per favore!

## 5. Leggete i seguenti dialoghi:

Abbiamo pensato di andare da Carlo.
Non uscite con questo tempo!
Non è poi tanto brutto.
No, ma fa un freddo da cani.

Possiamo vedere il tuo nuovo televisore?
Sì, ma non toccatelo, per favore!

Ci piacerebbe fare quattro chiacchiere con Anna.
Non disturbatela; in questo momento è occupata.

Credi che potremmo chiedere la macchina a Mario?
Non chiedetegliela: so già che non ve la darà.
Perché?
È più geloso della macchina che della moglie!

## 6. Ora completate i dialoghi secondo il modello:

a) È presto per uscire?
*Sì, non uscite ancora!*

1. È presto per uscire?
.................................................................................................
2. È presto per cominciare?
.................................................................................................
3. È presto per smettere?
.................................................................................................
4. È presto per entrare?
.................................................................................................
5. È presto per scendere?
.................................................................................................

b) Dobbiamo cercare il libro?
*No, non cercatelo: l'ho già cercato io.*

1. Dobbiamo cercare il libro?
.................................................................................................
2. Dobbiamo chiamare il medico?
.................................................................................................
3. Dobbiamo ordinare il pranzo?
.................................................................................................
4. Dobbiamo comprare il vino?
.................................................................................................
5. Dobbiamo chiedere il prezzo?
.................................................................................................

## 7. Leggete i seguenti dialoghi:

Insomma, quando ti deciderai a mettere la testa a posto?
Ti prego, non ricominciare con i soliti discorsi!
Ricordati che non sei più un ragazzino!

Ti prego, non raccontare a nessuno ciò che ti ho detto!
Non avere paura, lo terrò per me!

Una ragazza per bene non esce da sola di notte, Lucia!
Non essere ridicolo, papà! I tempi sono cambiati!

Non bere più, Carlo! Devi ancora pranzare.
Non preoccuparti! Sono ancora lucido.

Non partire in macchina, Alberto! Prendi il treno!
Non insistere, Paola! Tanto non cambio idea.

Che dici: lo compro o no quel vestito?
No, non comprarlo, è troppo caro!

Posso raccontare a Lucia quello che mi hai detto?
No, non dirle niente, per favore!

Ti devo accompagnare in macchina?
No, grazie, non disturbarti!
Non fare complimenti! Per me non è nessun disturbo.

Per il suo compleanno vorrei regalare a Carlo una bottiglia di liquore.
Ti prego, non regalargliela: beve già troppo!

**8. Ora immaginate di parlare con una persona amica e ditele:**

1. che non deve fumare troppo ..................................................!
2. che non deve uscire da sola ..................................................!
3. che non deve bere tanto caffè ..................................................!
4. che non deve parlare forte ..................................................!
5. che non deve prendere tante medicine ..................................................!

**9. Alla stessa persona consigliate:**

1. di non preoccuparsi ..................................................................................!
2. di non allontanarsi ..................................................................................!
3. di non trattenersi ..................................................................................!
4. di non arrabbiarsi ..................................................................................!
5. di non stancarsi ..................................................................................!

**10. Ed ora completate i dialoghi secondo il modello:**

Devo comprare il giornale?
*No, non comprarlo: lo compro io.*

1. Devo comprare il giornale?
.......................................................................................................:.......................

2. Devo preparare il pranzo?
.......................................................................................................:.......................

3. Devo chiudere la porta?
.......................................................................................................:.......................

4. Devo prenotare i posti?
.......................................................................................................:.......................

5. Devo chiamare il taxi?
.......................................................................................................:.......................

## 11. Leggete i seguenti dialoghi:

Beh, com'è andata, Paolo? Bene, come prevedevo.
Hai fatto come ti avevo consigliato io?
No, ho preferito fare come mi aveva consigliato Giulio.
Perché?
Perché quello che mi avevi consigliato tu non mi convinceva.

| *consigliare* | |
|---|---|
| avevo<br>avevi<br>aveva<br>avevamo<br>avevate<br>avevano | consigliato |

---

È pericoloso andare in giro con tanti soldi.
Certo, si corre il rischio di perderli.
O di subire un furto. A te è già accaduto?
Sì, mi hanno rubato il portafoglio.
Dove è successo? In autobus.
E non ti sei accorto subito?
No, me ne sono accorto dopo che ero sceso.

| *scendere* | |
|---|---|
| ero<br>eri<br>era | sceso, a |
| eravamo<br>eravate<br>erano | scesi, e |

## 12. Ed ora completate i dialoghi secondo il modello:

a) Quando siete arrivati, Franco doveva ancora pranzare?
*No, aveva già pranzato.*

1. Quando siete arrivati, Franco doveva ancora pranzare?
.....................................................................................................
2. Quando siete arrivati, Franco doveva ancora finire?
.....................................................................................................
3. Quando siete arrivati, Franco doveva ancora decidere?
.....................................................................................................

b) Quando siete arrivati, Marta era già uscita?
*No, non era ancora uscita.*

1. Quando siete arrivati, Marta era già uscita?
.....................................................................................................
2. Quando siete arrivati, Marta era già entrata?
.....................................................................................................
3. Quando siete arrivati, Marta era già ritornata?
.....................................................................................................

c) Quando hai telefonato, loro dovevano ancora alzarsi?
*No, si erano appena alzati.*

1. Quando hai telefonato, loro dovevano ancora alzarsi?
.....................................................................................................
2. Quando hai telefonato, loro dovevano ancora vestirsi?
.....................................................................................................
3. Quando hai telefonato, loro dovevano ancora sistemarsi?
.....................................................................................................

## II.2. Attenti ai ladri!

*Aldo* Mi hanno rubato la radio dalla macchina.

*Remo* Hanno forzato la serratura?
*Aldo* No, hanno rotto il vetro.

*Remo* Ti hanno fatto un bel danno!
*Aldo* Sì, e per di più hanno strappato i fili.

*Remo* C'erano altre cose in macchina?
*Aldo* La borsa, ma per fortuna i ladri non hanno notato che l'avevo nascosta sotto il sedile.

*Remo* Hai fatto la denuncia alla polizia?
*Aldo* Sì, ma ci sono poche speranze di ritrovare la radio.

*Remo* Comunque sei assicurato contro i furti, no?
*Aldo* Sì, ma la radio non è compresa nell'assicurazione.
*Remo* Già! Che stupido, non ci avevo pensato!

### II.3. Rispondete alle seguenti domande:

1. Che cosa è successo ad Aldo?
2. Come hanno fatto i ladri a rubare la radio?
3. Che cosa hanno fatto, oltre a rompere il vetro?
4. Perché non hanno rubato anche la borsa?
5. Che cosa è andato a fare Aldo dopo che aveva scoperto il furto?

## III.1. Riflessione grammaticale

1.

| | | | | | |
|---|---|---|---|---|---|
| *leggere* | Tu, Marco, | leggi | poco. | Leggi | di più! |
| | Voi, ragazzi, | leggete | poco. | Leggete | di più! |
| *dormire* | Tu, Marco, | dormi | troppo poco. | Dormi | di più! |
| | Voi, ragazzi, | dormite | troppo poco. | Dormite | di più! |
| *finire* | Tu, Marco, | finisci | sempre tardi. | Finisci | per tempo! |
| | Voi, ragazzi, | finite | sempre tardi. | Finite | per tempo! |
| *pensare* | Voi, ragazzi, | pensate stessi. | solo a voi | Pensate | anche agli altri! |
| | Tu, Marco, | pensi stesso. | solo a te | Pensa | anche agli altri! |

2.

| | | | | |
|---|---|---|---|---|
| Marco, perché | guardi | lì? | Guarda | qui! |
| | fumi | tanto? | Fuma | di meno! |
| | parli | forte? | Parla | più piano! |
| | giochi | al calcio? | Gioca | a tennis! |

3.

| essere | | | avere | |
|---|---|---|---|---|
| Marco, | sii | più gentile! | Abbi | pazienza! |
| Ragazzi, | siate | più gentili! | Abbiate | pazienza! |

4.

| | | |
|---|---|---|
| Per andare a cena fuori, | mettiti<br>mettetevi | l'abito blu! |
| Quel libro è interessante: | leggilo!<br>leggetelo! | |
| Maria non ha le sigarette: | compragliele!<br>compratergliele! | |

5.

| | | | | | |
|---|---|---|---|---|---|
| (voi) | Ragazzi, | pensate | anche agli altri! | Non pensate | solo a voi stessi! |
| | | leggete | qualche libro! | Non leggete | solo i giornali! |
| | | dormite | di meno! | Non dormite | tanto! |
| | | finite | per tempo! | Non finite | sempre tardi! |
| (tu) | Marco, | pensa | anche agli altri! | Non pensare | solo a te stesso! |
| | | leggi | qualche libro! | Non leggere | solo i giornali! |
| | | dormi | di meno! | Non dormire | tanto! |
| | | finisci | per tempo! | Non finire | sempre tardi! |

6.

| | | | |
|---|---|---|---|
| (voi) | Ragazzi, | questo liquore è forte,<br>posso fare da solo,<br>quelle sigarette sono mie, | non bevetelo!<br>non disturbatevi!<br>non fumatemele tutte! |
| (tu) | Marco, | questo liquore è forte,<br>posso fare da solo,<br>quelle sigarette sono mie, | non berlo!<br>non disturbarti!<br>non fumarmele tutte! |

7.

| | | |
|---|---|---|
| | Perché parliamo tutti insieme?<br>Perché prendiamo un altro caffè?<br>Perché sentiamo solo la musica? | Parliamo uno alla volta!<br>Prendiamo qualcos'altro!<br>Sentiamo anche le notizie! |
| | Parliamo uno alla volta!<br>Prendiamo qualcos'altro!<br>Sentiamo anche le notizie! | Non parliamo tutti insieme!<br>Non prendiamo un altro caffè!<br>Non sentiamo solo la musica! |
| (noi) | È quasi ora di uscire:<br>C'è un bel concerto alla radio:<br>Maria non ha le sigarette: | prepariamoci!<br>sentiamolo!<br>compriamogliele! |
| | In fondo non è successo nulla:<br>Questa scatola ci può servire:<br>Sandro è geloso della macchina: | non arrabbiamoci per così poco!<br>non buttiamola!<br>non chiediamogliela! |

8.

| | | | |
|---|---|---|---|
| Va' | alla festa! | Vacci, | ti divertirai! |
| Non andare | | Non andarci, | ti annoierai! |
| Da' | l'esame! | Dallo | senza paura! |
| Non dare | | Non darlo, | non sei pronto! |
| Di' | ciò che sai! | Dillo | a me! |
| Non dire | | Non dirlo | a nessuno! |
| Fa' | i biglietti! | Falli | anche per noi! |
| Non fare | | Non farli, | li abbiamo già fatti noi! |
| Sta' | a letto! | Stacci, | se hai la febbre! |
| Non stare | | Non starci, | se non hai la febbre! |

9.

La radio non è compresa nell'assicurazione.
Che stupido! *Non ci avevo pensato*!

Il cassiere *ha fatto* ciò che gli *aveva ordinato* il bandito.

*Hai fatto* come ti *avevo consigliato*?

Franco *aveva* già *mangiato* quando *siamo arrivati*.

Loro *si erano* appena *alzati* quando *ho telefonato*.

Marta *non era* ancora *uscita* quando loro *arrivarono*.

*Siamo arrivati* dopo che Franco *aveva mangiato*.

I ladri *non hanno notato* che Aldo *aveva nascosto* la borsa.

10.

| *Prima del passato* | *Passato* |
|---|---|
| aveva ordinato | ha fatto |
| ti avevo consigliato | hai fatto |
| aveva mangiato | siamo arrivati |
| si erano alzati | ho telefonato |
| non era uscita | arrivarono |
| aveva nascosto | non hanno notato |

**III.2. Raccontate il contenuto del dialogo fra Antonio e Lorenzo, ricordando i seguenti punti:**

Banditi / volto scoperto / rapina / agenzia Banco di Napoli / Fiat 127 / palo / armi in pugno / cassiere / sacchetto di plastica / pistola / banconote / tremare come una foglia / afferrare i soldi / fuggire / complice /

**III.3. Rispondete alle seguenti domande:**

1. Nel Suo paese ci sono molte rapine alle banche?
2. La Sua banca ha mai subito una rapina?
3. I giornali parlano di questi fatti?
4. Parlano anche di ciò che accade in Italia?
5. Saprebbe spiegare qual è la differenza fra rapina e furto?
6. Lei ha mai subito un furto? Che cosa Le hanno rubato?

**III.4.a. Quasi sicuramente non avete assistito ad una rapina, ma forse avete letto sui giornali alcuni fatti simili. Raccontate, allora, uno di quelli che vi hanno colpito di più.**

**III.4.b. Se, invece, avete assistito ad una rapina, raccontate come si sono svolti i fatti.**

## IV Esercizio di pronuncia e intonazione

1. *Le doppie consonanti* (bb, cc, ff, gg, ll, mm, nn, pp, ss, tt, zz)

Dammi il giornale!

Leggi ad alta voce, così sento anch'io!

Tre uomini si sono diretti a passo svelto verso la banca.

Il bandito ha gettato al cassiere un sacchetto di plastica.

Ha detto: «Mettici tutti i soldi!».

Sotto la minaccia della pistola il cassiere ha ubbidito.

Poveretto! Era pallido e tremava come una foglia!

Appena afferrati i soldi, i banditi sono fuggiti
a tutta velocità.

Stammi a sentire, Anna!

Se vedi Emma, dille di aspettare!

Sta' un po' zitto, Lucio!

Posso dare il tuo indirizzo a Giuseppe?

2. «p» / «b»

Banditi armati di pistola hanno rapinato una banca.

Uno è rimasto a fare da palo.

Gli altri sono entrati con le armi in pugno.

Un bandito ha ordinato di riempire di banconote un sacchetto.

Il cassiere ha ubbidito per salvare la pelle.

Era pallido dalla paura.

Abbi pazienza, Paola!

Portami la bottiglia di vino e un bicchiere!

Pensaci bene prima di rifiutare quel posto!

Non essere ridicolo, papà! I tempi sono cambiati!

Non bere più, Carlo!

Per rubare la radio hanno strappato i fili.

Che stupido! Non ci avevo pensato!

3. **Č / Ğ**

Leggi a voce alta! Hanno rapinato un'agenzia della Banca Commerciale.

Tutto si è svolto nel giro di pochi minuti.

I tre banditi sono fuggiti con un complice che li aspettava con il motore acceso.

Sii un po' più gentile, Lucia!

Vammi a prendere i cerini nella tasca della giacca!

Lasciami leggere in santa pace!

Hai fatto la denuncia alla polizia?

Se vuoi andare alla festa, vacci pure! ◎

## V Test

**1. Completate le seguenti frasi, secondo il senso:**

1. Carlo arriva fra poco, ma io non posso aspettarlo: ...... tu, per favore!
2. Se vuoi cambiare la macchina, ...... subito, perché presto i prezzi aumenteranno.
3. Quando vedi Lucia, ...... che avrei bisogno di parlare con lei.
4. Appena finisci di leggere il giornale, ......, perché non l'ho ancora visto.
5. Carla non può andare a fare la spesa: ...... tu, per favore!

**2. Cambiate le seguenti frasi dalla forma positiva alla forma negativa:**

1. Se puoi, aspetta! ..........................................
2. Se quel libro ti serve, prendilo! ..........................................
3. Quel film è interessante: vallo a vedere! ..........................................
4. Mettiti il vestito rosso: ti sta bene! ..........................................
5. Se siete stanchi, fermatevi! ..........................................

**3. Completate la seguente storia al passato:**

Ieri Antonio (incontrare) ...... per caso un suo vecchio compagno di scuola. L'ultima volta i due amici (vedersi) ...... alla festa di laurea di Antonio e poi (perdersi) ...... di vista. Naturalmente (avere) ...... molte cose da dirsi, così (decidere) ...... di pranzare insieme. (Tornare) ...... nella trattoria in cui (andare) ...... tante volte da studenti, e, con piacere misto a sorpresa, (scoprire) ...... che (rimanere) ...... tale e quale (ricordarla)......

Durante il pranzo Antonio (chiedere) ...... all'amico di raccontargli che cosa (fare) ...... in tutti quegli anni. Così (sapere) ...... che per ragioni di famiglia (dovere) ...... lasciare gli studi e cercare un lavoro e che (sposarsi) ...... e (avere) ...... due figli.

**4. Completate le frasi con le parole mancanti:**

1. La rapina si è svolta ...... di pochi minuti.
2. Due banditi sono entrati con le armi in ...... e l'altro è rimasto fuori a fare ......
3. Sta' tranquilla: terrò ...... me ciò che mi hai raccontato.
4. Al ...... tuo, non rifiuterei quell'offerta di lavoro.
5. Basta di bere, Francesco; hai già bevuto abbastanza e non sei più tanto ......

**5. Ed ora fate il test n. 10 che si trova in fondo al libro.**

## VI.1. L'hobby del buon bicchiere

Per tutto il mese di settembre hanno osservato[1] il cielo sereno con grande compiacimento.[2] Durante gli ultimi dieci giorni qualcuno però cominciava ad augurarsi[3] qualche goccia d'acqua[4]: «Una pioggerella[5] autunnale[6]», mormorava con aria di cospirazione,[7] «non violenta e senza grandine. Giusto per[8] lavare i grappoli e ingrassare gli acini».[9] La risposta era quasi sempre la stessa, pronunciata sotto voce, quasi per scaramanzia[10]: «Certo, un po' d'acqua e poi subito il sole, per completare l'opera».
I desideri sono stati esauditi[11] e subito sono cominciate le telefonate, le visite alle vigne,[12] gli scambi di opinioni, la corsa alle damigiane,[13] ai tappi,[14] alle bottiglie. Al motto di «Anche il '79 sarà un anno da ricordare», la schiera sempre più fitta[15] degli appassionati del vino si è rimessa[16] in movimento.
Chi ha già una cantina[17] fornita[18] fa l'inventario delle bottiglie,[19]

1

1 Alcune fra le tante prestigiose etichette della produzione vinicola italiana. I vini italiani più pregiati vengono esportati in tutto il mondo.

confronta giudizi e assaggi e si prepara ai nuovi acquisti.[20] Chi comincia adesso, dà la caccia[21] a libri e manuali per apprendere[22] tutto sul vino, per non sfigurare[23] nei salotti, per poter mettere in tavola il vino giusto, alla temperatura giusta, nel bicchiere giusto. Iniziata[24] non più di cinque-sei anni fa, sotto la spinta[25] del ritorno alla natura e alle buone cose genuine,[26] la passione per il vino sta conquistando[27] gli italiani. L'entusiasmo per la vendemmia[28] del '78 e l'ottimismo per quella del '79 hanno fatto il resto e il vino, oggi, può essere considerato l'hobby nazionale per eccellenza.
Se è in continuo aumento la massa di chi il vino lo beve[29] per puro piacere, ancora di più lo è il numero[30] di coloro che il vino vogliono farlo, conservarlo, conoscerlo.[31]

riduz. da Francesca Oldrini, *Beviamoci sopra*, in «Panorama», 29 ottobre 1979

**Note**

1. hanno osservato: il soggetto è «le persone che hanno questo hobby»; 2. compiacimento: soddisfazione; 3. augurarsi: sperare; 4. qualche goccia d'acqua: un po' di pioggia; 5. pioggerella: pioggia leggera; 6. autunnale: d'autunno (l'autunno è, insieme all'inverno, alla primavera e all'estate, una delle stagioni); 7. mormorava con aria di cospirazione: diceva a bassa voce, come per stabilire un accordo segreto; 8. Giusto per...: soltanto per...; 9. acini: frutti della vite, disposti a grappolo; 10. per scaramanzia: per tenere lontana la cattiva fortuna; 11. I desideri sono stati esauditi: finalmente è arrivata la pioggia; 12. vigne: terreni coltivati a viti; 13. damigiane: grandi recipienti di vetro per conservare il vino; 14 tappi: oggetti che servono per chiudere le bottiglie o le damigiane; 15. la schiera sempre più fitta: il grande numero sempre in aumento; 16. si è rimessa: si è messa di nuovo; 17. cantina: locale in cui si conserva il vino; 18. fornita: piena di damigiane o bottiglie; 19. fa l'inventario delle bottiglie: le conta; 20. si prepara ai nuovi acquisti: si prepara a comprare altro vino; 21. dà la caccia: corre a cercare; 22 apprendere: imparare; 23. sfigurare: fare brutta figura; 24. Iniziata: cominciata; 25. sotto la spinta: sotto lo stimolo; 26. genuine: naturali, autentiche; 27. sta conquistando: prende in questo momento (per la forma «sta + gerundio», vedere la unità 25); 28. vendemmia: raccolta dell'uva; 29. la massa di chi il vino *lo* beve...: la presenza del pronome è dovuta all'inversione dell'ordine naturale dei singoli elementi della frase, che sarebbe: la massa di chi beve il vino...; 30. ancora di più *lo* è il numero...: in questo caso *lo* sta per «in continuo aumento»; 31. di coloro che il vino vogliono far*lo*, conservar*lo*, conoscer*lo*: vedere nota 28 (l'ordine naturale sarebbe: di coloro che vogliono fare, conservare, conoscere il vino).

## VI.2. Test

| | Vero | Falso |
|---|---|---|
| 1. Fare il vino è oggi l'hobby di molti italiani. | □ | □ |
| 2. Le vigne sono locali in cui si conserva il vino. | □ | □ |
| 3. La passione per il vino è nata sotto la spinta del ritorno alla natura e alle cose genuine. | □ | □ |
| 4. Gli acini d'uva sono disposti a grappolo. | □ | □ |
| 5. La massa di chi non beve il vino è in continua diminuzione. | □ | □ |

# Unità 21 Il mio paese

**I.1.**

*Piero* Hai visto? All'improvviso il sole è sparito dietro le nuvole. Sono sicuro che fra poco scoppierà un temporale.

*Hassan* Non mi sorprenderebbe! Da quando sono arrivato qui, sono state rare le belle giornate.

*Piero* Nel tuo paese il clima è migliore?

*Hassan* Sì, è piuttosto mite. La temperatura non scende mai sotto i dieci gradi.

*Piero* Neppure d'inverno?

*Hassan* No, laggiù l'inverno è come qui l'autunno.

*Piero* D'estate fa molto caldo?

*Hassan* Sì, molto.

*Piero* Che bello! È proprio il clima adatto per me che non sopporto il freddo.

*Hassan* Benissimo! Allora ti invito sin da ora a trascorrere qualche giorno a casa mia.

*Piero* Sei molto gentile, ma non so se potrò accettare il tuo invito.

*Hassan* Ti assicuro che vale la pena di vedere il mio paese.

*Piero* Purtroppo non dipende dalla mia volontà, ma dagli impegni che ho.

*Hassan* Devi fare di tutto per venirci!

*Piero* Certamente! Sarei molto interessato. Comunque nel frattempo mi piacerebbe sapere qualcosa di più sul tuo paese. Com'è il paesaggio, per esempio?

*Hassan* È magnifico. Ci sono delle pianure molto vaste e delle colline bellissime.

*Piero* Avete molte autostrade?

*Hassan* No, purtroppo ne abbiamo pochissime.

*Piero* Su che cosa si basa l'economia del paese?

*Hassan* Quasi unicamente sull'agricoltura.

*Piero* So che negli ultimi anni sono sorte diverse industrie con capitali stranieri.

*Hassan* Sì, è vero. Qualche anno fa i giornali dicevano inoltre che sarebbero sorte delle fabbriche con il contributo dello stato, ma ti confesso che non so come è andata a finire.

*Piero* Sono certo che da voi non esiste il problema della manodopera.

*Hassan* Infatti ci sono tantissimi operai, solo che in genere non sono specializzati.

*Piero* Ricevono un buon salario?

*Hassan* Questo non te lo saprei dire di preciso, ma sono sicuro che non è alto.

*Piero* Tempo fa un tuo collega mi disse che era venuto via dal suo paese perché prendeva uno stipendio da fame. Dunque guadagnano poco anche le altre categorie di lavoratori?

*Hassan* Purtroppo è così. Quando si vive in un paese in via di sviluppo si devono fare moltissimi sacrifici economici.

## I.2. Esercizi orali

**1. Completate i dialoghi secondo il modello:**

a) Forse scoppierà un temporale
*Sono sicuro che scoppierà presto.*

1. Forse scoppierà un temporale.
...................................................................................................

2. Forse uscirà il sole.
...................................................................................................

3. Forse cambierà il tempo.
...................................................................................................

4. Forse aumenterà la temperatura.
...................................................................................................

b) Forse Mario non aspetta più.
*Io dico, invece, che aspetta ancora.*

1. Forse Mario non aspetta più.
...................................................................................................

2. Forse Sandro non dorme più.
...................................................................................................

3. Forse Marta non soffre più.
...................................................................................................

4. Forse Giulio non studia più.
...................................................................................................

c) Mario deve ancora decidere?
*No, dice che ha già deciso.*

1. Mario deve ancora decidere?
...................................................................................................

2. Sandro deve ancora pranzare?
...................................................................................................

3. Marta deve ancora cominciare?
...................................................................................................

4. Giulio deve ancora finire?
...................................................................................................

d) Ora Marta abita a Roma.
*Lo sapevo che abitava a Roma.*

1. Ora Marta abita a Roma.
...................................................................................................................
2. Ora Carlo è in vacanza.
...................................................................................................................
3. Ora Lucia lavora a casa.
...................................................................................................................
4. Ora Laura studia l'inglese.
...................................................................................................................

e) Lucia è tornata a casa tardi.
*L'aveva detto che sarebbe tornata tardi.*

1. Lucia è tornata a casa tardi.
...................................................................................................................
2. Anna è rimasta a pranzo da amici.
...................................................................................................................
3. Sandra è uscita a fare spese.
...................................................................................................................
4. Rita è venuta con un po' di ritardo.
...................................................................................................................

f) Giulio ha poi finito quel lavoro?
*Tempo fa disse che l'aveva finito.*

1. Giulio ha poi finito quel lavoro?
...................................................................................................................
2. Sandro ha poi comprato quel disco?
...................................................................................................................
3. Remo ha poi letto quel libro?
...................................................................................................................
4. Cesare ha poi pagato quel conto?
...................................................................................................................

**I.3. Rispondete alle seguenti domande:**

1. Dov'è sparito il sole all'improvviso?
2. Com'è il clima nel paese di Hassan?
3. Perché Piero dice che quel clima è adatto per lui?
4. Piero accetta subito l'invito di Hassan?
5. Da che cosa dipende se potrà accettarlo?
6. Che cosa dice Hassan del paesaggio?
7. Su che cosa si basa l'economia del paese?
8. Perché lì non esiste il problema della manodopera?
9. Guadagnano poco soltanto gli operai?
10. Perché lì i lavoratori devono fare sacrifici economici?

## I.4. Leggete i seguenti dialoghi:

Chi è quella signora che hai salutato?
È la mamma di Giorgio.
È giovanissima!
Deve avere almeno quarantacinque anni, ma li porta bene.
Non li dimostra davvero!

È vero che nel sud dell'Italia le persone sono tutte brune?
No, è falso. In Sicilia, per esempio, si vedono tante persone biondissime.

Quella sedia è scomoda. Perché non si siede in poltrona, signorina?
Grazie, sto comodissima anche qui.

Chi è l'interprete principale dell'ultimo film di Marco Bellocchio?
È un attore famosissimo, ma ora non mi viene in mente il nome.

Dovresti pulire le scarpe.
Ma non vedi che le ho pulite?
Ti sembrano pulite così?
Sì, per me sono pulitissime.
Devo dire che hai un'opinione molto personale della pulizia!

È vero che quella di Bologna è la più antica delle università italiane?
Sì, infatti risale al 1158.

Quella macchina fotografica è carissima.
Sì, ma è perfetta.
È la più cara di tutte?
Penso di sì.

Come Le sembra questo vino?
È buonissimo.
Lo trovo ottimo anch'io.

Quanti fratelli siete?
Due maschi e una femmina.
Tu sei il maggiore?
No, sono il minore.

Secondo me, il periodo migliore per visitare Venezia è l'autunno.
No, è proprio il peggiore, perché in autunno la città è triste.
Allora qual è il migliore?
La primavera.

Oggi l'aria è tiepida: si sta bene senza cappotto.
È vero, si sta benissimo senza.

Mi hanno detto che il padre di Sergio è malato.
Sì, sta malissimo.
Di che si tratta?
Ha un cancro allo stomaco. I medici gli hanno dato pochi mesi di vita.
Povero Sergio! È così legato a suo padre!
Sì, gli vuole un bene dell'anima.

Vado a letto. Ho sonno, sono stanco morto.
Si vede dalla faccia che sei stanchissimo.

Hai visto come guida quel tipo? Sorpassa anche quando è vietato.
È pazzo da legare!

Marco è tornato a casa bagnato fradicio.
Non aveva l'ombrello?
No. Come al solito si era dimenticato di prenderlo.

La valigia è piena zeppa: queste scarpe non ci stanno.
Allora togli qualcos'altro.
Dimmelo tu cosa devo togliere.

I miei vicini di casa hanno comprato una villa al mare.
Con quello che costano oggi le case, devono essere ricchi sfondati!
Stanno bene, ma non sono ricchissimi.
Allora non mi spiego come hanno fatto...
Dicono che è stata una vera occasione.

**II.1. Ed ora rispondete alle domande secondo il modello:**

a) È un appartamento nuovo?
*Sì, è nuovissimo.*

1. È un appartamento nuovo?
..............................................................................................................
2. È un paese piccolo?
..............................................................................................................
3. È un clima freddo?
..............................................................................................................

b) È una fabbrica grande?
*Sì, è grandissima.*

1. È una fabbrica grande?
..............................................................................................................
2. È una cosa semplice?
..............................................................................................................
3. È una persona interessante?
..............................................................................................................

c) È caro quel televisore?
*Sì, è il più caro di tutti.*

1. È caro quel televisore?
..............................................................................................................
2. È forte quel liquore?
..............................................................................................................
3. È grande quel parcheggio?
..............................................................................................................

d) Marco è arrivato presto?
*Sì, è arrivato prestissimo.*

1. Marco è arrivato presto?
..............................................................................................................
2. Aldo è tornato tardi?
..............................................................................................................
3. Remo è andato forte?
..............................................................................................................

## II.2. Difendiamo la natura!

*Grazia* Guarda quanto è sporco questo fiume! Si nota subito che la gente non ha alcun rispetto per la natura.

*Rita* Forse perché da bambini nessuno ci insegna a rispettarla.

*Grazia* Basta vedere come restano i prati dopo che la gente se n'è andata.

*Rita* Già! Sono pieni di cartaccia e di barattoli vuoti.

*Grazia* Che ci vorrebbe a raccoglierli?

*Rita* Non sarebbe una grande fatica, ma nessuno ci pensa.

*Grazia* Qualche volta poi certa gente non esita a fare del fuoco con i rami secchi.

*Rita* Spesso lo fanno quelli che vanno a caccia.

*Grazia* Non parlarmi dei cacciatori! Chi uccide gli uccelli e distrugge tante specie di animali è un nemico della natura.

*Rita* Non sono simpatici neanche a me. Io addirittura abolirei questo sport.

*Grazia* Chiamalo sport!

## II.3. Rispondete alle seguenti domande:

1. Come sono i prati dopo che la gente se n'è andata?
2. Cosa fa qualche volta la gente, oltre a gettare sui prati la cartaccia e i barattoli vuoti?
3. Perché, secondo Grazia, i cacciatori sono nemici della natura?

## II.4. Come si dice in un altro modo?

Vado via.
Perché vai via?
Perché va via anche Marco.
Allora andiamo via anche noi.
Se andate via anche voi, non resta nessuno.
No, Anna e Fausto non vanno via.

Ieri sera sei andata via presto, Rita?
Sì, sono andata via alle undici.
Come mai così presto?
Ero stanca morta.
E voi siete andate via con lei o siete rimaste?
Siamo andate via con lei.
Anche Luisa è rimasta soltanto fino alle undici?
No, lei è andata via più tardi.
A che ora sono andati via gli altri?
Tardissimo, verso le tre.

Me ne vado.
Perché te ne vai?
Perché se ne va anche Marco.
Allora ce ne andiamo anche noi.
Se ve ne andate anche voi, non resta nessuno.
No, Anna e Fausto non se ne vanno.

Ieri sera te ne sei andata presto, Rita?
Sì, me ne sono andata alle undici.
Come mai così presto?
Ero stanca morta.
E voi ve ne siete andate con lei o siete rimaste?
Ce ne siamo andate con lei.
Anche Luisa è rimasta soltanto fino alle undici?
No, lei se n'è andata più tardi.
A che ora se ne sono andati gli altri?
Tardissimo, verso le tre.

## III.1. Riflessione grammaticale

1.

| | | |
|---|---|---|
| me | | vado |
| te | | vai |
| se | ne | va |
| ce | | andiamo |
| ve | | andate |
| se | | vanno |

| | | | | |
|---|---|---|---|---|
| me | | sono | | o |
| te | | sei | andat | a |
| se | ne | è | | |
| ce | | siamo | | i |
| ve | | siete | andat | e |
| se | | sono | | |

2.a.

| | | | |
|---|---|---|---|
| Piero | dice<br>è sicuro | che | scoppierà un temporale |
| | non sa | se | potrà accettare l'invito |
| | diceva<br>era sicuro | che | sarebbe scoppiato un temporale |
| | non sapeva | se | avrebbe potuto accettare l'invito |

b.

| | | | |
|---|---|---|---|
| Hassan | dice | che | sono rari i giorni in cui non piove |
| | | | vale la pena di vedere il suo paese |
| | disse | | erano rari i giorni in cui non pioveva |
| | | | valeva la pena di vedere il suo paese |

c.

| | | | |
|---|---|---|---|
| Piero | sa | che | sono sorte diverse industrie |
| Hassan | non sa | come | è andata a finire la cosa |
| Piero | sapeva | che | erano sorte diverse industrie |
| Hassan | non sapeva | come | era andata a finire la cosa |

3.a.

| *Azione passata legata al presente* → | *Presente* → | *Futuro* |
|---|---|---|
| ha detto che → | dice che → | fra poco scoppierà un temporale<br>presto cambierà il tempo<br>domani lavorerà a casa |

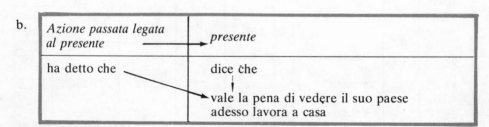

b.

| *Azione passata legata al presente* → | *presente* |
|---|---|
| ha detto che → | dice che<br>↓<br>vale la pena di vedere il suo paese<br>adesso lavora a casa |

c.

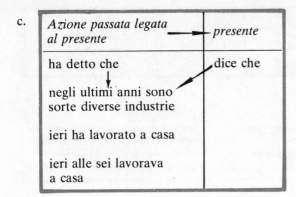

| *Azione passata legata al presente* → | *presente* |
|---|---|
| ha detto che ↓ | dice che ↙ |
| negli ultimi anni sono sorte diverse industrie | |
| ieri ha lavorato a casa | |
| ieri alle sei lavorava a casa | |

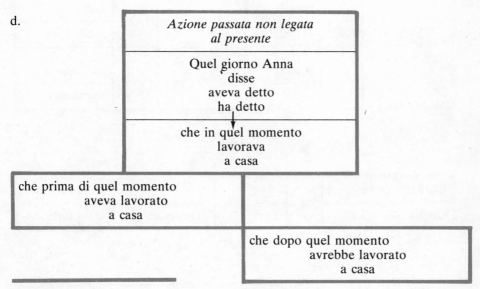

d.

| *Azione passata non legata al presente* |
|---|
| Quel giorno Anna<br>disse<br>aveva detto<br>ha detto ↓ |
| che in quel momento<br>lavorava<br>a casa |

che prima di quel momento
aveva lavorato
a casa

che dopo quel momento
avrebbe lavorato
a casa

**In conclusione:**

4.a.

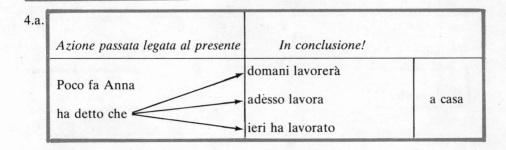

| *Azione passata legata al presente* | *In conclusione!* | |
|---|---|---|
| Poco fa Anna<br>ha detto che → | domani lavorerà<br>adèsso lavora<br>ieri ha lavorato | a casa |

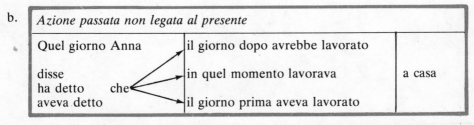

b.

| *Azione passata non legata al presente* | | |
|---|---|---|
| Quel giorno Anna<br>disse<br>ha detto che →<br>aveva detto | il giorno dopo avrebbe lavorato<br>in quel momento lavorava<br>il giorno prima aveva lavorato | a casa |

5.a.

| | | | |
|---|---|---|---|
| È un appartamento | bello?<br>nuovo?<br>caro?<br>grande? | Sì, è | bellissimo<br>nuovissimo<br>carissimo<br>grandissimo |

b.

| | | | | | |
|---|---|---|---|---|---|
| Questo vino | è | ottimo | Questi spaghetti | sono | ottimi |
| Questa birra | | ottima | Queste tagliatelle | | ottime |

c.

| | | | | | |
|---|---|---|---|---|---|
| Franco | sta | bene? | Sì, | sta | benissimo |
| | | male? | | | malissimo |
| | va | piano? | | va | pianissimo |
| | | forte? | | | fortissimo |

d.

| | | | | | | |
|---|---|---|---|---|---|---|
| Quel televisore | è | il | più | caro | di | tutti |
| Quella macchina | | la | | economica | | tutte |

e.

| | | | | |
|---|---|---|---|---|
| Franco | è | il | maggiore | dei fratelli |
| Maria | | la | minore | |

6.

| | |
|---|---|
| d' | inverno<br>estate |

| | |
|---|---|
| in | primavera<br>autunno |

**III.2. Raccontate il contenuto del dialogo fra Piero e Hassan, ricordando i seguenti punti:**

sole / nuvole / temporale / clima nel paese di Hassan / invito / valere la pena / impegni di Piero / nel frattempo / paesaggio / autostrade / economia / industrie / fabbriche / manodopera / salario / stipendio da fame / paese in via di sviluppo / sacrifici economici /

**III.3. Rispondete alle seguenti domande:**

1. Nel Suo paese il clima è sempre mite?
2. Lei sopporta meglio il caldo o il freddo?
3. Se vuole invitare un amico straniero a visitare il Suo paese, cosa gli dice per convincerlo a venirci?
4. Su che cosa si basa l'economia del Suo paese?
5. Da voi esiste il problema della manodopera?
6. Qual è il salario medio di un operaio?
7. Qual è la categoria di lavoratori che guadagna di più?
8. Nel Suo paese la gente ha rispetto per la natura?
9. È permessa la caccia?
10. Cosa pensa dei cacciatori?

**III.4.a. Se conoscete una persona straniera, che cosa le domandate per sapere notizie sul suo paese?**

**III.4.b. Immaginate ora di trovarvi nella situazione contraria: una persona straniera vi chiede di parlare del vostro paese. Descriveteglielo in tutti i suoi aspetti.**

## IV Esercizio di pronuncia e intonazione

1. **C** e **Č**

Sono sicuro che fra poco scoppierà un temporale.

La temperatura non scende mai sotto i dieci gradi.

T'invito sin da ora a trascorrere qualche giorno a casa mia.

Non so se potrò accettare il tuo invito.

Mi piacerebbe sapere qualcosa di più sul tuo paese.

Ci sono delle colline magnifiche.

L'economia si basa quasi unicamente sull'agricoltura.

Sono sorte delle fabbriche con il contributo dello stato.

Gli operai specializzati ricevono un buon salario.

Questo non te lo saprei dire di preciso.

In un paese in via di sviluppo si devono fare moltissimi sacrifici economici.

Marco è tornato a casa bagnato fradicio.

Stanno bene, ma non sono ricchissimi.

I prati sono pieni di cartaccia.

Che ci vorrebbe a raccoglierla?

Chi uccide gli uccelli è un nemico della natura.

I cacciatori non sono simpatici neanche a me.

## 2. G e Ğ

Laggiù sono rari i giorni in cui fa freddo.

Com'è il paesaggio?

In genere quelle categorie di lavoratori guadagnano poco.

Un tuo collega mi disse che prendeva uno stipendio da fame.

Sergio dice che ha già pagato.

Lo sapevo che Angelo giocava a tennis.

La mamma di Giorgio è giovanissima.

Giovanna è la maggiore dei fratelli.

Hai scelto il periodo peggiore per visitare la Germania.

Margherita è pazza da legare.

I cacciatori distruggono tante specie di animali.

Guarda quanto è sporco questo lago!

## 3. *Frasi esclamative*

Non mi sorprenderebbe!

Che bello! È proprio il clima adatto per me!

Devi fare di tutto per venirci!

Certamente! Sarei molto interessato.

Quel tipo è pazzo da legare!

Con quello che costano oggi le case, devono essere ricchi sfondati!

Povero Sergio! È così legato a suo padre!

Difendiamo la natura! Guarda quanto è sporco questo fiume!

Non parlarmi dei cacciatori! ◎

## V Test

**1. Completate i seguenti dialoghi con la forma conveniente del verbo:**

1. Luigi dice che non si sente bene. Non sarà una scusa per non lavorare?
   No, un'ora fa l'ha detto anche a me che non ...... bene.
2. Sai se Carlo ha poi mandato le foto a Rita?
   L'ultima volta che lo vidi mi disse che non gliele ......
3. Ieri sera sono arrivati puntuali Mario e Anna?
   No, avevano detto che ...... alle nove, invece sono venuti con mezz'ora di ritardo.
4. L'anno scorso Sandro ha avuto un incidente.
   Me l'aveva detto che l' ......
5. Marta non è ancora uscita?
   No, ma l'aveva detto che ...... tardi.

**2. Completate i seguenti dialoghi secondo il senso:**

1. È davvero bella la moglie del tuo capufficio?
   Sì, secondo me è ......
2. Mi hanno detto che i vini del Piemonte sono molto buoni.
   Sì, effettivamente sono ......
3. Il dollaro è una moneta forte.
   Sì, ma in questo momento ...... di tutte è il marco.
4. Ci sono molti gravi problemi da risolvere.
   Sì, e ...... è quello dei giovani disoccupati.
5. Si alza presto la mattina, signora?
   Sì, mi alzo ...... perché ho tante cose da fare prima di andare in ufficio.

**3. Completate le seguenti frasi con le parole mancanti:**

1. Questo clima non è ...... per me che non sopporto il caldo.
2. Mia madre ha cinquant'anni, ma non li ......
3. Quell'uomo non sa più dove mettere i soldi: è ......
4. Luisa è molto ...... a sua madre, perciò soffre quando è lontana da lei.
5. L'esercizio di Mario è ...... di errori: si vede che non studia abbastanza.

**4. Completate le seguenti frasi con la preposizione conveniente:**

1. Purtroppo non dipende ...... mia volontà.
2. ...... frattempo puoi leggere il giornale.
3. Luigi prende uno stipendio ...... fame.
4. Non mi viene ...... mente il nome dell'interprete principale di quel film.
5. L'Università di Bologna risale ...... 1158.

## VI.1. Burro e olio, riso e spaghetti

L'Italia si divide in due parti: Italia del burro (nord) e Italia dell'olio (sud), ovvero[1] Italia del riso (nord) e Italia degli spaghetti (sud). Inoltre i settentrionali[2] sono chiamati *polentoni*, e i meridionali[3] *maccheroni*. Date queste premesse[4] va da sé che,[5] mentre a Milano ordinerai risotto e non spaghetti, a Napoli esigerai[6] spaghetti e non risotto; a meno che tu non preferisca[7] il riso lungo e scotto,[8] simile a colla per manifesti[9] (vale la reciproca per gli spaghetti in Alta Italia).
La regione più importante dell'Italia del burro è l'Emilia, patria dei salumi e del parmigiano. Qui il culto della mensa[10] è così elevato che tocca le vette della religione.[11] Chi immaginerebbe, ad esempio, di ricostruire il santo Presepe[12] servendosi d'una toma[13] di formaggio? Eppure, se verrai in Emilia nel periodo natalizio, vedrai anche questo. Una forma di parmigiano, spaccata in due e scavata[14] all'interno, offre l'ambiente per la Sacra Grotta; sul fondo vegliano[15] il bue e l'asinello[16] scolpiti nel burro, mentre in primo piano troneggia[17] il Santo Bambino ricavato da un pugno di strutto.[18]

1

1 Raccolta delle olive a Reggio Calabria. L'olivo è una delle colture più diffuse dell'Italia meridionale.

2 Il formaggio parmigiano è un tipico prodotto dell'Emilia. La foto mostra una sala di stagionatura, dove le forme vengono fatte invecchiare con sistemi tradizionali.

3 Una scena d'altri tempi: mondine al lavoro in una risaia della pianura padana.

2

3

Questa è la roccaforte[19] dello stracotto, del filetto di tacchino e dello zampone che, crogiolato[20] a fuoco lento per cinque ore, viene servito su un letto di lenticchie o sopra un materassino di fagioli giganti, bolliti e conditi con un sugo formato da burro, dadi di prosciutto e punte di sedano. Dal poco che si è detto si capisce perché a Bologna — la «grassa» Bologna — quando scocca[21] mezzogiorno la gente pianta a mezzo[22] gli affari, tronca[23] le discussioni, rinvia[24] tutto al pomeriggio: è mezzogiorno, il momento soave[25] in cui si alzano i coperchi in cucina, e nell'aria si spande un grato olezzo[26] di deliziosi intrugli.[27] Se le due torri degli Asinelli e della Garisenda sono pendenti[28] è perché fin dalla nascita si sono chinate,[29] ghiottone,[30] ad aspirare il profumo che emana dalle casseruole di tutta la città.

Il regno del riso si estende sopra un territorio di 67.581 chilometri quadrati di superficie, con una popolazione di 15.114.291 sudditi.[31] Si presenti[32] in compagnia di verdi piselli (Veneto) o del giallo zafferano (Milano) o sotto la candida coltre di fonduta e tartufi (Piemonte), il riso è il dominatore delle mense del Nord come nemmeno nel Celeste Impero.[33]

riduz. di Riccardo Morbelli, *Boccafina*, Casini

4

4 Primo piano di alcuni formaggi tipici del Mezzogiorno.

**Note**

1. ovvero: o, oppure; 2. settentrionali: abitanti del Nord; 3. meridionali: abitanti del Sud; 4. Date queste premesse: poiché la situazione è questa; 5. va da sé che...: è naturale che...; 6. ordinerai... esigerai: il futuro ha valore di imperativo ed è usato qui per dare un consiglio ai lettori; la seconda persona (tu) è una delle forme impersonali (ordinerai, uno ordinerà, si ordinerà); 7. non preferisca: il congiuntivo dipende dalla locuzione «a meno che» (vedere unità 22); 8. scotto: troppo cotto; 9. colla per manifesti: la colla è una sostanza che serve ad attaccare oggetti vari; i manifesti sono fogli di carta, più o meno grandi, che si attaccano in luoghi pubblici per richiamare l'attenzione della gente; i più comuni sono di carattere pubblicitario o politico; 10. culto della mensa: la cura della buona tavola, del mangiare bene; 11. tocca le vette della religione: diventa una religione; 12. Presepe: ricostruzione di scene della nascita di Gesù; 13. toma: forma; 14. spaccata in due e scavata: divisa in due e vuotata; 15. vegliano: vigilano, assistono; 16. il bue e l'asinello: animali caratteristici in ogni Presepe; 17. troneggia: supera in grandezza le altre figure; 18. strutto: grasso di maiale; 19. roccaforte: ambiente in cui una cosa o una persona è senza dubbio più popolare delle altre; 20. crogiolato: cotto; 21. scocca: suona; 22. pianta a mezzo: lascia a metà; 23. tronca: interrompe; 24. rinvia: rimanda; 25. soave: dolce; 26. un grato olezzo: un buon odore; 27. intrugli: cose varie mescolate insieme (il significato solitamente negativo della parola è qui reso positivo dall'aggettivo «deliziosi»); 28. pendenti: leggermente inclinate, non in posizione verticale; 29. si sono chinate: si sono piegate; 30. ghiottone: si dice di persone a cui piace mangiare cibi gustosi; 31. sudditi: in senso proprio sono gli abitanti di un regno, visti in rapporto al re; 32. Si presenti...: uno dei pochi casi in cui il congiuntivo è indipendente; l'idea si può esprimere anche così: O che si presenti in compagnia ...... o che si presenti sotto la candida coltre... il riso è comunque il dominatore...; 33. Celeste Impero: l'antica Cina.

## Risotto alla milanese

Ingredienti per 4 persone:

400 g di riso, 50 g di midollo di bue, 100 g di burro, una cipolla, un bicchiere di vino rosso, sale, pepe, un litro e un quarto circa di brodo di carne, una bustina di zafferano, una manciata di parmigiano grattugiato.

Tagliate il midollo a fettine e mettetelo in una casseruola con il burro e la cipolla tritata finemente. Fate rosolare a fuoco dolcissimo, fino a che la cipolla sarà ben appassita e il midollo quasi sciolto. A questo punto unite il riso e giratelo a lungo nel condimento. Versate poi lentamente il vino rosso, continuando a mescolare, e fatelo evaporare a fiamma dolce, senza mai smettere di rimestare. Salate leggermente, e pepate invece in abbondanza. Diluite lo zafferano in un mestolo di brodo caldo e versatelo sul riso. Continuate la cottura per circa 20 minuti, aggiungendo man mano il brodo necessario, sempre ben caldo. A cottura ultimata trasferite il risotto sul piatto e cospargetelo con il parmigiano.

## Spaghetti alla napoletana

Ingredienti per 4 persone:

400 gr. di spaghetti, quattro litri d'acqua, 500 gr. di pomodori ben maturi, mezzo bicchiere d'olio, sale, pepe, basilico o prezzemolo.

Pelate i pomodori dopo averli tenuti qualche minuto in acqua calda. Passateli attraverso un setaccio e raccoglietene la polpa in una terrina; conditeli con sale e pepe ed immergetevi qualche foglia di basilico fresco o di prezzemolo, finché il passato è ancora caldo, in modo che ne assorba l'aroma. Cuocete la pasta in abbondante acqua bollente salata. Raggiunta la cottura al dente, scolate gli spaghetti e divideteli in porzioni nei piatti. Conditeli prima con una cucchiaiata d'olio e poi aggiungete il passato di pomodoro, dopo aver tolto le foglioline di basilico o di prezzemolo. Lasciate che ogni commensale mescoli da sè il proprio piatto di spaghetti, aggiungendovi, se vuole, del parmigiano, che però in questa ricetta non è di rigore.

## VI.2. Test

| | Vero | Falso |
|---|---|---|
| 1. Gli italiani del Nord sono chiamati polentoni. | ☐ | ☐ |
| 2. A Napoli conviene mangiare il risotto. | ☐ | ☐ |
| 3. L'Emilia è la patria dei salumi e del parmigiano. | ☐ | ☐ |
| 4. L'Italia del burro è quella meridionale. | ☐ | ☐ |
| 5. Quando suona mezzogiorno la gente di Bologna smette di lavorare e corre a casa per il pranzo. | ☐ | ☐ |

# Unità 22 Genitori e figli

## I.1.

*Sig. Masi* Sono sempre di più i giovani che abbandonano la famiglia per andare a vivere da soli. È una vergogna! Non meritano tutti i sacrifici che fanno per loro i genitori.

*Sig. Dini* Ho l'impressione che Lei *giudichi* troppo severamente i giovani d'oggi.

*Sig. Masi* E Lei li approva?

*Sig. Dini* Può darsi che io *abbia* torto, ma credo che *sia* giusto che i giovani *facciano* le loro esperienze.

*Sig. Masi* Io invece penso che *sia* assurdo. Che diritto hanno di lamentarsi? I genitori sono fin troppo deboli e gli concedono molto di più di quanto *non abbiano concesso* a noi i nostri.

*Sig. Dini* Mi pare che Lei *confonda* i problemi. Non vedo come il desiderio di libertà dei figli *possa* significare una mancanza di rispetto per i genitori.

*Sig. Masi* Non so se Le *sia accaduto* di vedere come si comportano certi figli. È roba da matti! Pretendono che i genitori li *mantengano*, ma non vogliono che *mettano* il naso nei loro affari. Le sembra giusto?

*Sig. Dini* Credo che Lei *esageri*.

*Sig. Masi* Basta guardarsi intorno. Ogni giorno diventa peggio.

*Sig. Dini* Del resto se un ragazzo è maturo e capace di vivere da solo, non capisco perché i genitori *debbano* impedirgli di fare le scelte che vuole.

*Sig. Masi* Non sono assolutamente d'accordo con Lei.

*Sig. Dini* Non crede che *siano* proprio i genitori troppo autoritari a spingere i figli ad andarsene di casa?

*Sig. Masi* No, anzi, sono convinto che *siano* proprio quelli troppo permissivi a rovinare i figli.

## I.2. Leggete i seguenti dialoghi:

Sono sicuro che Lei ha torto.

*Può darsi* che io *abbia* torto, ma è certo che neppure Lei ha ragione.

| | | *avere* | |
|---|---|---|---|
| Può darsi che | io | abbia | torto |
| | tu | abbia | |
| | Lei | abbia | |
| | noi | abbiamo | |
| | voi | abbiate | |
| | loro | abbiano | |

| | |
|---|---|
| *Sig. Dini* | Forse è bene che *si abitui* sin d'ora all'idea che un giorno o l'altro anche i suoi andranno via di casa. |
| *Sig. Masi* | Mi auguro che ciò *accada* il più tardi possibile. |
| *Sig. Dini* | Io, al contrario, preferisco che i miei *imparino* quanto prima ad essere indipendenti. |
| *Sig. Masi* | Dice così perché non ha una femmina! |
| *Sig. Dini* | Qui La volevo! In sostanza il Suo atteggiamento verso la donna rientra nella regola, cioè è comune alla maggior parte degli uomini. |
| *Sig. Masi* | In che senso? |
| *Sig. Dini* | Nel senso che essi credono che *esistano* modelli di comportamento diversi per gli uomini e per le donne. |
| *Sig. Masi* | Lei non è di questo avviso? |
| *Sig. Dini* | No. Sebbene *capisca* che per un uomo non è facile accettare l'idea della parità dei sessi, sono convinto che *non si possa* continuare a parlare di sesso debole. |
| *Sig. Masi* | Per carità, non tocchiamo questo argomento! |
| *Sig. Dini* | Credo anch'io che *sia* meglio. Ci porterebbe troppo lontano! ◎ |

Perché non ti fermi ancora?

Bisogna che **sia** a casa alle otto.

Sono appena le sette, c'è tempo.

Sì, ma *temo che* ***ci sia*** molto traffico.

| | | *essere* | |
|---|---|---|---|
| Bisogna che | io | sia | a casa alle otto |
| | tu | sia | |
| | lui | sia | |
| | noi | siamo | |
| | voi | siate | |
| | loro | siano | |

Né Marco né io ci sentiamo bene. Forse abbiamo preso l'influenza.

Allora *è meglio che* **restiate** a casa.

| | *restare* | | |
|---|---|---|---|
| È meglio che | io | resti | a casa |
| | tu | resti | |
| | lei | resti | |
| | noi | restiamo | |
| | voi | restiate | |
| | loro | restino | |

Con i soldi che prendo non riesco a sbarcare il lunario.

A chi lo dici! Mancano ancora dieci giorni al ventisette e ho quasi finito i soldi.

*Non è giusto che* **prendiamo** uno stipendio da fame!

| | *prendere* | | |
|---|---|---|---|
| Non è giusto che | io | prenda | uno stipendio da fame! |
| | tu | prenda | |
| | lui | prenda | |
| | noi | prendiamo | |
| | voi | prendiate | |
| | loro | prendano | |

Che hai?

Casco dal sonno.

Hai fatto le ore piccole ieri sera?

No, ma sono giorni e giorni che dormo poco.

Non puoi continuare così!

Sì, *è indispensabile che* **dorma** almeno otto ore per notte, altrimenti non ce la faccio a stare in piedi.

| | *dormire* | | |
|---|---|---|---|
| È indispensabile che | io | dorma | almeno otto ore |
| | tu | dorma | |
| | Leì | dorma | |
| | noi | dormiamo | |
| | voi | dormiate | |
| | loro | dormano | |

**I.3. Completate i dialoghi secondo il modello:**

a) Sono sicuro che Aldo **sbagli**a.
*Può darsi che* ***sbagl**i davvero.*

1. Sono sicuro che Aldo sbaglia.
   ....................................................

2. Sono sicuro che Sergio approva.
   ....................................................

3. Sono sicuro che Paola accetta.
   ....................................................

4. Sono sicuro che Anna ritorna.
   ....................................................

5. Sono sicuro che Ugo risparmia.
   ....................................................

b) Io dico che dovresti ripetere la cura.
*Sì, bisogna proprio che la ripeta.*

1. Io dico che dovresti ripetere la cura.
..............................................................................................................

2. Io dico che dovresti prendere la patente.
..............................................................................................................

3. Io dico che dovresti risolvere la cosa.
..............................................................................................................

4. Io dico che dovresti mettere la cravatta.
..............................................................................................................

5. Io dico che dovresti chiedere la riduzione.
..............................................................................................................

c) Devo aprire la finestra?
*Sì, è meglio che l'apra.*

1. Devo aprire la finestra?
..............................................................................................................

2. Devo seguire la partita?
..............................................................................................................

3. Devo sentire la radio?
..............................................................................................................

4. Devo coprire la tavola?
..............................................................................................................

5. Devo avvertire la segretaria?
..............................................................................................................

**I.4. Rispondete alle seguenti domande:**

1. Che cosa dice il signor Masi dei giovani che vanno a vivere da soli?
2. Che impressione ha il signor Dini?
3. Che cosa crede giusto?
4. Che cosa pretendono i giovani d'oggi secondo il signor Masi?
5. Cosa pensa il signor Dini dei genitori troppo autoritari?
6. Il signor Masi è d'accordo con lui?
7. Il signor Dini vuole o no che i suoi figli se ne vadano di casa?
8. Che cosa crede la maggior parte degli uomini secondo il signor Dini?

## I.5. Leggete i seguenti dialoghi:

Hai visto com'è ridotta la macchina di Lucio dopo l'incidente?

Pazienza! L'importante è che lui *sia* sano e salvo.

Appena mi alzo bevo un caffè espresso.

Non credo che il caffè *faccia* bene a stomaco vuoto.

Sarà, ma non posso farne a meno.

Sono nei guai! Fra un mese devo lasciare l'appartamento al padrone di casa e non ne ho ancora trovato un altro.

Penso che *debba* rivolgersi ad un'agenzia.

Non crede proprio che *possa* trovarlo da solo?

Ne dubito. A meno che *non conosca* qualcuno che ha un appartamento libero.

Il 14 settembre Anna compie diciott'anni.

È una data importante!

Sì, perciò dovremmo farle un bel regalo.

Io le ho comprato una camicetta. Spero che le *piaccia*.

Se me la fai vedere, ti dico subito se le piacerà.

Penso che Marco *non sappia* che Giulia ha avuto un bambino. Vuoi che gli *dia* io la notizia?

No, lo sa già: l'ha saputo da Remo.

Peso troppo per la mia statura: devo stare a dieta.

Allora bisogna che *non beva* neppure il vino o i liquori.

Vuoi che *stia* senza mangiare e senza bere?

Non ho detto questo!

Si è fatto tardi; bisogna che *vada*.

Vuoi che *venga* con te?

No, grazie, non c'è bisogno che *ti muova*.

Ho deciso: rimango ancora un mese in Italia.

Sono felice che Lei *rimanga* qui, così potremo approfondire la nostra conoscenza.

Qui si scoppia dal caldo!

Sì, in effetti fa molto caldo.

Forse è meglio che *mi tolga* il cappotto.

Sì, credo anch'io che *sia* meglio.

Prima che tu *esca* dovrei dirti due parole.

Basta che *sia* breve, perché ho i minuti contati.

Allora non credo che *valga* la pena di cominciare il discorso.

Come vuoi!

Pare che *voglia* piovere anche oggi.

Sì. Forse è meglio che tu *scelga* un altro giorno per andare in campagna.

A meno che fra poco *non torni* il sole.

Dubito che il tempo *cambi* così in fretta.

Scusi, saprebbe dirmi qual è il prefisso di Pisa?

Mi pare che *sia* 050, ma non ne sono sicuro.

A chi potrei chiederlo?

Basta che *guardi* nella guida dei prefissi che si trova in ogni elenco telefonico.

Grazie dell'informazione!

Scusi, posso entrare?

Sì, a patto che prima *spenga* la sigaretta.

Perché, è vietato fumare qui?

Non vede il cartello?

Ah, non l'avevo visto! Ma dove la spengo?

C'è un portacenere vicino alla finestra.

## I.6. Completate i seguenti dialoghi con la forma conveniente del verbo:

Ho dato l'esame, ma non mi è andato bene.
*Peccato! Spero che tu abbia più fortuna la prossima volta.* (avere)

1. Se vuole, Le posso parlare nella Sua lingua.
   No, preferisco che Lei mi .......... sempre in italiano. (parlare)
2. Stasera Marco ha un invito a cena dai Severi.
   Mi auguro che non .......... troppo, com'è sua abitudine. (bere)
3. Consiglierà a Suo figlio di diventare medico come Lei?
   No, voglio che .......... da solo la facoltà che preferisce. (scegliere)
4. Il mio bambino è sano, ma mangia e dorme poco.
   L'importante è che .......... bene. (stare)
5. Ti dispiace se dico a Franco di accompagnarmi da te?
   No, anzi, sono felice che .......... anche lui. (venire)

## I.7. Completate i dialoghi secondo il modello:

a) Sono certo che Giulio sa dov'è Antonio.
*Credo anch'io che lo sappia.*

1. Sono certo che Giulio sa dov'è Antonio.
   ..........................................................................................
2. Sono certo che Anna fa il corso d'inglese.
   ..........................................................................................
3. Sono certo che Paolo dà l'esame di chimica.
   ..........................................................................................
4. Sono certo che Rita vuole il tuo consiglio.
   ..........................................................................................
5. Sono certo che Ugo conosce il nostro caso.
   ..........................................................................................

b) *Credo che* tu *parli* troppo.
Non credo di parlare più di te.

1. Credo che tu parli troppo.

.......................................................................................................................

2. Credo che tu lavori troppo.

.......................................................................................................................

3. Credo che tu mangi troppo.

.......................................................................................................................

4. Credo che tu pesi troppo.

.......................................................................................................................

5. Credo che tu fumi troppo.

.......................................................................................................................

c) *Mi pare che* Lei *corra* molto.
A me non pare di correre molto.

1. Mi pare che Lei corra molto.

.......................................................................................................................

2. Mi pare che Lei dorma molto.

.......................................................................................................................

3. Mi pare che Lei chieda molto.

.......................................................................................................................

4. Mi pare che Lei esca molto.

.......................................................................................................................

5. Mi pare che Lei perda molto.

.......................................................................................................................

## I.8. Leggete i seguenti dialoghi:

Carla ha dato l'esame di latino?

Sì, e ha preso anche un bel voto.

Penso che *abbia avuto* una grande fortuna; non credi?

Certo! Sappiamo bene che il latino non è il suo forte.

| | | | | |
|---|---|---|---|---|
| | | *avere* | | |
| | io | abbia | | |
| | tu | abbia | | |
| lui pensa che | lei | abbia | avuto | una grande fortuna |
| | noi | abbiamo | | |
| | voi | abbiate | | |
| | loro | abbiano | | |

Stamattina Giorgio non è andato all'università?

No, credo che *sia stato* dal barbiere.

Non dirmi che si è tagliato la barba!

Non ci crederai, ma è così.

È un avvenimento!

| | | | | |
|---|---|---|---|---|
| | | *essere* | | |
| | io | sia | | |
| | tu | sia | stato | |
| lei | lui | sia | | |
| crede | noi | siamo | | dal |
| che | voi | siate | stati | barbiere |
| | loro | siano | | |

Come mai ieri sera il dottor Rossi non è venuto con sua moglie?

Non so. Suppongo che lei *sia restata* a casa perché non sapeva a chi lasciare i bambini.

| | | | | |
|---|---|---|---|---|
| | | *restare* | | |
| | io | sia | | |
| | tu | sia | restata | |
| lui | lei | sia | | |
| suppone | noi | siamo | | a casa |
| che | voi | siate | restate | |
| | loro | siano | | |

Ugo ha un po' di febbre da ieri.

Pensi che *abbia preso* l'influenza?

Sì, sono certa che l'ha presa da Mario.

| | | | | |
|---|---|---|---|---|
| | | *prendere* | | |
| | io | abbia | | |
| | tu | abbia | | |
| lei | lui | abbia | | l'in- |
| pensa | noi | abbiamo | preso | fluenza |
| che | voi | abbiate | | |
| | loro | abbiano | | |

Come mai Gianni è così nervoso oggi?

Credo che *abbia dormito* poco e male.

Come fai a saperlo?

Non lo so, l'immagino.

| | | | | |
|---|---|---|---|---|
| | | *dormire* | | |
| | io | abbia | | |
| | tu | abbia | | |
| lei | lui | abbia | | poco |
| crede | noi | abbiamo | dormito | e |
| che | voi | abbiate | | male |
| | loro | abbiano | | |

**I.9. Ed ora completate i seguenti dialoghi secondo il modello:**

Credo che Marco *debba* ancora chiamare il medico.
*No, mi sembra che l'abbia già chiamato.*

1. Credo che Marco *debba* ancora chiamare il medico.
.....................................................................................................
2. Credo che Giulio *debba* ancora fare il biglietto.
.....................................................................................................
3. Credo che Sandro *debba* ancora prendere l'appuntamento.
.....................................................................................................
4. Credo che Ugo *debba* ancora finire il discorso.
.....................................................................................................
5. Credo che Franco *debba* ancora trovare l'albergo.
.....................................................................................................

**I.10. Completate i seguenti dialoghi con la forma conveniente del verbo:**

Sai che Maria ha cambiato ancora lavoro?
*Spero che finalmente abbia trovato quello giusto.* (trovare)

1. Sai che Anna ha ricominciato a studiare?
Sono felice che ............... questa decisione. (prendere)

2. Sai che Franco ha cambiato facoltà?
Ho paura che ............... un grosso errore. (fare)

3. Sai che Gianni è partito in macchina?
Mi auguro che ............... sano e salvo. (arrivare)

4. Sai che Marta è venuta a trovarci?
Mi dispiace che ............... quando non c'ero. (venire)

5. Sai che Ugo è stato a Parigi due settimane?
Immagino che ............... senza una lira. (tornare)

# I.11. Conversazioni

Com'è il film che danno all'Odeon?
Discreto, sebbene in alcuni punti *sia* un po' lento.
Mi consigli di andarci?
Sì, a patto che *non ti spaventi* a vedere certe scene.
È una storia violenta? Dal titolo non si direbbe.
Sì, è un film drammatico. Parla di uno che uccide una donna e...
Senza che tu *aggiunga* altro, ho già capito che non è il film che fa per me.
Aspetta almeno che ti *dica* come va a finire!
No, non m'interessa.

Hai visto l'ultimo film di Fellini?
No, ma vorrei andarci. Dicono che *sia* l'avvenimento cinematografico del 1980.
So che il protagonista è un attore famoso, ma non ricordo chi *sia*.
Dovrebbe essere Marcello Mastroianni.
Sì, è proprio lui! E l'interprete femminile sai chi è?
Non saprei. Dicono che Fellini *abbia impiegato* 2663 donne.
Forse è per questo che il titolo è «La città delle donne».
Mi sembra ovvio!

È una noia stare tutto il giorno in casa!
Che ne diresti di andare al cinema?
Non sarebbe una cattiva idea, ma temo che di domenica *ci sia* troppa folla.
Se andiamo all'ultimo spettacolo forse non c'è tanta gente.
Potremmo fare così. Che film vuoi vedere?
Non so, scegli tu!

Per me è lo stesso. Basta che *non sia* vietato ai minori di diciott'anni.
Tu li hai già compiuti, quindi non c'è problema...
È inutile che tu *faccia* dell'ironia. Sai bene che non mi piace vedere scene di nudo o di violenza.

Hai visto «Un uomo da marciapiede»?
No, purtroppo l'ho perduto.
Peccato! È un film da vedere.
Infatti aspetto che *torni* in seconda visione.

Che hai visto di bello a teatro?
«La lezione» di Ionesco.
Non mi pare che *sia* la migliore delle sue commedie.
Forse no, comunque è molto divertente.
Gli attori sono bravi?
Sì, tutti, e anche la regia è ottima.

Era tanto tempo che non sentivo un concerto così bello!
È stato davvero magnifico!
Certo che Haendel è grande! Penso che *regga* validamente il confronto con Bach.
Sono d'accordo con te.
Anche Telemann è un autore di grande talento.
Indubbiamente, anche se di solito non è apprezzato nella giusta misura.
Perché uno *possa* apprezzare la bellezza della sua musica ci vuole un'orchestra di altissimo livello.
E soprattutto un bravo direttore.

ideati anche per facilitare la frequenza dei corsi da parte dei

**Teatri**

**SCALA** (piazza della Scala): Oggi riposo - Domani: **«Cavalleria rusticana»** di P. Mascagni e **«Pagliacci»** di R. Leoncavallo. Direttore G. Prêtre. Ore 20.30 (fuori abbonam.).

**CONSERVATORIO** (via Conservatorio 12): **«Concerto»** diretto da Gabriele Ferro. Orchestra della RAI. Mezzosoprano Windy Fine, baritono Heinz Jürgen Demitz. Musiche di Zemlinski e Strawinski. Ore 20.30.

TEATRO NUOVO S. BABILA
Telefono: 700.086 - 700.087
oggi e domani ore 21.30
IL GRANDE PROCESSO LA SUA STORIA E LA SUA FINE...
Poema drammatico di TITO RASINI
SI REPLICA SINO A DOMENICA 15-2

**PICCOLO TEATRO** (via Rovello, 2) **«Temporale»** di A. Strindberg. Regia G. Strehler. Ore 20.30.

**SALONE PIER LOMBARDO** (via Pier Lombardo, 14): (Gruppo Teatro Libero RV): **«La notte e il momento»** di Crébillon fils. Reg. P.L. Pizzi, con M. De Rossi, L. Sastri, E. Rossi. Ore 20.30.

riscoperto soprattutto dai giovani. La frequenza ai corsi è libera; il programma

**Cinema**

**ADRIA** - Centro - p.zza Erculea, 15 (15.15, 18.30, 21.30 - L. 3.500): **«Stalker»** (drammatico) - A. Kajdanskij, S.N. Grinko. Reg. A. Tarkovskij.

**AMBASCIATORI** - Centro - corso Vittorio Emanuele 30 (15.10, 17.30, 20, 22.30) - L. 4000): **«Shining»** (orrore) - J. Nicholson, S. Duvall. Reg. S. Kubrick. **V.M. 14.**

**APOLLO** - Centro - gall. De Cristoforis 2 (14.45, 16.50, 18.40, 20.30, 22.30 - L. 4000): **«Alla 39ª eclisse»** (orrore) - C. Heston, S. York. Reg. M. Newell **V.M. 14.**

**ARISTON** - Centro - gall. del Corso (15.15, 17.05, 18.55, 20.45, 22.30 - L. 4000): **«L'aereo più pazzo del mondo»** (comico) - J. Hagerty, R. Hays. Reg. J. Zucker.

**ANTEO** Musicineteatro - Volta/Garibaldi - via Milazzo 9 - (20.15 e 22.30 - L. 3000): **«Radio on»** (musicale) - D. Beanes, L. Kreuzer. Reg. C. Petit.

**ORCHIDEA** - Sempione-Magenta - via Terraggio 3 (Apertura ore 16 - L. 2000): Festival di Hitchcock: **«Il Ladro»** di A. Hitchcock, con H. Fonda, V. Miles.

**ARGENTINA** - Venezia - p. Argentina 4 (L. 2000): Mostra permanente delle

preoccupati di
relativi alla
tà della nostra
scegliere le sedi.
estrema periferia
tutti la frequenza».

TEATRO CRISTALLO
Questa sera
Franca RAME
in Clacson trombet
Ingresso L. 3.000
Prevendita e informazioni
ULTIME DUE

TEATRO MANZONI
ULTIMI 3 GIOR
PAOLO
in «IL MERCANTE
di William Shakespeare
Scene di Antonell

TEATRO MANZONI
da mercoledì 18 febbr
LUCIO ARDENZI per la
ANNA PRO
in «LA MILIARDARI
regia di GIORGIO AL
si prenota da

## II.1. Ognuno ha il suo carattere

*Anna* Nessuno direbbe che Marco e Carla *siano* fratelli. Non si somigliano affatto.

*Bruno* Mi pare che Marco *abbia preso* dalla madre non solo nell'aspetto ma anche nel carattere.

*Anna* Non mi sembra, però, che *abbia* tutte le qualità di lei.

*Bruno* Come no! È intelligente, colto, sensibile...

*Anna* Ma non ha senso pratico e in fondo è un debole.

*Bruno* Ho la sensazione che tu *non* lo *conosca* abbastanza.

*Anna* Devi ammettere che, in confronto a lui, Carla ha un carattere più forte.

*Bruno* In un certo senso è vero. Lei è tutta suo padre: ferma e decisa.

6

---

*Anna* Ciò non toglie che *sappia* essere molto dolce e femminile.

7

---

*Bruno* Non lo metto in dubbio. Peccato che *sia* già fidanzata, altrimenti le farei la corte.

8

---

*Anna* Sarebbe inutile. Lei odia i tipi come te.

*Bruno* Non so che gusto ci *provi* a fare dello spirito! ◎

9

---

## II.2. Rispondete alle seguenti domande:

1. Perché non si direbbe che Marco e Carla siano fratelli?
2. A Bruno pare che Marco abbia preso dalla madre. In che cosa?
3. Secondo Bruno, che qualità ha Marco?
4. Che cosa gli manca, secondo Anna?
5. Come sa essere Carla, nonostante che abbia un carattere forte?
6. Saprebbe spiegare il senso dell'espressione «fare la corte»?

# III.1. Riflessione grammaticale

**1. Frasi indipendenti**

| | |
|---|---|
| Marco viene.<br>Forse Marco viene.<br>Probabilmente Marco viene.<br>Secondo me Marco viene. | (= indicativo) |

**2. Frasi principali e frasi dipendenti**

| | | |
|---|---|---|
| Sono sicuro | che Marco viene. | |
| fr. princ. | fr. dipend. | (= indicativo) |
| Non sono sicuro | che Marco venga. | |
| fr. princ. | fr. dipend. | (= congiuntivo) |

**Come possiamo vedere, il congiuntivo si usa nelle frasi dipendenti, ma non in tutte. Esso si usa nella frase dipendente nei seguenti casi:**

a) se il verbo della frase principale esprime *volontà o necessità*:

| | | | |
|---|---|---|---|
| Voglio<br>Desidero<br>Preferisco<br>Permetto<br>Bisogna<br>È necessario | che | Marco | venga |

b) se il verbo della frase principale esprime *opinione personale o dubbio*:

| | | | |
|---|---|---|---|
| Credo<br>Penso<br>Immagino<br>Mi sembra<br>Può darsi<br>È probabile<br>È impossibile<br>Dubito<br>Dicono<br>Si dice<br>È giusto<br>È meglio | che | Marco | venga<br>sia venuto |
| Non so<br>Mi chiedo | se | Marco | abbia ragione |

c) se il verbo della frase principale esprime *stato d'animo:*

| | | | |
|---|---|---|---|
| Sono contento<br>Sono felice<br>Mi dispiace<br>Spero<br>Mi auguro<br>Ho paura<br>Temo | che | Marco | venga<br>sia venuto |

d) se il verbo della frase principale è usato nella *forma negativa:*

| | |
|---|---|
| So che Marco viene. | Non so se Marco *venga*. |
| È vero che Anna parla l'inglese. | Non è vero che Anna *parli* l'inglese. |
| Sono sicuro che il museo è aperto. | Non sono sicuro che il museo *sia* aperto. |

N.B. Nella lingua d'uso non formale, alcuni dei verbi indicati sono seguiti di solito dall'indicativo invece che dal congiuntivo:

Credo che Marco viene con noi.

Spero che Marco verrà.

Non so se Marco viene.

Attenzione!

3. Se la **persona** che compie l'azione della frase principale e quella della frase dipendente è la stessa, non si usa il congiuntivo, ma "di + infinito":

| | | |
|---|---|---|
| Penso<br>Spero | che | Marco venga |

| | | |
|---|---|---|
| Marco | pensa<br>spera | di venire |

| | | | |
|---|---|---|---|
| Spero<br>Aspetto | che | tu<br>Lei<br>voi<br>loro | venga<br>venga<br>veniate<br>vengano |

| | |
|---|---|
| Speri<br>Spera<br>Sperate<br>Sperano | di venire? |

| | | | |
|---|---|---|---|
| Può darsi<br>È meglio | che | io | venga |

| | |
|---|---|
| Penso<br>Spero | di venire |

**4. Il congiuntivo è necessario dopo espressioni come:**

| | | |
|---|---|---|
| Il film è discreto, | sebbene<br>benché<br>nonostante che | in alcuni punti<br>*sia* un po' lento. |
| Ti consiglio di andarci, | a patto che<br>a condizione che<br>basta che | *non ti spaventi*<br>a vedere certe scene. |
| | Senza che | tu *aggiunga* altro,<br>ho già capito... |
| | Prima che | tu *esca*, dovrei dirti<br>due parole |
| Non troverà un appartamento, | a meno che | non *conosca* qualcuno<br>che ne ha uno libero. |
| | Perché<br>Affinché | uno *possa* apprezzare<br>la bellezza della sua<br>musica, ci vuole<br>un'orchestra di<br>altissimo livello. |

**5. Per concludere, vediamo come si mette in relazione il congiuntivo della frase dipendente con il verbo della frase principale:**

| | | | | | |
|---|---|---|---|---|---|
| Penso<br>Spero<br>Può darsi<br>Dubito | che | Marco | domani<br>adesso<br>ieri | *sia*<br>*sia*<br>*sia stato* | a casa |

**III.2. Per esprimere la propria opinione non è sempre necessario usare il congiuntivo. Come si può vedere qui di seguito, esistono diversi altri modi per dare un giudizio su un fatto.**
**Se, per esempio, vogliamo rispondere ad una persona che afferma «Il dottor Bianchi è un bravo medico, vero?», abbiamo varie possibilità:**

| Frasi indipendenti | | Frasi dipendenti | |
|---|---|---|---|
| | | *Indicativo* | *Congiuntivo* |
| a) **Consenso** | Sì, è bravo.<br>Non lo metto in dubbio.<br>Sono anch'io di questo avviso. | Sono d'accordo anch'io che è bravo. | Penso anch'io che sia bravo. |
| b) **Dissenso** | No, non è bravo.<br>Non sono affatto d'accordo.<br>Non ne sono convinto.<br>Secondo me non è bravo.<br>Non direi. | No, sono sicuro che non è bravo.<br>Io so che non è bravo. | No, credo che non sia bravo.<br>A me non pare che sia bravo.<br>Non sono convinto che sia bravo.<br>Mi chiedo come possa dirlo! |
| c) **Ipotesi o dubbio** | Forse è bravo davvero.<br>Deve essere bravo, altrimenti non avrebbe tanti pazienti.<br>Sarà bravo davvero se ha tanti pazienti.<br>Dovrebbe essere bravo, visto che ha tanti pazienti. | Non so. Chi dice che è bravo, chi dice che non è bravo. | Non sono sicuro che sia bravo.<br>Non so se sia bravo davvero.<br>Dicono che sia bravo, ma non lo conosco. |
| d) **Riserva** | Ho qualche riserva sulla sua bravura.<br>Sarà anche bravo, ma qualche volta sbaglia pure lui. | Sono d'accordo che è bravo, ma ci sono medici più bravi di lui. | Non dico che non sia bravo, ma qualche volta sbaglia anche lui.<br>Non escludo che sia bravo, ma ci sono medici più bravi di lui. |
| e) **Rammarico** | Sì, è bravo. Sòlo che è tanto occupato! | È bravo, ma dice che non può visitare fuori dell'ospedale. | Sì, è bravo. Peccato però che non venga a casa.<br>Sebbene sia bravo, non ha molti pazienti. |

**III.3. Ed ora esprimete il vostro giudizio (consenso, dissenso, dubbio, ecc.) sulle seguenti opinioni:**

1. L'Italia è un bel paese. Lei che ne dice?

.........................................................................................................

2. I giovani d'oggi non hanno alcun rispetto per i genitori. Non è così?

.........................................................................................................

3. Per passare le vacanze è meglio la montagna che il mare. Lei non crede?

.........................................................................................................

4. Per essere felici basta avere la salute. Lei che ne pensa?

.........................................................................................................

5. Viaggiare in aereo è comodo, no?

**III.4. Raccontate il contenuto del dialogo fra il signor Masi e il signor Dini, ricordando i seguenti punti:**

giovani / abbandonare la famiglia / non meritare sacrifici / giudicare severamente / approvare / fare esperienze / assurdo / lamentarsi / confondere i problemi / mantenere / mettere il naso nei loro affari / esagerare / ragazzo maturo / impedire / genitori troppo autoritari / permissivi / abituarsi all'idea / atteggiamento verso la donna / modelli di comportamento / parità dei sessi / sesso debole /

**III.5. Rispondete alle seguenti domande:**

1. Nel Suo paese sono molti i giovani che vanno a vivere da soli?
2. Lei approva i giovani che fanno questa scelta? Perché?
3. I Suoi genitori sono (o sono stati) autoritari o permissivi?
4. A quale età pensa che i giovani d'oggi siano maturi e capaci di vivere da soli?
5. Nel Suo paese esistono modelli di comportamento diversi per gli uomini o per le donne?
6. Se tali modelli sono diversi, quali sono le cose permesse agli uomini ma non alle donne?
7. Lei accetta l'idea della parità dei sessi?
8. In generale Lei è d'accordo con ciò che dice il signor Masi o con ciò che dice il signor Dini?
9. Saprebbe spiegarne le ragioni?
10. Da che cosa dipende, secondo Lei, il diverso atteggiamento del signor Masi e del signor Dini verso i figli?

**III.6.a. Se siete genitori, avrete senz'altro qualche problema con i figli. Provate a descrivere il vostro rapporto con loro.**

**III.6.b. Se non siete genitori, descrivete il rapporto con vostro padre e vostra madre.**

## IV Esercizio di pronuncia e intonazione

1. *Le doppie consonanti* (bb, cc, ff, gg, ll, mm, nn, pp, ss, tt)

Ho l'impressione che Lei abbia torto.

Non sono assolutamente d'accordo con Lei.

Il Suo atteggiamento verso la donna è comune alla maggior parte degli uomini.

Non è facile accettare l'idea della parità dei sessi.

Dice così perché non ha una femmina.

Ho fatto le ore piccole ed ora casco dal sonno.

Temo che ci sia troppo traffico.

Saprebbe dirmi qual è il prefisso di Lucca?

2. «b» / «p»

Ho l'impressione che Lei non approvi i giovani d'oggi.

Quest'argomento ci porterebbe troppo lontano.

Penso che lei non sappia che Barbara ha avuto un bambino.

Dubito che il tempo cambi presto.

Parla pure! Basta che sia breve.

3. «d» / «t»

Mi pare che Lei confonda i problemi.

È indispensabile che dorma almeno otto ore per notte.

Dopo l'incidente la macchina è ridotta malissimo.

Devo stare a dieta perché peso troppo.

Lei odia i tipi come te.

4. *Frasi esclamative*

È una vergogna!

È roba da matti!

Per carità, non tocchiamo questo argomento!

Sono nei guai!

Grazie dell'informazione!

Mi sembra ovvio!

## V Test

**1. Completate le frasi con la forma conveniente del verbo indicato a parte:**

1. Voglio che tu ...... come dico io! (fare)
2. Bisogna che qualcuno ...... a cercare Gianni. (andare)
3. Immagino che a quest'ora Laura ...... a casa. (tornare)
4. Mi dispiace che Lei ...... disturbarsi per me. (dovere)
5. Se Aldo non va d'accordo con i genitori, è meglio che ..... da solo. (vivere)

**2. Come sopra:**

1. Rita ha paura di dare l'esame, sebbene ...... ben preparata. (essere)
2. Vi posso aspettare, a condizione che ...... entro una mezz'ora. (finire)
3. So che cosa devo fare, senza che me lo ...... tu. (dire)
4. Usciamo subito, prima che ...... a piovere! (cominciare)
5. È difficile trovare un parcheggio, a meno che uno non ...... una macchina piccola. (avere)

**3. Completate le seguenti frasi secondo il senso:**

1. Secondo me i Rossi ........... molto ricchi.
2. So che i Rossi ........... molto ricchi.
3. Credo che i Rossi ........... molto ricchi.
4. I loro amici dicono che i Rossi ........... molto ricchi
5. Dicono che i Rossi ........... molto ricchi.
6. Non sono convinto che i Rossi ........... molto ricchi.
7. I Rossi .......... ricchi davvero, se spendono tanto.
8. I Rossi .......... molto ricchi, visto che spendono tanto.
9. Sebbene ........... ricchi, i Rossi non amano spendere molto.
10. Anche se ........... ricchi, i Rossi non amano spendere molto.

**4. Mettete le parole indicate a parte nel posto che di solito occupano nella frase:**

1. Anna non ha finito di pranzare. (ancora)
2. Laura ha viaggiato molto. È stata in Asia. (anche)
3. Marco è tornato dall'ufficio, perciò è stanco. (appena)
4. Sergio va in montagna, perché il mare lo rende nervoso. (sempre)
5. Non avevo visto un panorama così bello! (mai)

**5. Ed ora il test n. 11 che si trova in fondo al libro.**

## VI.1. Lavoro e famiglia

Quando fu il giorno in cui dovetti pronunciarmi sul mestiere,[1] a mio padre che me lo chiedeva, risposi:
«Voglio fare il venditore di semi!».
Mio padre disse che il venditore di semi non era un mestiere: mestiere era fare il falegname,[2] il meccanico o il fornaio.[3]
Siccome[4] io insistevo, mio padre aggiunse:
«Il venditore di semi è un mestiere da vagabondo[5]!».
Avrei voluto rispondergli che non sapevo arrendermi all'idea[6] di trascorrere la giornata al chiuso di un laboratorio[7] o di un'officina.[8] Temevo le grosse mani di operaio di mio padre. Mi colpivano tra collo e cervelletto.[9] Egli già si stava arrabbiando; rimproverava mia madre di[10] avermi dato una cattiva educazione. Egli era un uomo che aveva delle grosse mani di operaio, leggeva il suo giornale, la sua bluse[11] era unta[12] di grasso; passava le sue giornate al chiuso di un'officina; i suoi capelli erano castani,[13] fuligginosi.[14] La domenica spariva come andasse[15] di nuovo a lavorare, provvisorio nel suo vestito grigio.[16] Io gli volevo bene, non soltanto lo temevo: mi piaceva la sua forza, il suo cipiglio.[17]
Ero un ragazzo di dodici anni e avrei voluto dirgli:
«Sai, babbo, c'è il sole quando stai in officina. L'acqua del fiume è

verde, i lupini[18] d'oro, e i semi fanno faville.[19] Io non posso fare a meno di tutto questo, della mia libertà».
Fu mio padre, invece, a dirmi:
«Devi imparare un mestiere. Lavorare sul serio, distrae. S'impara più che un mestiere, qualcosa d'altro, di forte. Un venditore di semi, quando sarai grande, parrà[20] anche a te un vagabondo, un uomo che non ha avuto il coraggio del suo vero nome».
Ecco, babbo, io sono grande, e non ancora i poeti hanno un nome.

Vasco Pratolini, *Mestiere da vagabondo*, Bompiani

**Note**

1. dovetti pronunciarmi sul mestiere: dovetti dire che mestiere avrei voluto fare da grande; 2. falegname: artigiano che lavora il legno per fare mobili e altri oggetti; 3. fornaio: operaio che fa il pane o proprietario di un negozio dove si vende il pane; 4. siccome: poiché; 5. vagabondo: persona che non ha né una residenza né un lavoro fisso; 6. non sapevo arrendermi all'idea...: non potevo accettare l'idea...; 7. laboratorio: locale dove si eseguono lavori di vario genere; 8. officina: locale dove si eseguono lavori di meccanica; 9. tra collo e cervelletto: sulla nuca (parte inferiore della testa); 10. rimproverava mia madre di...: diceva a mia madre che aveva la colpa di...; 11. bluse: camiciotto da lavoro (dal francese *blouse*); 12. unta: sporca di grasso; 13. castani: di colore fra il biondo e il bruno; 14. fuligginosi: pieni di polvere nera; 15. come andasse: per l'uso del congiuntivo, vedere unità 24; 16. provvisorio nel suo vestito grigio: il vestito era quello della festa e perciò gli dava un aspetto diverso dal solito, cioè da quello abituale che aveva con il camiciotto da lavoro; 17. cipiglio: atteggiamento del volto che mostra severità; 18. lupini: tipo di semi simili a legumi; 19. fanno faville: hanno un aspetto invitante; 20. parrà: sembrerà.

## VI.2. Test

| | Vero | Falso |
|---|---|---|
| 1. Da piccolo lo scrittore non voleva bene al padre. | ☐ | ☐ |
| 2. Da adulto avrebbe voluto fare il venditore di semi. | ☐ | ☐ |
| 3. Aveva paura delle mani del padre perché qualche volta lo colpivano alla nuca. | ☐ | ☐ |
| 4. Per andare a lavorare il padre metteva il vestito grigio. | ☐ | ☐ |
| 5. Il padre era d'accordo che il ragazzo da grande facesse il venditore di semi. | ☐ | ☐ |
| 6. Il ragazzo aveva dodici anni quando il padre gli chiese che mestiere avrebbe voluto fare. | ☐ | ☐ |

# Unità 23

# Ad una stazione di servizio

## I.1.

| | |
|---|---|
| *Addetto* | Dica, signore! |
| *Sig. Valli* | Mi faccia il pieno! |
| *Addetto* | La benzina normale è terminata. |
| *Sig. Valli* | Non importa. Metta pure la super! |
| *Addetto* | Mi dia la chiave del serbatoio, per favore! |
| *Sig. Valli* | Scusi, dimenticavo che il tappo era chiuso. |
| *Addetto* | Ecco fatto! L'acqua è a posto? |
| *Sig. Valli* | Non so. Me la controlli, per favore! |
| *Addetto* | Ne mancava un bel po'. In questa stagione va aggiunta spesso! |
| *Sig. Valli* | Guardi un po' anche l'olio! |
| *Addetto* | È sotto il minimo ed è molto denso. Secondo me va cambiato. |
| *Sig. Valli* | Allora lo cambi, perché mi aspetta un lungo viaggio. |
| *Addetto* | Se è così, andrebbe controllata anche la pressione delle gomme. |
| *Sig. Valli* | Non è molto che l'ho fatta misurare... |
| *Addetto* | Sì, ma prima di un viaggio va controllata in ogni caso. Le dispiacerebbe spostarsi un po' più avanti? |

## I.2. Esercizi orali

**1. Rispondete alle seguenti domande:**

1. Perché il signor Valli si è fermato alla stazione di servizio?
2. Perché l'addetto deve mettere la benzina super?
3. Che cosa controlla l'addetto?
4. Perché l'olio va cambiato?
5. Cosa dice l'addetto a proposito della pressione delle gomme?
6. Cosa vuole far riparare il signor Valli?
7. Cosa chiede, infine, il signor Valli all'addetto?

| | |
|---|---|
| *Sig. Valli* | Un momento, che metto in moto! |
| *Addetto* | Non c'è bisogno. Tolga il freno, che la spingo io! |
| *Sig. Valli* | A proposito: qui si possono riparare le gomme? |
| *Addetto* | Certo! Vengono riparate in pochi minuti. |
| *Sig. Valli* | Allora approfitterei per far riparare la ruota di scorta. |
| *Addetto* | Me la dia, gliela faccio fare mentre aspetta il cambio dell'olio. |
| *Sig. Valli* | Il portabagagli è aperto: la prenda pure! Nel frattempo vado a bere qualcosa al bar. Mi avverta quando è tutto fatto! |
| *Addetto* | Non dubiti! Vada pure tranquillo! |
| *Sig. Valli* | Ah, senta! Non avrebbe mica una carta stradale dell'Italia? |
| *Addetto* | No, noi non le teniamo. Provi a cercarla al prossimo distributore dove c'è l'autogrill Pavesi. Forse lì ce l'hanno. ◎ |

**I.3. Completate i dialoghi secondo il modello:**

a) È proprio necessario che io *scriva*?
Sì, *scriva*, per favore!

1. È proprio necessario che io scriva?

...................................................................................................

2. È proprio necessario che io ripeta?

...................................................................................................

3. È proprio necessario che io scenda?

...................................................................................................

4. È proprio necessario che io legga?

....................................................................................................................................

5. È proprio necessario che io rimanga?

....................................................................................................................................

b) È meglio che esca anch'io?
Sì, *esca* anche Lei!

1. È meglio che esca anch'io?

....................................................................................................................................

2. È meglio che parta anch'io?

....................................................................................................................................

3. È meglio che senta anch'io?

....................................................................................................................................

4. È meglio che venga anch'io?

....................................................................................................................................

5. È meglio che salga anch'io?

....................................................................................................................................

c) Permette che ascolti anch'io?
Prego, *ascolti* pure!

1. Permette che ascolti anch'io?

....................................................................................................................................

2. Permette che guardi anch'io?

....................................................................................................................................

3. Permette che provi anch'io?

....................................................................................................................................

4. Permette che entri anch'io?

....................................................................................................................................

5. Permette che resti anch'io?

....................................................................................................................................

## I.4. Leggete i seguenti dialoghi:

*Confidenziale (tu)*

Sono rimasto senza sigarette.
*Prendi* questo pacchetto; io ne ho un altro.
Grazie, e a buon rendere!
Per carità!

Mi sembra che faccia troppo caldo qui, non trovi?
Se vuoi, *apri* la finestra!
A te non dà fastidio?
No, anzi!

Permesso?
Avanti!
Disturbo?
No, prego, *entra* pure!

Sai a chi potrei rivolgermi per avere un'informazione?
*Cerca* del signor Mauri.
Lo conosci bene?
Sì. *Va'* da lui a nome mio.

*Scusa*!
Dici a me?
Sì, proprio a te.
*Di'* pure!
Sai se qui intorno c'è un meccanico?
Non saprei. Non sono pratico di questa zona.

*Scusa*, hai ancora molto da fare?
Solo qualche minuto. *Abbi* pazienza!

Viaggiare in treno è troppo caro. Farò l'autostop.
*Sta'* attenta! È pericoloso per una ragazza sola.
Io non ho paura.
Allora *fa'* come vuoi, però *sappi* che è un grosso rischio.

*Formale (Lei)*

Sono rimasto senza sigarette.
*Prenda* questo pacchetto; io ne ho un altro.
Grazie, e a buon rendere!
Per carità!

Mi sembra che faccia troppo caldo qui, non trova?
Se vuole, *apra* la finestra!
A Lei non dà fastidio?
No, anzi!

Permesso?
Avanti!
Disturbo?
No, prego, *entri* pure!

Sa a chi potrei rivolgermi per avere un'informazione?
*Cerchi* del signor Mauri.
Lo conosce bene?
Sì. *Vada* da lui a nome mio.

*Scusi*!
Dice a me?
Sì, proprio a Lei.
*Dica* pure!
Sa se qui intorno c'è un meccanico?
Non saprei. Non sono pratico di questa zona.

*Scusi*, ha ancora molto da fare?
Solo qualche minuto. *Abbia* pazienza!

Viaggiare in treno è troppo caro. Farò l'autostop.
*Stia* attenta! È pericoloso per una ragazza sola.
Io non ho paura.
Allora *faccia* come vuole, però *sappia* che è un grosso rischio.

**I.5. Trasformate le seguenti frasi secondo il modello:**

a) Corri, altrimenti farai tardi!
*Corra, altrimenti farà tardi!*

1. Prendi l'autobus, così non avrai problemi di parcheggio!

.................................................................................................................................

2. Scendi alla fermata davanti al museo!

.................................................................................................................................

3. Chiedi se c'è una riduzione per studenti!

.................................................................................................................................

4. Scrivi a macchina almeno l'indirizzo!

.................................................................................................................................

5. Smetti di bere e starai sicuramente meglio!

.................................................................................................................................

b) Scegli il posto che preferisci!
*Scelga il posto che preferisce!*

1. Spegni la sigaretta prima di entrare!

.................................................................................................................................

2. Vieni a prendermi alle sei in ufficio!

.................................................................................................................................

3. Togli il prezzo, altrimenti fai una brutta figura!

.................................................................................................................................

4. Spingi la macchina un po' più in là!

.................................................................................................................................

5. Sali a piedi, perché l'ascensore è guasto!

c) Finisci con calma, non c'è fretta!
*Finisca con calma, non c'è fretta!*

1. Avverti a casa che non torni a pranzo!

.................................................................................................................................

2. Parti di notte: c'è meno traffico!

.................................................................................................................................

3. Pulisci gli occhiali, se no non ci vedi bene!

.................................................................................................................................

4. Dormi di più, altrimenti finirai male!

.................................................................................................................................

5. Segui i consigli del medico se vuoi star bene!

.................................................................................................................................

d) Cerca **subito un albergo!**
*Cerchi* ***subito un albergo!***

1. **Dimentica quella brutta storia!**

   ..............................................................................................................

2. **Spiega qual è il problema!**

   ..............................................................................................................

3. **Indica sulla carta dove passa l'autostrada!**

   ..............................................................................................................

4. **Prega il tassista di aspettare!**

   ..............................................................................................................

5. **Gioca a tennis, se è possibile!**

   ..............................................................................................................

e) Di' **all'addetto di cambiare l'olio!**
*Dica* ***all'addetto di cambiare l'olio!***

1. **Fa' attenzione, c'è il limite di velocità!**

   ..............................................................................................................

2. **Va' piano, se no prendi la multa!**

   ..............................................................................................................

3. **Sta' tranquillo, andrà tutto bene!**

   ..............................................................................................................

4. **Da' l'esame, non è difficile!**

   ..............................................................................................................

5. **Abbi fiducia, tutto si sistemerà!**

   ..............................................................................................................

## I.6. Leggete i seguenti dialoghi:

*Confidenziale (tu)*

Ho un mal di testa terribile!
*Riposati* un po'! Se vuoi, *stenditi* sul divano.
No, preferisco prendere una boccata d'aria.
Allora *va'* in terrazza, ma *copriti* bene, perché l'aria è umida.

Perché non vieni con noi? Passeresti una bella giornata!
Non posso proprio, *credimi*!
Peccato!
Sarà per un'altra volta!

*Sii* gentile, *dammi* una mano a cambiare la ruota!
Ti aiuterei volentieri, ma sono negato per queste cose.
Allora che fai quando buchi?
Resto per strada finché non si ferma qualcuno.

Tu non prendi vino?
No, non sono abituato a bere.
*Fa'* un'eccezione! *Assaggialo*, ne vale la pena!
Sentiamo!
Beh?
Avevi ragione!

Dovrei fare una telefonata in teleselezione.
*Falla* dopo le nove e mezzo, così spendi di meno.

Che belle rose!
Se ti piacciono, *cogline* quante ne vuoi!
Posso davvero?
*Fa'* pure!

Prima di partire *lasciami* l'indirizzo!
Non posso dartelo perché non ho ancora fissato l'albergo.
E se arriva posta per te, dove te la rispedisco?
*Mandamela* fermo posta!

Vado dal tabaccaio. Vuoi che ti compri le sigarette?
Magari!
Ti basta un pacchetto?
No, *prendimene* due, per favore!
Senz'altro!

*Formale (Lei)*

Ho un mal di testa terribile!
*Si riposi* un po'! Se vuole, *si stenda* sul divano.
No, preferisco prendere una boccata d'aria.
Allora *vada* in terrazza, ma *si copra* bene, perché l'aria è umida.

Perché non viene con noi? Passerebbe una bella giornata!
Non posso proprio, *mi creda*!
Peccato!
Sarà per un'altra volta!

*Sia* gentile, *mi dia* una mano a cambiare la ruota!
L'aiuterei volentieri, ma sono negato per queste cose.
Allora che fa quando buca?
Resto per strada finché non si ferma qualcuno.

Lei non prende vino?
No, non sono abituato a bere.
Faccia un'eccezione! *Lo assaggi*, ne vale la pena!
Sentiamo!
Beh?
Aveva ragione!

Dovrei fare una telefonata in teleselezione.
*La faccia* dopo le nove e mezzo, così spende di meno.

Che belle rose!
Se Le piacciono, *ne colga* quante ne vuole!
Posso davvero?
*Faccia* pure!

Prima di partire *mi lasci* l'indirizzo!
Non posso darglielo perché non ho ancora fissato l'albergo.
E se arriva posta per Lei, dove Gliela rispedisco?
*Me la mandi* fermo posta!

Vado dal tabaccaio. Vuole che Le compri le sigarette?
Magari!
Le basta un pacchetto?
No, *me ne prenda* due, per favore!
Senz'altro!

## I.7. Completate le frasi secondo il modello:

Franca, siediti qui! *Si sieda qui anche Lei, signora!*

1. Franca, siediti qui! ..............................
2. Maria, copriti bene! ..............................
3. Anna, iscriviti al corso! ..............................
4. Paola, deciditi a restare! ..............................
5. Carla, mettiti a dormire! ..............................

## 2. Trasformate le seguenti frasi secondo il modello:

Se vuoi usare la macchina, usala pure!
*Se vuole usare la macchina, la usi pure!*

1. Se vuoi usare la macchina, usala pure!
..............................
2. Se vuoi fumare una sigaretta, fumala pure!
..............................
3. Se vuoi portare un'amica, portala pure!
..............................
4. Se vuoi lasciare la borsa, lasciala pure!
..............................
5. Se vuoi guardare la televisione, guardala pure!
..............................

## 3. Come sopra:

Ti compro il giornale? Sì, compramelo, per favore!
*Le compro il giornale? Sì, me lo compri, per favore!*

1. Ti compro il giornale? Sì, compramelo, per favore!
..............................
2. Ti scrivo l'indirizzo? Sì, scrivimelo, per favore!
..............................
3. Ti faccio il biglietto? Sì, fammelo, per favore!
..............................
4. Ti do il cappotto? Sì, dammelo, per favore!
..............................
5. Ti ripeto il numero? Sì, ripetimelo, per favore!
..............................

## I.8. Leggete i seguenti dialoghi:

| *Confidenziale (tu)* | *Formale (Lei)* |
| --- | --- |
| *Prendi* più carne! | *Prenda* più carne! |
| Grazie, basta così! | Grazie, basta così! |
| *Non fare* complimenti! | *Non faccia* complimenti! |
| A pranzo mangio pochissimo. | A pranzo mangio pochissimo. |
| Allora non insisto. Buon appetito! | Allora non insisto. Buon appetito! |
| Grazie altrettanto! | Grazie altrettanto! |
| | |
| Potrei dirti due parole? | Potrei dirLe due parole? |
| Certamente! Ma perché resti in piedi? *Siediti*! | Certamente! Ma perché resta in piedi? *Si sieda*! |
| Non vorrei rubarti troppo tempo. | Non vorrei rubarLe troppo tempo. |
| *Non preoccuparti*! | *Non si preoccupi*! |
| | |
| Come mai questa porta non si apre? | Come mai questa porta non si apre? |
| *Non tirarla, spingila*! | *Non la tiri, la spinga*! |
| | |
| Dovrei tagliarmi i capelli. Potresti indicarmi un buon parrucchiere? | Dovrei tagliarmi i capelli. Potrebbe indicarmi un buon parrucchiere? |
| *Va'* dal mio! È bravo e non troppo caro. | *Vada* dal mio! È bravo e non troppo caro. |
| *Dammi* l'indirizzo! | *Mi dia* l'indirizzo! |
| Lorenzo, Via Cairoli, 21. | Lorenzo, Via Cairoli, 21. |
| Bene! Ci vado domattina. | Bene! Ci vado domattina. |
| No, *non andarci* proprio di sabato: c'è da aspettare troppo! | No, *non ci vada* proprio di sabato: c'è da aspettare troppo! |
| | |
| Per quanto tempo è stato re Umberto II? | Per quanto tempo è stato re Umberto II? |
| *Non chiedermelo*! Non saprei risponderti. | *Non me lo chieda*! Non saprei risponderLe. |
| Non hai studiato la storia a scuola? | Non ha studiato la storia a scuola? |
| Sì, ma sono passati tanti anni! | Sì, ma sono passati tanti anni! |

## I.9. Completate le frasi secondo il modello:

a) Aldo, non scendere!
*Non scenda* ***neppure Lei, signora!***

1. Aldo, non scendere! ..........................................................
2. Sergio, non correre! ..........................................................
3. Paolo, non rispondere! ..........................................................
4. Mario, non insistere! ..........................................................
5. Gianni, non discutere! ..........................................................

b) Non preoccuparti„ **Anna!**
*Non si preoccupi* ***Lei*****, piuttosto!**

1. Non preoccuparti, Anna!

.......................................................................................................

2. Non arrabbiarti, Luisa!

.......................................................................................................

3. Non stancarti, Paola!

.......................................................................................................

4. Non bagnarti, Rita!

.......................................................................................................

5. Non dimenticarti, Laura!

.......................................................................................................

**I.10. Trasformate le seguenti frasi secondo il modello:**

a) Marco non sa cosa dice: non ascoltarlo !
Marco non sa cosa dice: *non lo ascolti* !

1. Luigi non viene: non aspettarlo!

.......................................................................................................

2. Queste sigarette sono forti: non fumarle!

.......................................................................................................

3. Quei fogli possono ancora servire: non buttarli!

.......................................................................................................

4. È un'offerta interessante: non rifiutarla!

.......................................................................................................

b) Paolo è geloso della macchina: non chiedergliela !
Paolo è geloso della macchina: *non gliela chieda !*

1. Questo posto è di Sandra: non prenderglielo!

.......................................................................................................

2. Ugo deve sapere la verità: non nascondergliela!

.......................................................................................................

3. Marco preferisce stare con la finestra aperta: non chiudergliela!

.......................................................................................................

4. Rita è curiosa di sapere quanti anni ho: non dirglielo!

.......................................................................................................

## I.11. Conversazioni

| Loro *(formale)* | Voi *(non formale)* |
| --- | --- |
| *Entrino*, prego! | *Entrate*, prego! |
| Disturbiamo? | Disturbiamo? |
| Affatto! *Si accomodino* pure! | Affatto! *Accomodatevi* pure! |
| *Mi scusino*, chi devo annunciare al direttore? | *Scusatemi*, chi devo annunciare al direttore? |
| Il dottor Baroni e signora. | Baroni. |
| *Attendano* un momento! | *Attendete* un momento! |
| Prego! | Prego! |
| Possono accomodarsi! | Potete accomodarvi! |
| Grazie! | Grazie! |
| Ecco la ricevuta. *Non la perdano* altrimenti non possono ritirare i documenti! | Ecco la ricevuta. *Non perdetela* altrimenti non potete ritirare i documenti! |
| Veniamo qui a ritirarli? | Veniamo qui a ritirarli? |
| No, *vadano* allo sportello sei! | No, *andate* allo sportello sei! |

## I.12. Come si dice in un altro modo

| | |
| --- | --- |
| Dovrei fare un vaglia. | Dovrei fare un vaglia. |
| Compili questo modulo! | Compili questo modulo! |
| Non sono pratico di queste cose. | Non sono pratico di queste cose. |
| Potrebbe spiegarmi come si fa? | Potrebbe spiegarmi come si fa? |
| È semplice. Qui *deve essere scritta* la somma in cifre e qui *deve essere riportata* in lettere. Il nome e l'indirizzo del destinatario *devono essere scritti* a stampatello. | È semplice. Qui *va scritta* la somma in cifre e qui *va riportata* in lettere. Il nome e l'indirizzo del destinatario *vanno scritti* a stampatello. |
| È tutto? | È tutto? |
| Aggiunga la data e l'indirizzo del mittente! | Aggiunga la data e l'indirizzo del mittente! |
| Vorrei prenotare un posto nel vagone-letto per Monaco. | Vorrei prenotare un posto nel vagone letto per Monaco. |
| Per quando? | Per quando? |
| Per dopodomani. | Per dopodomani. |
| Allora niente da fare! È tutto esaurito. | Allora niente da fare! È tutto esaurito. |
| Non ci sarebbe neppure una cuccetta? | Non ci sarebbe neppure una cuccetta? |
| Purtroppo no. Avrebbe dovuto pensarci prima! Si sa che le prenotazioni *devono essere fatte* con molto anticipo. | Purtroppo no. Avrebbe dovuto pensarci prima! Si sa che le prenotazioni *vanno fatte* con molto anticipo. |
| Lei ha ragione, ma può anche succedere che uno debba partire all'improvviso. | Lei ha ragione, ma può anche succedere che uno debba partire all'improvviso. |

Il Suo aereo parte alle 14.25.
A che ora devo essere all'aeroporto?
Per sicurezza non più tardi delle 12.30.
Come mai così presto?
Perché i bagagli *devono essere consegnati* con un certo anticipo, e poi c'è il controllo dei passaporti.
E ci vuole tanto tempo?
Dipende dal numero dei passeggeri.

Il Suo aereo parte alle 14.25.
A che ora devo essere all'aeroporto?
Per sicurezza non più tardi delle 12.30.
Come mai così presto?
Perché i bagagli *vanno consegnati* con un certo anticipo, e poi c'è il controllo dei passaporti.
E ci vuole tanto tempo?
Dipende dal numero dei passeggeri.

Questo liquore si beve con ghiaccio?
No, *deve essere bevuto* liscio, altrimenti non si sente bene il sapore.

Questo liquore si beve con ghiaccio?
No, *va bevuto* liscio, altrimenti non si sente bene il sapore.

Non mi dà nessuna medicina, dottore?
Lei ha più bisogno di riposo che di medicine!
E quando sento che la pressione scende, che prendo?
Se proprio vuole, Le segno delle gocce per il cuore. Ricordi che *devono essere prese* due volte al giorno, prima dei pasti principali!

Non mi dà nessuna medicina, dottore?
Lei ha più bisogno di riposo che di medicine!
E quando sento che la pressione scende, che prendo?
Se proprio vuole, Le segno delle gocce per il cuore. Ricordi che *vanno prese* due volte al giorno, prima dei pasti principali!

## I.13. Ed'ora completate i dialoghi secondo il modello:

a) L'acqua deve essere cambiata spesso?
Sì, *va cambiata* spesso.

1. L'acqua deve essere cambiata spesso?
 ..............................................................................................................
2. L'affitto deve essere pagato in anticipo?
 ..............................................................................................................
3. La denuncia deve essere fatta subito?
 ..............................................................................................................

b) Gli animali devono essere lasciati fuori?
Sì, *vanno lasciati* fuori.

1. Gli animali devono essere lasciati fuori?
 ..............................................................................................................
2. Le tasse devono essere pagate in banca?
 ..............................................................................................................
3. I nomi devono essere scritti a stampatello?
 ..............................................................................................................

**I.14. Trasformate le seguenti frasi secondo il modello:**

a) Questo dente dovrebbe essere tolto subito.
Questo dente *andrebbe tolto* subito.

1. Questo dente dovrebbe essere tolto subito.
.................................................................................................................

2. Questa stanza dovrebbe essere messa in ordine.
.................................................................................................................

3. Questo vino dovrebbe essere servito freddo.
.................................................................................................................

b) Queste gomme dovevano essere cambiate molto prima.
Queste gomme *andavano cambiate* molto prima.

1. Queste gomme dovevano essere cambiate molto prima.
.................................................................................................................

2. Questi problemi dovevano essere risolti molto prima.
.................................................................................................................

3. Queste rose dovevano essere colte molto prima.
.................................................................................................................

## I.15. Come si dice in un altro modo

Il calcio è molto popolare da voi, vero?
Sì, *è seguito* da molti.
Fra i tifosi ci sono molte donne?
Sì, moltissime.

Ho sentito che è uscita una nuova utilitaria.
Parla della «Panda»?
Sì, mi pare che si chiami così.
Da chi *è fabbricata?*
Dalla Fiat.

È contenta del corso che frequenta?
Sì, sono più che soddisfatta.
E nelle altre classi come vanno le cose?
Bene, perché tutti i corsi *sono tenuti* da bravi insegnanti.

Il calcio è molto popolare da voi, vero?
Sì, *viene seguito* da molti.
Fra i tifosi ci sono molte donne?
Sì, moltissime.

Ho sentito che è uscita una nuova utilitaria.
Parla della «Panda»?
Sì, mi pare che si chiami così.
Da chi *viene fabbricata?*
Dalla Fiat.

È contenta del corso che frequenta?
Sì, sono più che soddisfatta.
E nelle altre classi come vanno le cose?
Bene, perché tutti i corsi *vengono tenuti* da bravi insegnanti.

**I.16.1. Completate le seguenti frasi secondo il modello:**

Questo spettacolo *è seguito* da milioni di persone. (seguire)

1. Questa musica ........... soprattutto dagli anziani. (apprezzare)
2. Questo tipo di giornale ........... da poche persone. (leggere)
3. La cena di stasera ........... dal direttore. (offrire)
4. Quell'uomo ........... da molti, perché è autoritario. (odiare)
5. La lezione di conversazione ........... da un'insegnante nuova. (tenere)

## 2. Trasformate ora, secondo il modello, le frasi che avete appena completato:

Questo spettacolo *è seguito* da milioni di persone.
Questo spettacolo *viene seguito* da milioni di persone.

1. Questa musica è apprezzata soprattutto dagli anziani.

   ..............................................................................................................................

2. Questo tipo di giornale è letto da poche persone.

   ..............................................................................................................................

3. La cena di stasera è offerta dal direttore.

   ..............................................................................................................................

4. Quell'uomo è odiato da molti, perché è autoritario.

   ..............................................................................................................................

5. La lezione di conversazione è tenuta da un'insegnante nuova.

   ..............................................................................................................................

## 3. Trasformate ora nello stesso modo le seguenti frasi:

I Rossi sono rispettati da tutti.
I Rossi *vengono rispettati* da tutti.

1. Di solito le ragazze belle sono considerate stupide dagli uomini.

   ..............................................................................................................................

2. Molti giovani sono spinti a rubare dal bisogno di comprare la droga.

   ..............................................................................................................................

3. Alcune parole nuove sono usate quasi esclusivamente dai giovani.

   ..............................................................................................................................

4. I francobolli sono venduti anche dai tabaccai.

   ..............................................................................................................................

## 4. Leggete i seguenti dialoghi:

Marco ha deciso da solo di riprendere gli studi?
No, *è stato consigliato* dai genitori.

Maria non torna a pranzo?
No, *è stata invitata* da amici.

Il viaggio è andato bene?
Sì, devo dire che *è stato organizzato* in maniera perfetta.

Avete potuto risolvere il vostro problema?
Sì, *siamo stati ricevuti* dal direttore in persona.
Avete avuto fortuna!

**5. Trasformate le seguenti frasi secondo il modello:**

a) Carla ha preparato il pranzo.
Il pranzo è *stato preparato* da Carla.

1. Franco ha deciso la data.

.......................................................................................................................

2. Giulio ha scoperto il sistema.

.......................................................................................................................

3. Rita ha organizzato la festa.

.......................................................................................................................

b) Hanno fatto tanti danni.
*Sono stati fatti* tanti danni.

1. Hanno tagliato tanti alberi.

.......................................................................................................................

2. Hanno ucciso tanti animali.

.......................................................................................................................

3. Hanno ripetuto tanti errori.

.......................................................................................................................

# I.17. Come si dice in un altro modo

Che bella cravatta! Dove l'hai comprata?
*Me l'hanno regalata.*
Chi l'ha scelta, ha molto buon gusto!

Pare che il prezzo della benzina aumenti di nuovo.
*Chi te l'ha detto?*
Non hai letto il giornale stamattina? Se ne parlano i giornali, deve essere sicuro.

Che bella cravatta! Dove l'hai comprata?
*Mi è stata regalata.*
Chi l'ha scelta, ha molto buon gusto!

Pare che il prezzo della benzina aumenti di nuovo.
*Da chi ti è stato detto?*
Non hai letto il giornale stamattina? Se ne parlano i giornali, deve essere sicuro.

# II.1. Lei è in contravvenzione: concilia?

*Vigile* Buongiorno!
*Automobilista* Buongiorno!
*Vigile* Non ha visto che c'è il limite di velocità?

*Automobilista* Ma io andavo pianissimo!
*Vigile* Non mi pare! Lei andava a ottanta all'ora, perciò è in contravvenzione.

| | |
|---|---|
| *Automobilista* | Mi lasci spiegare ... |
| *Vigile* | Non insista! Mi dia la patente e il libretto! |
| *Automobilista* | Ecco a Lei! |

3

| | |
|---|---|
| *Vigile* | Tenga! Ora accenda i fari! |
| *Automobilista* | Subito! |

4

| | |
|---|---|
| *Vigile* | Schiacci il pedale del freno! |
| *Automobilista* | Ecco! |

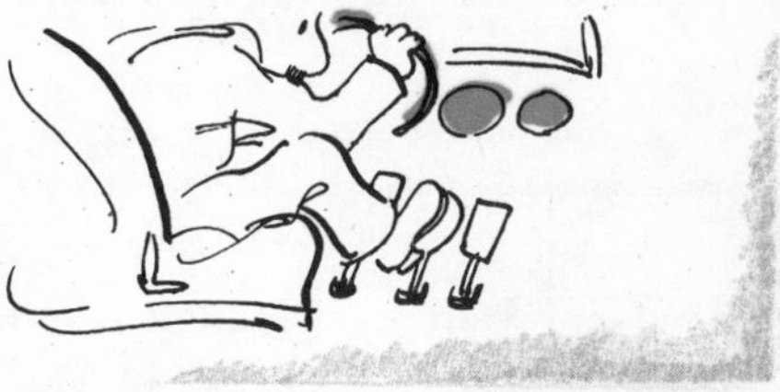
5

| | |
|---|---|
| *Vigile* | Guardi che il fanalino destro non funziona! |
| *Automobilista* | È vero? Non me n'ero accorto! |

6

| | |
|---|---|
| *Vigile* | Faccia sostituire subito la lampadina! |
| *Automobilista* | Non dubiti! Mi fermerò al prossimo distributore. |

7

| | |
|---|---|
| *Vigile* | Le gomme posteriori sono lisce. Dovrei farLe la multa anche per questo... |
| *Automobilista* | Sia gentile, lasci perdere! |

8

| | |
|---|---|
| *Vigile* | Il codice parla chiaro! Allora che fa, concilia? |
| *Automobilista* | Sì, se proprio non può chiudere un occhio, pago subito. ◎ |

9

## II.2. Rispondete alle seguenti domande:

1. Perché l'automobilista è in contravvenzione?
2. Che cosa chiede di vedere l'agente?
3. Che cosa deve fare l'automobilista?
4. C'è qualcosa che non funziona?
5. Che cosa ordina di fare l'agente?
6. Qual è l'altra ragione per cui l'agente deve fare la multa?
7. Potrebbe spiegare con altre parole il senso dell'espressione «chiudere un occhio»?

# III.1. Riflessione grammaticale

| a) | tu | Lei |
|---|---|---|
| Prend*ere* | Marco, prendi l'autobus! | Signorina, prenda l'autobus! |
| apr*ire* | Marco, apri la finestra! | Signorina, apra la finestra! |
| entr*are* | Marco, entra pure! | Signorina, entri pure! |
| cerc*are* | Marco, cerca un albergo! | Signorina, cerchi un albergo! |

| b) | | |
|---|---|---|
| essere | Marco, *sii* più gentile! | Signorina, *sia* più gentile! |
| avere | Marco, *abbi* pazienza! | Signorina, *abbia* pazienza! |

| c) | |
|---|---|
| Marco, riposati! stenditi! copriti! | Signorina, si riposi! si stenda! si copra! |
| Il vino è ottimo: assaggialo! | Il vino è ottimo: lo assaggi! |
| Non posso proprio: credimi! | Non posso proprio: mi creda! |
| Non ho il giornale: compramelo! | Non ho il giornale: me lo compri! |

| d) | |
|---|---|
| Marco, *non fare* complimenti! | Signorina, *non faccia* complimenti! |
| ***non disturbarti!*** | ***non si disturbi!*** |
| La porta si spinge, ***non tirarla!*** | La porta si spinge, ***non la tiri!*** |
| Paolo è geloso della macchina: ***non chiedergliela!*** | Paolo è geloso della macchina: ***non gliela chieda!*** |

| e) | |
|---|---|
| voi | Loro |
| Entr*ate*, prego! | Entr*ino*, prego! |
| Attend*ete* un momento! | Attend*ano* un momento! |
| Us*cite* di là! | Es*cano* di là! |
| Accomodatevi pure! | Si accomodino pure! |
| Ecco la ricevuta: non perdetela! | Ecco la ricevuta: non la perdano! |

| f) | | | |
|---|---|---|---|
| La somma | deve essere | scritta | in cifre |
| Questo liquore | va | bevuto | liscio |
| Il nome e il cognome | devono essere | scritti | a stampatello |
| Le tasse | vanno | pagate | in banca |

| g) | | | |
|---|---|---|---|
| La somma | deve essere<br>va<br>si deve | scritta<br><br>scrivere | in cifre |
| Il nome e il cognome | devono essere<br>vanno<br>si devono | scritti<br><br>scrivere | a stampatello |
| Questo vino | dovrebbe essere<br>andrebbe<br>si dovrebbe | servito<br><br>servire | freddo |

| h) | | | |
|---|---|---|---|
| Il calcio | è | seguito | da molti |
| La «Panda» | viene | fabbricata | dalla Fiat |
| I corsi | sono | tenuti | da bravi insegnanti |
| Le lezioni | vengono | tenute | da ottimi professori |

| i) | | | |
|---|---|---|---|
| I genitori | hanno consigliato | Maria | di riprendere |
| Maria | è stata consigliata | dai genitori | gli studi |
| | Hanno organizzato | il viaggio | in maniera |
| Il viaggio | è stato organizzato | | perfetta |

| l) | | | |
|---|---|---|---|
| Chi | te l' | ha detto? | |
| Da chi | ti | è stato | detto? |
| Chi | gliel' | ha detto? | |
| Da chi | Le<br>le<br>gli | è stato | detto? |

**III.2. Trasformate le seguenti frasi secondo il modello:**

a) Il signor Valli ha detto al ragazzo: «*Metta la super!*»
Il signor Valli ha detto al ragazzo *di mettere la super*.

1. Il signor Valli ha detto al ragazzo: «Metta la super!»
..........................................................................................................

2. Il signor Valli ha detto al ragazzo: «Controlli l'acqua!»
..........................................................................................................

3. Il signor Valli ha detto al ragazzo: «Guardi anche l'olio!»
..........................................................................................................

4. Il signor Valli ha detto al ragazzo: «Misuri la pressione delle gomme!»
..........................................................................................................

b) Il signor Valli ha detto al ragazzo: «*Mi faccia il pieno!*»
Il signor Valli ha detto al ragazzo *di fargli il pieno*.

1. Il signor Valli ha detto al ragazzo: «Mi faccia il pieno!»
..........................................................................................................

2. Il ragazzo ha detto al signor Valli: «Mi dia la chiave del serbatoio!»
..........................................................................................................

3. Il signor Rosi ha detto al signor Tini: «Mi lasci l'indirizzo!»
..........................................................................................................

4. Il signor Petrini ha detto al signor Risi: «Mi telefoni dopo le nove!»
..........................................................................................................

c) «*Si riposi un po'*, signora!»
Ho detto alla signora *di riposarsi un po'*.

1. «Si riposi un po', signora!»

   .................................................................................................................

2. «Si sieda in poltrona, signorina!»

   .................................................................................................................

3. «Si copra bene, signor Ratti!»

   .................................................................................................................

d) «*Non insista*, signora!»
Ho pregato la signora *di non insistere*.

1. «Non insista, signora!»

   .................................................................................................................

2. «Non gridi, signora!»

   .................................................................................................................

3. «Non si arrabbi, signora!»

   .................................................................................................................

**III.3. Raccontate il contenuto del dialogo fra il signor Valli e l'addetto al distributore, ricordando i seguenti punti:**

Fare il pieno / benzina normale terminata / chiave del serbatoio / aggiungere acqua / olio / pressione delle gomme / spostarsi / mettere in moto / togliere il freno / riparare le gomme / ruota di scorta / carta stradale / prossimo distributore /

**III.4. Rispondete alle seguenti domande:**

1. Nel Suo paese esiste il problema della benzina? Perché?
2. Che tipo di benzina si vende?
3. Quanto costa al litro?
4. È cara in rapporto al costo della vita?

**III.5. Descrivete le caratteristiche della vostra macchina, spiegando:**

a) che tipo di macchina è (utilitaria, di lusso, ecc.)
b) di che colore è
c) quante porte ha
d) quante persone può portare
e) dove ha il motore
f) qual è la velocità massima che può raggiungere
g) quanti chilometri fa con un litro di benzina in città e su strada
h) se il portabagagli è grande o piccolo
i) se il tappo del serbatoio si chiude a chiave

**III.6. Un amico vi dice che è appena uscita una nuova macchina. Fategli le domande necessarie per sapere quali sono le caratteristiche principali.**

**III.7.a. Certamente avrete preso la multa almeno una volta. Raccontate quando, dove e perché l'avete presa.**

**III.7.b. Se non guidate la macchina, chiedete ad una persona che ha preso la multa di raccontarvi quando, perché e dove l'ha presa.**

## IV Esercizio di pronuncia e intonazione

1. **C** e **Č**

Dica, signore!

Mi dia la chiave del serbatoio, per favore!

Dimenticavo che il tappo era chiuso!

Ecco fatto! L'acqua è a posto?

Vada pure tranquillo!

Non avrebbe mica una carta stradale della Francia?

Non faccia complimenti!

Preferisco prendere una boccata d'aria.

Non ha visto che c'è il limite di velocità?

Con questi occhiali non ci vedo bene.

2. **G** e **Ġ**

In questa stagione l'acqua va aggiunta spesso.

Tolga il freno, che la spingo io!

Queste gocce vanno prese tre volte al giorno.

Questo vino è ottimo: lo assaggi!

Il viaggio è stato organizzato in maniera perfetta.

3. *Sci/Sce*

Scenda alla prossima fermata!

Prima di partire mi lasci l'indirizzo!

Questo liquore va bevuto liscio.

È uscita una nuova utilitaria.

Sia gentile, lasci perdere!

# V Test

**A. Completate le frasi con le parole mancanti:**

1. Mi faccia ........... di super, per favore!
2. Per aprire la porta non deve tirare, ma ...........
3. Se Le fa male la testa, esca a prendere ........... d'aria!
4. Scusi, non avrebbe ........... un orario ferroviario?
5. Maria non è ........... di queste cose: è meglio che l'aiuti tu.

**B. Completate le frasi con la forma conveniente del verbo:**

1. Se si annoia a stare qui, ........... pure! (uscire)
2. Se vuole parlare con Gianni, ........... all'ora di cena! (telefonargli)
3. Se preferisce, ........... davanti! (sedersi)
4. Se Le dà fastidio il fumo, ...........! (dirmelo)
5. Se Sua moglie riposa, ...........! (non disturbarla)

**C. Completate le frasi secondo il senso:**

1. Questo film ........... visto dall'inizio.
2. Tutte le lettere ........... mandate di solito per via aerea.
3. Il furto ........... scoperto da un passante.
4. Le tasse ........... pagate entro la fine di maggio.
5. Il permesso di soggiorno ........... chiesto alla polizia.

**D. Completate le frasi con le preposizioni convenienti:**

1. La somma va scritta anche ........... lettere.
2. Maria è rimasta ........... strada perché ha bucato.
3. Marco non sa se partire in macchina o in treno. Dipende ........... tempo.
4. Dispiace anche a me non venire. Pazienza! Sarà ........... un'altra volta!
5. Se vuole un consiglio, vada .......... mio parrucchiere! È bravo e non è caro.

## VI.1. Modena: Ferrari e Maserati

Il modenese[1] vive nel furor[2] dei motori, e mescola[3] alla sua passione il pittoresco,[4] la speciale follia[5] emiliana. Qui tocca il vertice[6] la mania dei motori veloci ma essa è versata nella[7] tecnica, nella precisione, e nell'atavismo[8] di quello che fu uno dei nostri grandi centri artigiani. Fabbriche d'automobili, ma d'eccezione: Ferrari, Maserati, Stanguellini; non è soltanto un caso che si trovano tutte a Modena. Una visita a questi stabilimenti spalanca[9] un curioso[10] panorama umano fatto di tecnicismo, di spirito artigianale, di ossessione sportiva, di stravaganze[11] personali. Alla Ferrari, per esempio, si fanno cento macchine all'anno e non più, i pezzi eseguiti a uno a uno. «Le macchine sono persone», mi confessa Ferrari, «ogni macchina ha un'anima, e fabbricarle è come prendere la cocaina.» Questi capolavori[12] della tecnica automobilistica nascono in una agitazione romantica: il celebre[13] costruttore si commuove al ricordo della sua gioventù, quando traversando l'Abruzzo[14] in una gara,[15] fu fermato dai lupi.[16] Curioso è anche Stanguellini, il trasformatore. Egli trasforma in automobili da corsa o da grande turismo comuni automobili Fiat, tappa intermedia verso la Ferrari e la Maserati. L'idea gli venne gareggiando[17] con gli amici quand'era giovane; trasformava la propria macchina per vincere qualche gara. Non saprei immaginare industria più italiana, nata da un più preciso intuito[18] degli italiani, tutti maniaci[19] di primati.[20]

Guido Piovene, *Viaggio in Italia*,
Mondadori, Milano.

**Note**

1. modenese: abitante di Modena; 2. furore: passione; 3. mescola: mette insieme, mischia; 4. pittoresco: che suscita emozioni estetiche; 5. follia: pazzia; 6. tocca il vertice: arriva al massimo grado; 7. è versata nella...: è indirizzata verso la...; 8. atavismo: tradizione; 9. spalanca: apre; 10. curioso: strano, insolito; 11. stravaganze: atteggiamenti strani, singolari; 12. capolavori: opere d'arte; 13. celebre: famoso; 14. traversando l'Abruzzo: passando attraverso l'Abruzzo; 15. gara: competizione; 16. lupi: animali selvatici, simili a cani; 17. gareggiando: facendo delle gare; 18. intuito: capacità di prevedere o capire subito un fatto; 19. maniaci di: con la mania di; 20. primati: risultati massimi in una determinata specialità sportiva.

1

2

3

1 Interno dello stabilimento di Maranello, dove la Ferrari si è trasferita negli anni Quaranta.

2 La Khamsin, uno dei modelli più recenti della Maserati.

3 Il Gran Premio d'Italia a Monza, una delle più prestigiose gare automobilistiche della Formula 1.

## VI.2 Test

| | Vero | Falso |
|---|---|---|
| 1. La Ferrari è una delle fabbriche di automobili che si trovano a Modena. | □ | □ |
| 2. A Modena la mania dei motori veloci è unita alla tecnica e alla precisione. | □ | □ |
| 3. Alla Ferrari si fanno mille macchine all'anno e non di più. | □ | □ |
| 4. Stanguellini trasformava in macchine da corsa le comuni Maserati. | □ | □ |

# Unità 24

# Pregi e difetti degli italiani

## I.1.

| | |
|---|---|
| *Signora Bell* | Sa che mi dispiace lasciare l'Italia? |
| *Signor Santi* | Dunque la Sua opinione sugli italiani non è poi tanto cattiva! |
| *Signora Bell* | Tutt'altro! Trovo che siano cortesi, generosi, ricchi di fantasia... |
| *Signor Santi* | All'inizio non mi pareva che la *pensasse* così. |
| *Signora Bell* | Infatti. Devo ammettere che avevo molti pregiudizi verso gli italiani. Per esempio credevo che *fossero* superficiali e poco amanti del lavoro. |
| *Signor Santi* | E magari pensava che *passassero* il tempo a suonare il mandolino e a cantare canzoni romantiche, no? |
| *Signora Bell* | Mi vergogno a dirlo, ma è così. Mi scusi, non vorrei che come italiano Lei *si offendesse*! |
| *Signor Santi* | Per carità! Se mai mi viene da ridere a sentire certi discorsi. |
| *Signora Bell* | Ora però, come Le dicevo, ho cambiato idea e comincio a vedere chiaramente anche i pregi degli italiani. |
| *Signor Santi* | Ciò non toglie che certi fatti Le diano fastidio... |
| *Signora Bell* | Ad essere sincera, sì. Alcune cose mi danno ai nervi. |
| *Signor Santi* | Quali sarebbero queste cose? |
| *Signora Bell* | La prima è la mancanza di puntualità. Fissare un appuntamento per le sette significa, nel migliore dei casi, incontrarsi alle sette e mezzo. |
| *Signor Santi* | Lei parla come se tutti gli italiani *si comportassero* allo stesso modo. |
| *Signora Bell* | Parlo per esperienza diretta e non per sentito dire. |
| *Signor Santi* | D'accordo, però è ovvio che non si può sempre generalizzare. |
| *Signora Bell* | Lasciamo andare! Le altre cose che non sopporto sono il |

## I.2. Leggete i seguenti dialoghi:

Tornerà ancora in Italia?
Sì. Non so quando, ma ci tornerò sicuramente.
*Credevo che* **avesse** poca simpatia per gli italiani.
No, invece mi sono molto simpatici.

| | | *avere* | |
|---|---|---|---|
| lui *credeva che* | io | avessi | poca simpatia per gli italiani |
| | tu | avessi | |
| | lei | avesse | |
| | noi | avessimo | |
| | voi | aveste | |
| | loro | avessero | |

chiasso nei ristoranti e le auto che strombazzano.

*Signor Santi* Me l'aspettavo che *non si lasciasse* sfuggire l'occasione per ricordare questi fatti!

*Signora Bell* Sono fatti che saltano subito agli occhi perché succedono solo in Italia e sono caratteristici...

*Signor Santi* Scusi se La interrompo, ma devo dirLe che non sono d'accordo. Se Lei *fosse stata* in altri paesi, avrebbe scoperto che certi problemi esistono anche lì.

*Signora Bell* Su questo ci sarebbe da discutere, ma è un discorso che va fatto con calma. Per tornare alle cose che non mi piacciono, Le dirò che non sopporto l'abitudine di contrattare. Preferirei che i negozi *avessero* i prezzi fissi.

*Signor Santi* Non Le posso dare torto. È un fatto che dà fastidio anche a me, ma per fortuna è quasi del tutto scomparso.

*Signora Bell* A parte i difetti, va detto che gli italiani hanno tante buone qualità. Insomma, se *potessi*, vivrei volentieri in Italia.

*Signor Santi* Mi fa piacere sentire questo. Io non me ne andrei per tutto l'oro del mondo. ◉

Stasera c'è la partita Milan-Napoli. Speriamo che vinca il Milan!
Anche se perde, non importa.
Strano! *Pensavo che* Lei *fosse* tifoso del Milan.
No, la mia squadra preferita è l'Inter.

| | | essere | | |
|---|---|---|---|---|
| lei *pensava che* | io | fossi | | |
| | tu | fossi | tifoso | |
| | lui | fosse | | del Milan |
| | noi | fossimo | | |
| | voi | foste | tifosi | |
| | loro | fossero | | |

Sono stata un mese in Italia, ma non mi pare di aver fatto molti progressi con la lingua.
È naturale! Non si possono fare miracoli in un mese.
Forse *bisognava che frequentassi* un corso d'italiano.
Non sarebbe stato male!

| | | *frequentare* | |
|---|---|---|---|
| | io | frequentassi | |
| | tu | frequentassi | |
| forse *bisognava che* | lei | frequentasse | |
| | noi | frequentassimo | un corso d'italiano |
| | voi | frequentaste | |
| | loro | frequentassero | |

Anch'io vado in centro: vuole un passaggio?
Volentieri, ma forse *sarebbe meglio che* *prendessimo* l'autobus.
Già, non avevo pensato che questa è l'ora di punta.

| | | | |
|---|---|---|---|
| | | *prendere* | |
| forse *sarebbe meglio che* | io | prendessi | l'autobus |
| | tu | prendessi | |
| | Lei | prendesse | |
| | noi | prendessimo | |
| | voi | prendeste | |
| | loro | prendessero | |

Scusi, potrebbe parlare più lentamente?
Scusi Lei! *Immaginavo* che *capisse* bene l'italiano.
Capisco abbastanza, ma non tutto.
Allora cercherò di pronunciare parola per parola.
Abbia pazienza!

| | | | |
|---|---|---|---|
| | | *capire* | |
| lui *immaginava che* | io | capissi | bene l'italiano |
| | tu | capissi | |
| | lei | capisse | |
| | noi | capissimo | |
| | voi | capiste | |
| | loro | capissero | |

## I.3. Esercizi orali

**1. Completate i dialoghi secondo il modello:**

a) È meglio che Marco non resti.
*Sarebbe meglio, invece, che restasse.*

1. È meglio che Marco non resti.
   ............................................................
2. È meglio che Sandro non torni.
   ............................................................
3. È meglio che Renzo non parli.
   ............................................................
4. È meglio che Mario non ascolti.
   ............................................................
5. È meglio che Gianni non continui.
   ............................................................

b) Luisa non sa l'inglese.
*No? Io credevo che lo sapesse.*

1. Luisa non sa l'inglese.
   ............................................................
2. Anna non conosce l'indirizzo.
   ............................................................

3. Marta non legge il giornale.

..........................................................................................................................

4. Rita non prende il caffè.

..........................................................................................................................

5. Paola non ripete il corso.

..........................................................................................................................

c) Lucio ha seguito i tuoi consigli.
*Davvero? Speravo proprio che li seguisse.*

1. Lucio ha seguito i tuoi consigli.

..........................................................................................................................

2. Aldo ha finito gli studi.

..........................................................................................................................

3. Marco ha avvertito i genitori.

..........................................................................................................................

4. Sergio ha capito i tuoi dubbi.

..........................................................................................................................

5. Franco ha spedito i soldi.

..........................................................................................................................

**I.4. Rispondete alle seguenti domande:**

1. La signora Bell ha una cattiva opinione degli italiani?
2. Aveva la stessa opinione anche all'inizio del suo soggiorno in Italia?
3. Che tipo di pregiudizi aveva?
4. Che impressione fa al signor Santi sentire certi discorsi?
5. Qual è una delle cose che danno ai nervi alla signora Bell?
6. Quali sono le altre cose che non sopporta?
7. Secondo la signora Bell, gli italiani hanno solo difetti?
8. La signora Bell vivrebbe in Italia per sempre?
9. Il signor Santi se ne andrebbe volentieri dall'Italia?

# I.5. Leggete i seguenti dialoghi:

*Sapesse* come La invidio, signora!
Perché?
Perché è così magra.
È questione di costituzione.
Infatti. Io mangio pochissimo, eppure tendo ad ingrassare.
Allora *bisognerebbe che facesse* un po' di moto.
Lo so, ma sono troppo pigra.

| | | *fare* | |
|---|---|---|---|
| | io | facessi | |
| | tu | facessi | |
| | Lei | facesse | un po' |
| *bisognerebbe* | noi | facessimo | di moto |
| *che* | voi | faceste | |
| | loro | facessero | |

Anna ha detto che non ci può aiutare perché ha un impegno.
Peccato! *Speravo* tanto *che dicesse* di sì!
Pazienza! Il proverbio dice che chi fa da sé, fa per tre.

| | | *dire* | |
|---|---|---|---|
| | io | dicessi | |
| | tu | dicessi | |
| lui *sperava* | lei | dicesse | di sì |
| *che* | noi | dicessimo | |
| | voi | diceste | |
| | loro | dicessero | |

Cerco una persona che sappia bene l'inglese.
Dovrebbe fare da interprete?
No, *vorrei che iraducesse* un documento.
Se si tratta solo di questo, sono capace anch'io.
Allora siamo a cavallo!

| | | *tradurre* | |
|---|---|---|---|
| | io | traducessi | |
| | tu | traducessi | |
| lei *vorrebbe* | Lei | traducesse | un |
| *che* | noi | traducessimo | documento |
| | voi | traduceste | |
| | loro | traducessero | |

Potrei avere un po' di vino?
Ma certo! Scusi, *credevo che* Lei *non bevesse*!
Infatti. Ma oggi voglio fare uno strappo alla regola.
Allora alla salute!
Cin cin!

| | | | *bere* |
|---|---|---|---|
| | io | | bevessi |
| | tu | | bevessi |
| | lei | | bevesse |
| lui *credeva* | noi | non | bevessimo |
| *che* | voi | | beveste |
| | loro | | bevessero |

Con questo sole non mi va di chiudermi subito in casa.
Neanche a me. Che ne diresti di fare una passeggiata nel parco?
È proprio quello che pensavo io.
Forse *sarebbe bene che dessimo* un colpo di telefono a casa.
D'accordo, ci penso io!

| | | *dare* | |
|---|---|---|---|
| | io | dessi | |
| | tu | dessi | |
| *sarebbe bene* | Lei | desse | un colpo di telefono a casa |
| *che* | noi | dessimo | |
| | voi | deste | |
| | loro | dessero | |

Come vola il tempo!
Davvero! Mi sembra ieri che facevamo progetti per le vacanze e invece è passato più di un mese.
È poi andata in Grecia?
No, ho dovuto rimandare il viaggio per motivi di salute.
Mi dispiace! *Non sapevo che stesse* male, altrimenti mi sarei fatta viva.
Non si preoccupi!

| | | | |
|---|---|---|---|
| | | *stare* | |
| lei *non sapeva che* | io | stessi | male |
| | tu | stessi | |
| | lui | stesse | |
| | noi | stessimo | |
| | voi | steste | |
| | loro | stessero | |

**I.6. Completate i dialoghi con la forma conveniente dei seguenti verbi: dare, dire, fare, stare, bere.**

Chi ha aperto questa lettera?
Sono stato io. Scusa, credevo che *fosse* per me.
Un'altra volta leggi bene l'indirizzo!

1. Per fortuna non abbiamo incontrato la polizia!
   Se sei in regola, non devi avere paura.
   Temevo che mi ............ la multa per le gomme lisce.

2. Perché si preoccupa per Suo marito, signora?
   Perché è voluto uscire sebbene ............ poco bene.
   Se è uscito, vuol dire che non si sentiva poi tanto male.

3. Ho un po' di mal di stomaco.
   Allora sarebbe meglio che non ............ più, Carlo!
   Hai ragione. Finisco questo bicchiere e poi basta per stasera.

4. La questione non è semplice ma si può risolvere.
   Speravo appunto che Lei mi ............ un consiglio.
   Dia tempo al tempo!

5. Dunque hai deciso di cercare lavoro all'estero?
   Sì, però vorrei che tu non lo ............ ancora ai miei.
   Sta' tranquillo! So come sono i genitori.

## I.7. Leggete i seguenti dialoghi:

Ieri sera Maria è stata in pensiero per me. *Temeva che avessi avuto* un incidente.
Possibile che debba pensare sempre alle disgrazie?
Il fatto è che quando ritardo di solito le telefono.
Se è così, ha ragione lei.

| | | | | |
|---|---|---|---|---|
| | | *avere* | | |
| lei *temeva che* | io | avessi | avuto | un incidente |
| | tu | avessi | | |
| | lui | avesse | | |
| | noi | avessimo | | |
| | voi | aveste | | |
| | loro | avessero | | |

Hai visto com'è abbronzata Lucia?
Davvero! *Non sapevo che fosse stata* al mare.

È stata dieci giorni in Riviera.
Mi chiedo come abbia fatto a diventare così nera in soli dieci giorni!
Ha la carnagione scura, perciò si abbronza presto.

| | | *essere* | | |
|---|---|---|---|---|
| lui *non sapeva che* | io | fossi | stat o/a | al mare |
| | tu | fossi | | |
| | lei | fosse | | |
| | noi | fossimo | stat i/e | |
| | voi | foste | | |
| | loro | fossero | | |

---

Dove ha imparato così bene l'italiano?
L'ho studiato da sola.
È incredibile! Io *pensavo che avesse frequentato* un corso.
Avevo intenzione di farlo, ma poi ho visto che ci riuscivo da sola.
È brava!
No, semplicemente sono portata per le lingue.

| | | | *frequentare* | |
|---|---|---|---|---|
| lui *pensava che* | io | avessi | frequentato | un corso |
| | tu | avessi | | |
| | lei | avesse | | |
| | noi | avessimo | | |
| | voi | aveste | | |
| | loro | avessero | | |

---

*Non sapevo che* Aldo *avesse preso* la laurea con 110 e lode.
E per giunta ha trovato subito un lavoro.
L'ho sempre detto che è nato con la camicia!
È certamente fortunato, però bisogna riconoscere che è un ragazzo in gamba!

| | | | *prendere* | |
|---|---|---|---|---|
| lei *non sapeva che* | io | avessi | preso | la laurea |
| | tu | avessi | | |
| | lui | avesse | | |
| | noi | avessimo | | |
| | voi | aveste | | |
| | loro | avessero | | |

---

Che stupido che sono! Sono quasi al verde e non ho pensato che domani le banche sono chiuse.
*Non immaginavo che avessi finito* i soldi, altrimenti te l'avrei ricordato io.
Ora come faccio?
Purtroppo sono a corto anch'io.
Vuol dire che mi farò cambiare un assegno da qualcuno.

| | | | *finire* | |
|---|---|---|---|---|
| lei *non immaginava che* | io | avessi | finito | i soldi |
| | tu | avessi | | |
| | lui | avesse | | |
| | noi | avessimo | | |
| | voi | aveste | | |
| | loro | avessero | | |

---

## I.8. Completate i dialoghi secondo il modello:

a) Credo che Marco abbia trovato un lavoro fisso.
*Credevo anch'io che l'avesse trovato, ma non è così.*

1. Credo che Marco abbia trovato un lavoro fisso.
   .......................................................................................................................
2. Credo che Aldo abbia comprato un televisore a colori.
   .......................................................................................................................
3. Credo che Sergio abbia aperto un conto in banca.
   .......................................................................................................................
4. Credo che Mario abbia chiesto un anticipo sullo stipendio.
   .......................................................................................................................
5. Credo che Ugo abbia seguito un corso di spagnolo.
   .......................................................................................................................

b) Penso che Anna non sia ancora partita.
*Io pensavo che fosse già partita!*

1. Penso che Anna non sia ancora partita.
   .......................................................................................................................
2. Penso che Lucia non sia ancora arrivata.
   .......................................................................................................................
3. Penso che Paola non sia ancora tornata.
   .......................................................................................................................
4. Penso che Rita non sia ancora uscita.
   .......................................................................................................................
5. Penso che Laura non sia ancora scesa.
   .......................................................................................................................

## I.9. Conversazioni

*Se vuoi* dare l'esame, *devi* studiare sul serio, Franco.
Studio, ma ogni tanto ho bisogno di fare una pausa.
*Se non ti sbrighi, non ce la farai.*
Non preoccuparti! Sono a buon punto.

Mi pare che stasera Giulio abbia alzato il gomito.
Il guaio è che beve sempre come una spugna.
E per giunta fuma una sigaretta dopo l'altra.
*Se continuerà* di questo passo, *finirà* male.

A proposito: ha poi trovato una ragazza alla pari?
No. Avrebbe per caso qualcuna di Sua conoscenza da propormi?
Così su due piedi non saprei. Dovrei pensarci.
*Se la trova*, *mi avverta* subito, per favore!
Non dubiti!

## I.10 Completate ora i seguenti dialoghi con la forma conveniente dei verbi indicati a parte:

Devo restare a letto, dottore?
No, se non *ha* la febbre *può* alzarsi. (avere/potere)
Meno male! Mi annoio a stare a letto se non dormo.

1. Noi usciamo. Tu che fai?
Se mi ............, ............ anch'io con voi. (aspettare/uscire)
D'accordo, ma sbrigati!

2. Prima di partire dovresti salutare Anna.
Non ne ho nessuna voglia.
Capisco, ma se non la ............, ............ (salutare/offendersi)

3. Mi servirebbe una macchina da scrivere.
Se la ............ a Mauro, te la ............ sicuramente. (chiedere/prestare)
Lo so, ma la sua scrive malissimo.

4. Non riesco a parlare con il dottor Sarti.
Se gli ............ a casa dopo le nove, lo ............, signora. (telefonare/trovare)
Lo so, ma non vorrei disturbarlo all'ora di cena.

5. L'ufficio che cerca si trova in centro.
Allora mi conviene andare a piedi?
Sì. Se ............ quella strada, ci ............ in cinque minuti. (prendere/arrivare)

## I.11. Conversazioni

Vuol favorire, signorina?
No, grazie, non ho appetito.
Non farà mica complimenti?
No, veramente. *Se avessi* appetito, lo *direi*.

*Se ci fosse* del filetto, lo *prenderesti* volentieri?
No, ne ho fin sopra i capelli della carne.
Che ti andrebbe allora?
Non so... Forse del formaggio.

Maria ti prega di richiamarla.
Mi mette pensiero! Sono sicuro che mi attacca un bottone come al solito.
Allora *se fossi* in te, *non* le *telefonerei*.
Mi fa pena perché è sola.
Non è mica una bambina!

## I.12. Ed ora completate i seguenti dialoghi secondo il modello:

a) Se Marco spende tanto, vuol dire che guadagna bene.
*Certo! Se non guadagnasse bene, non spenderebbe tanto.*

1. Se Marco spende tanto, vuol dire che guadagna bene.
.................................................................................................
2. Se Lucio lavora tanto, vuol dire che pensa alla carriera.
.................................................................................................
3. Se Marta dorme tanto, vuol dire che è stanca morta.
.................................................................................................
4. Se Gianni corre tanto, vuol dire che conosce bene la strada.
.................................................................................................
5. Se Laura stùdia tanto, vuol dire che è soddisfatta del corso.
.................................................................................................

b) Marco spende tanto perché guadagna bene, vero?
*Spenderebbe lo stesso anche se non guadagnasse bene.*

1. Marco spende tanto perché guadagna bene, vero?
.................................................................................................
2. Lucio lavora tanto perché pensa alla carriera, vero?
.................................................................................................
3. Marta dorme tanto perché è stanca morta, vero?
.................................................................................................
4. Gianni corre tanto perché conosce bene la strada, vero?
.................................................................................................
5. Laura studia tanto perché è soddisfatta del corso, vero?
.................................................................................................

## I.13. Conversazioni

E poi si dice che le poste italiane non funzionano!
Hai la prova contraria?
Sì. Una lettera di Marta da Torino mi è arrivata in tre giorni.
Incredibile! Era forse un espresso?
No, una lettera semplice. *Se fosse stato* un espresso, *ci avrebbe messo* anche di meno.

Vede quella villetta lassù?
Dice quella con le persiane verdi?
Sì. Le piace?
Non è il tipo di casa che preferisco, ma non potrei dire che sia brutta.
A me piace molto. Tempo fa era in vendita per centocinquanta milioni: *se avessi avuto* quella somma, *l'avrei comprata* ad occhi chiusi.

Levami una curiosità!
Dimmi!
Quanto l'hai pagato questo costume?
Trentacinquemila lire. Ti sembra caro?
Insomma! *Se fossi andata* alla Rinascente, *avresti risparmiato*.
Ma forse avrei trovato qualcosa di più scadente.
Non è detto. Ci si trovano anche articoli fini.

Ieri sera ho speso un capitale per parlare al telefono con i miei.
*Se avessi fatto* una chiamata «erre», *avrebbero pagato* loro.
Non sapevo che si potesse fare.
Avresti potuto informarti prima di chiedere la comunicazione.

## II.1. Esercizi scritti

**1. Completate i seguenti dialoghi secondo il modello:**

Peccato che John non abbia dato l'esame!
Forse l'avrebbe superato.
*Se l'avesse dato, l'avrebbe superato certamente.*

1. Peccato che John non abbia dato l'esame! Forse l'avrebbe superato.
   ..................................................................................................
2. Peccato che Giorgio non abbia portato la macchina! Forse l'avrebbe usata.
   ..................................................................................................
3. Peccato che Luisa non abbia ricevuto l'invito! Forse l'avrebbe accettato.
   ..................................................................................................
4. Peccato che Marco non abbia chiesto la borsa! Forse l'avrebbe ottenuta.
   ..................................................................................................
5. Peccato che Anna non abbia cercato Mario! Forse l'avrebbe trovato.
   ..................................................................................................

## 2. Completate i seguenti dialoghi secondo il senso:

Mercoledì sei andato fuori?
Sì, sono andato a Roma.
Peccato! *Se l'avessimo saputo, ci saremmo venuti anche noi.*
Mi dispiace! Non immaginavo che voleste venirci.

1. Suppongo di non essere molto simpatico alla signora Lisi.
   Da che cosa l'hai capito?
   Stamattina l'ho incontrata e non mi ha salutato.
   È chiaro che non ti ha visto. Se ...........
   Sarà come dici tu!

2. Beati voi che siete stati al mare!
   Tu non sei andato in vacanza?
   No. Non avevo prenotato in tempo l'albergo, perciò non ho trovato posto.
   Se ........... con un anno di anticipo come noi, ...........

3. Quanto ti è venuto a costare questo appartamento?
   Fra tutto più di novanta milioni.
   Certo che se ........... un anno fa, ........... molto di meno.
   Lo so; in un anno i prezzi sono saliti alle stelle.

4. In che stagione ha visitato la Sicilia?
   D'estate. Non Le dico che caldo faceva!
   Se ........... in primavera, ...........
   Lo so, ma non avevo scelta.
   Già! Dimenticavo che Lei ha le ferie in luglio.

5. Quanto tempo ci hai messo per arrivare a Milano?
   Sette ore.
   Non sono poche!
   Sì, ma se ........... il treno, ...........
   Però non ti saresti stancato a guidare.

## 3. Come sopra:

a) Carla andrebbe a vivere da sola, ma non trova un appartamento.
   *Se trovasse un appartamento, andrebbe a vivere da sola.*

b) Carla sarebbe andata a vivere da sola, ma non ha trovato un appartamento.
   *Se avesse trovato un appartamento, sarebbe andata a vivere da sola.*

1. Marco cambierebbe la macchina, ma non ha abbastanza soldi.
   ..........................................................................................................

2. Luisa avrebbe ripreso gli studi, ma non ha potuto.
   ..........................................................................................................

3. Sergio e Marta avrebbero finito il lavoro, ma non hanno avuto tempo.
   ..........................................................................................................

4. Noi saremmo partiti in aereo, ma non abbiamo trovato i posti.
   ..........................................................................................................

5. Io potrei chiedere i soldi ai miei, ma non voglio.
   ..........................................................................................................

### 4. Completate ora le frasi immaginando di essere voi stessi a parlare:

1. Se avessi vent'anni, ..............................................................................
2. Se fossi indipendente, ..........................................................................
3. Se avessi tanti milioni, .........................................................................
4. Se fossi al posto Suo, ...........................................................................
5. Se tornassi indietro, .............................................................................

### 5. Come sopra:

1. Se l'ingresso fosse stato libero, ..............................................................
2. Se quel giorno i musei non fossero stati chiusi, ...........................................
3. Se Lei avesse telefonato a Sandro prima delle sei, ........................................
4. Se domenica scorsa voi foste venuti con noi, ...............................................
5. Se ieri sera tu avessi aspettato ancora un po', ..............................................

### II.2. Come si dice

Vuole una sigaretta?
No, grazie, non fumo.
È brava! Io, invece, fumo come un turco.

Suo marito non prende mai le vacanze?
No, lavora come un negro.
Se continua così, finirà per rovinarsi la salute.

Ricordi qual è la formula dell'acqua?
No. La chimica è arabo per me.
Si tratta di una formula semplicissima: $H_2O$.

La tua macchina comincia a diventare vecchia: sarebbe ora di cambiarla.
Non ho mica lo zio d'America!
Con quello che guadagni, avresti potuto mettere da parte un bel po' di soldi.

## II.3. Luoghi comuni sugli italiani

1

*Gail* Non avrei mai detto che tu fossi italiano.

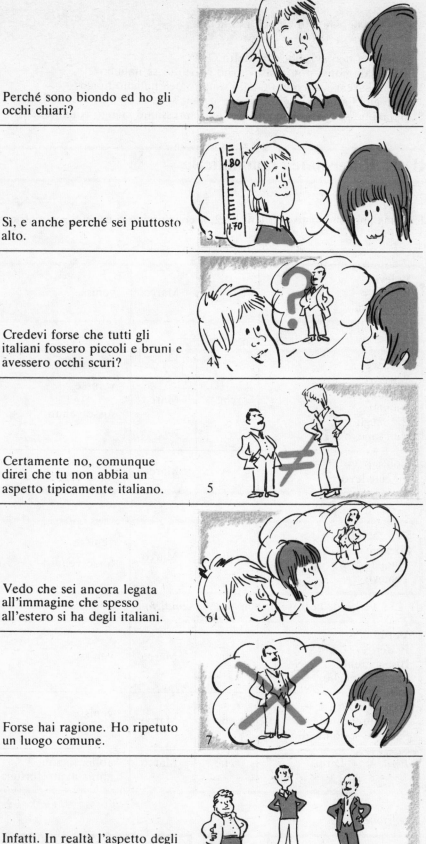

*Mario* Perché sono biondo ed ho gli occhi chiari?

2

---

*Gail* Sì, e anche perché sei piuttosto alto.

3

---

*Mario* Credevi forse che tutti gli italiani fossero piccoli e bruni e avessero occhi scuri?

4

---

*Gail* Certamente no, comunque direi che tu non abbia un aspetto tipicamente italiano.

5

---

*Mario* Vedo che sei ancora legata all'immagine che spesso all'estero si ha degli italiani.

6

---

*Gail* Forse hai ragione. Ho ripetuto un luogo comune.

7

---

*Mario* Infatti. In realtà l'aspetto degli italiani varia da regione a regione. ◎

8

---

### II.4. Rispondete alle seguenti domande:

1. Che cosa non avrebbe mai detto Gail?
2. Per quali motivi non pensava che Mario fosse italiano?
3. Quale sarebbe, secondo Gail, l'aspetto dell'italiano tipico?
4. In realtà l'aspetto degli italiani è uguale?
5. Saprebbe spiegare il significato dell'espressione «luogo comune»?

## III.1. Riflessione grammaticale

1. Come abbiamo visto nell'Unità 22, il congiuntivo si usa nei seguenti casi:

a)

| | | | |
|---|---|---|---|
| Volevo<br>Preferivo<br>Bisognava | che | Marco | venisse |

b)

| | | | |
|---|---|---|---|
| Credevo<br>Pensavo<br>Poteva darsi<br>Dubitavo<br>Era meglio<br>Non sapevo | che | Marco | venisse<br>fosse venuto |
| Non sapevo<br>Mi chiedevo | se | Marco | venisse<br>fosse venuto |

c)

| | | | |
|---|---|---|---|
| Ero contento<br>Speravo<br>Mi auguravo<br>Temevo | che | Marco | venisse<br>fosse venuto |

d) se il verbo della frase principale è al *condizionale semplice o composto*:

| | | | | |
|---|---|---|---|---|
| Vorrei<br>Preferirei<br>Bisognerebbe<br>Sarebbe meglio | | che | Marco | venisse |
| Avrei voluto<br>Avrei preferito<br>Sarebbe stato meglio | | che | Marco | venisse<br>fosse venuto |
| *Però* | Direi | che | Marco | abbia ragione<br>abbia avuto fortuna |

*Attenzione!*

| | | | |
|---|---|---|---|
| Pensavo<br>Speravo | che | Marco | venisse |

| | | | |
|---|---|---|---|
| Marco | pensava<br>sperava | di | venire |

| | | | |
|---|---|---|---|
| Speravo<br>Aspettavo | che | tu<br>Lei<br>voi<br>loro | venissi<br>venisse<br>veniste<br>venissero |

| | | |
|---|---|---|
| Speravi<br>Sperava<br>Speravate<br>Speravano | di | venire? |

| | | |
|---|---|---|
| Poteva darsi<br>Era meglio | che | io venissi |

| | | |
|---|---|---|
| Pensavo<br>Speravo | di | venire |

2. Per concludere, vediamo come si mette in relazione il congiuntivo della frase dipendente con il verbo della frase principale:

a)

| | | | | | |
|---|---|---|---|---|---|
| *Penso*<br>*Spero*<br>*Può darsi*<br>Dubito | che | Marco | domani<br>adesso<br>ieri | *sia* (sarà)<br>*sia*<br>*sia stato* | a casa |

b)

| | | | | | |
|---|---|---|---|---|---|
| *Pensavo*<br>*Speravo*<br>*Poteva darsi*<br>*Dubitavo* | che | Marco | il giorno dopo<br>in quel momento<br>il giorno prima | *fosse* (sarebbe stato)<br>*fosse*<br>*fosse stato* | a casa |

c)

| | | | | |
|---|---|---|---|---|
| *Vorrei*<br>*Sarebbe meglio* | che | Marco | *restasse*<br>*spendesse* | con noi<br>di meno |
| *Direi*<br>*Non potrei dire* | che | Marco | *spenda* | troppo |

3. Periodo Ipotetico

| | | |
|---|---|---|
| Se vuoi dare l'esame,<br>*ipotesi* | devi studiare sul serio.<br>*conseguenza* | (indic. + indic.) |
| Se potessi,<br>*ipotesi* | vivrei volentieri in Italia.<br>*conseguenza* | (cong. imp. + cond. sempl.) |
| Se l'avessimo saputo,<br>*ipotesi* | ci saremmo venuti anche noi.<br>*conseguenza* | (cong. trap. + cond. comp.) |

In alcune delle precedenti unità abbiamo visto come si costruiscono le frasi che contengono un'ipotesi o una condizione.

Es.: *Se farà bel tempo andrò via*; *Se non sbaglio, gli hai mandato già tre cartoline*; *Se deve guidare Lei, Glielo sconsiglio*; ecc.

In questa unità riprendiamo tali strutture grammaticali, chiamate *Periodo Ipotetico*, per mostrare in quali altri modi si può esprimere un'ipotesi o una condizione.

1) Il discorso è riferito *al passato*:

Es.: *Mario ha sbagliato a non comprare quella casa.*
*Se l'avesse comprata, avrebbe fatto un affare.* (cong. trap. + cond. comp.)

*Nota:* Nella lingua d'uso non formale al congiuntivo e condizionale si sostituisce di solito l'imperfetto indicativo:

*Mario ha sbagliato a non comprare quella casa.*
*Se la comprava, faceva un affare.* (ind. imperf. + ind. imperf.)

Qualche volta la conseguenza di un'ipotesi riferita al passato può essere ancora valida al presente. In questo caso al posto del condizionale composto si userà il condizionale semplice:

*Mario ha sbagliato a non comprare quella casa.*
*Se l'avesse comprata, ora avrebbe un capitale.* (cong. trap. + cond. sempl.)

2) Il discorso è riferito *al futuro*:

a) si vuole esprimere una *certezza*

Es.: *Mario, devi assolutamente comprare quella casa.*
*Se la compri, fai un affare.* (ind. pres. + ind. pres.)

*Mario, devi assolutamente comprare quella casa.*
*Se la comprerai, farai un affare.* (ind. fut. + ind. fut.)

b) si vuole esprimere una *probabilità*

Es.: *Mario, pensi di comprare quella casa?*
*Se la comprassi, faresti un affare.* (cong. imp. + cond. sempl.)

c) si vuole esprimere un *invito a fare qualcosa*

*Es.:* *Mario, quella casa andrebbe bene per te.*
*Se hai i soldi, comprala!* (ind. pres. + imperativo)

---

*Schema generale del Periodo Ipotetico*

**Nel passato**

| | | | | | |
|---|---|---|---|---|---|
| Se Mario | avesse comprato<br>comprava | quella casa | avrebbe fatto<br>faceva | un affare | *certezza* o *probabilità* |

**Nel futuro**

| | | | | | | |
|---|---|---|---|---|---|---|
| Mario, | se | compri<br>comprerai | quella casa | fai<br>farai | un affare | *certezza* |

| | | | | | | |
|---|---|---|---|---|---|---|
| Mario, | se | comprassi | quella casa | faresti | un affare | *probabilità* |

| | | | | | |
|---|---|---|---|---|---|
| Mario, | se | hai | i soldi, | comprala! | *invito* |

**III.2. Ed ora formate dei periodi ipotetici partendo dalle seguenti frasi:**

Sergio non ti ha aspettato perché aveva fretta.
*Se non avesse avuto fretta, ti avrebbe aspettato.*

1. Anna non è venuta perché aveva un appuntamento.
...............................................................................................................

2. Paolo non guida perché non ha con sé la patente.
...............................................................................................................

3. Lucia non si trova bene a Londra perché non ha studiato l'inglese.
...............................................................................................................

4. Franco non sa cosa succede nel mondo perché non legge i giornali.
...............................................................................................................

5. Rita non si è sposata perché non ha trovato la persona giusta.
...............................................................................................................

**III.3. Raccontate il contenuto del dialogo fra la signora Bell e il signor Santi, ricordando i seguenti punti:**

lasciare l'Italia / opinione sugli italiani / molti pregiudizi / mandolino / canzoni romantiche / vergognarsi / offendersi / pregi / dare ai nervi / mancanza di puntualità / esperienza diretta / chiasso nei ristoranti / auto che strombazzano / lasciarsi sfuggire l'occasione / saltare agli occhi / interrompere / abitudine di contrattare / dare torto / scomparire / difetti / buone qualità / vivere in Italia / tutto l'oro del mondo /

**III.4. Rispondete alle seguenti domande:**

1. Nel Suo paese esistono dei pregiudizi verso gli italiani?
2. Lei ha mai conosciuto degli italiani? Se sì, in quale occasione?
3. Quali sono le cose che Le darebbero fastidio se dovesse vivere in Italia?
4. Parla per esperienza diretta o per sentito dire?
5. Saprebbe spiegare la ragione per cui l'aspetto degli italiani varia da regione a regione?

**III.5.a. Se siete stati in Italia, raccontate le vostre impressioni sulla gente e sul modo di vita.**

**III.5.b. Se non siete mai stati in Italia, certamente conoscerete almeno una persona che può parlarvene. Fatele allora le domande necessarie per avere tutte le informazioni che vi interessano.**

**III.5.c. Molti uomini politici e attori del cinema sono conosciuti anche nel vostro paese. Dite quali, secondo voi, rappresentano l'italiano medio così come appare all'estero.**

**III.5.d. Parlate della donna italiana sulla base della vostra esperienza diretta o di quanto avete letto o visto al cinema.**

## IV Esercizio di pronuncia e intonazione

1. *Le doppie consonanti* (bb, cc, ff, gg, ll, mm, nn, pp, rr, ss, tt, vv, zz)

All'inizio non mi pareva che la pensasse così.

Non vorrei che come italiano si offendesse!

Ho fissato un appuntamento con Marcello per le sette.

È ovvio che non si può sempre generalizzare.

Me l'aspettavo che non si lasciasse sfuggire l'occasione.

Non sopporto l'abitudine di contrattare.

Bisognerebbe che io facessi un po' di moto.

Non immaginavo che tu avessi finito i soldi.

Ne ho fin sopra i capelli della carne.

Sono sicuro che Anna mi attacca un bottone.

2. *Frasi esclamative*

Lasciamo andare!

Speriamo che vinca il Milan!

Sapesse come La invidio, signora!

Allora siamo a cavallo!

Alla salute! Cin cin!

Come vola il tempo!

Levami una curiosità!

3. **G** e **Ĝ**

Avevo molti pregiudizi verso gli italiani.

Ora però comincio a vedere anche i loro pregi.

Giulio è un ragazzo in gamba.

Stasera Gianni ha alzato il gomito.

Oggi voglio fare uno strappo alla regola.

Se non ti sbrighi, non ce la farai.

Che ne diresti di fare una passeggiata?

Esistono molti luoghi comuni sugli italiani.

## V Test

**1. Completate le frasi con la forma conveniente del verbo indicato a parte:**

1. Credevo che Brigitte ........... tedesca, invece è austriaca. (essere)
2. Non sapevamo che la Fiat ........... anche macchine di lusso. (fabbricare)
3. Avrei preferito che Luigi ........... la facoltà di Lettere. (scegliere)
4. Sandro vorrebbe che io ........... sempre come dice lui. (fare)
5. Direi che Fred ........... ancora dei problemi con la lingua. (avere)

**2. Completate i seguenti dialoghi secondo il senso:**

1. Rita e Lucio amano molto gli animali.
   Non direi. Se li ........... davvero, ........... almeno un cane.
2. Prima di partire siamo andati a salutare il professore.
   Avete fatto bene. Se non ..........., gli ...........
3. Secondo me hai sbagliato a non seguire il consiglio di Ada.
   Lo so. Se ..........., ora non ........... nei guai.
4. Mi pare che Anna stia proprio male.
   Non credo. Se ........... davvero, ........... in giro.
5. Non so se uscire a prendere una boccata d'aria o fare un pisolino.
   Se ........... in te, ........... : vedo che caschi dal sonno.

**3. In alcune delle seguenti frasi ci sono degli sbagli: trovateli!**

1. Supponevamo che Giorgio sia arrivato prima di noi.
2. Credevo che l'italiano fosse più facile.
3. Maria vorrebbe che suo marito non esca tutte le sere da solo.
4. Direi che la vita diventasse sempre più cara.
5. Loro dubitavano che io arrivassi puntuale all'appuntamento.

**4. Completate le frasi con le parole mancanti:**

1. Nell'ora ........... è impossibile girare in macchina.
2. Di solito non bevo, ma stasera voglio fare ........... alla regola.
3. Oggi Roberto non sta bene perché ieri sera ........... troppo il gomito.
4. Ogni volta che la incontro, Carla mi attacca ...........
5. Mario non beve, ma fuma come ...........

**5. Ed ora fate il test n. 12 che si trova in fondo al libro.**

## VI.1. Evviva la Svizzera

Taciturni[1] e di malumore[2] sino alla stazione di Domodossola, i miei compagni di scompartimento cominciarono a diventare euforici[3] appena il treno si fu fermato a quella di Briga in territorio svizzero.
«Guarda che differenza!» disse il signore grasso alla signora che gli stava di fronte e che verosimilmente[4] era sua moglie. «Guarda che pulizia, che ordine, che proprietà!...[5] Guarda quelle aiuole,[6] come son tenute, con i fiori annacquati di fresco[7] e che nessuno calpesta,[8] nemmeno i bambini...»
«Eh, sì» interloquì[9] il signore magro che mi sedeva a fianco. «È tutt'un'altra cosa... Guardi le divise[10] degl'impiegati: bene attillate,[11] stirate appuntino,[12] con i galloni[13] al loro posto, senza una macchia[14] né una sdrucitura,[15] i bottoni in ordine...» «E i cessi?[16]» intervenne a sua volta il signore con gli occhiali, appollaiato[17] nell'altro angolo. «Li osservi e mi dica lei... Sembrano cliniche... Il grado di civiltà di un paese, c'è poco da fare, lo si riconosce[18] dai cessi... Scommetto che lì dentro c'è anche la carta igienica bene arrotolata...»
«E che carta!» disse il signore grasso... «Perché in Italia la carta igienica è una vergogna...» «La carta igienica soltanto?» interruppe il signore magro. «Tutto in Italia, è una vergogna... Ecco, guardi lo strillone[19] dei giornali e lo metta a confronto con quello scamiciato,[20] sudato e urlante, che abbiamo visto a Domodossola... Guardi, guardi che dignità nell'offrire la sua merce. Eccolo lì che spinge il suo carrello...»
«Carrello con le gomme» disse il signore con gli occhiali «per non far rumore...»

Animata conversazione fra italiani. I gesti delle mani e l'espressione della faccia sono a volte più eloquenti delle parole stesse.

«Ah, non parliamo poi dei rumori!» disse il signore magro levando le braccia[21] al cielo. «Io fuggo dall'Italia, soprattutto per i rumori. Non si vive più. Arrivo alla sera con la testa talmente frastornata[22] dai clacson, dagli scoppi dei micromotori, dallo stesso modo di salutarti e di parlarti che hanno gl'Italiani... Ehi, ciao!... Come stai?... E tua moglie?... E tuo fratello?... È vero che hai comprato un altro stabilimento?... E urli, pacche[23] sulle spalle, tutto messo in piazza... Guardi quei due Svizzeri là che si parlano... Sembra che preghino... Guardi l'educazione delle loro maniere...» «È un'altra civiltà, c'è poco da dire» sospirò il signore grasso. «Anzi, questa è la civiltà. La nostra...»

Indro Montanelli, *Andata e ritorno*,
Vallecchi, Firenze.

**Note**

1. Taciturni: senza voglia di parlare; 2. di malumore: con uno stato d'animo incline alla tristezza; 3. euforici: allegri; 4. verosimilmente: con ogni probabilità; 5. proprietà: pulizia; 6. aiuole: tratti di terreno in cui si piantano fiori; 7. annacquati di fresco: ai quali è stata data da poco l'acqua; 8. che nessuno calpesta: sopra cui nessuno passa; 9. interloquì: disse; 10. divise: abiti che portano alcune categorie di persone, come i militari, i ferrovieri, i vari corpi di polizia, ecc.; 11. attillate: strette al punto giusto; 12. appuntino: con molta precisione; 13. galloni: insegne del grado sulle divise; 14. senza una macchia: pulitissime; 15. sdruciture: scuciture (da «scucire», contrario di «cucire»); 16. cessi: toilette, gabinetti; 17. ap*poll*aiato: seduto (la parola è di solito riferita a *polli* o uccelli); 18. *lo* si riconosce: si capisce; il pronome *lo* è riferito a «il grado di civiltà»; 19. strillone: venditore di giornali che grida ad alta voce le notizie più importanti, cercando di far comprare il giornale ai passanti; 20. scamiciato: in maniche di camicia, cioè con la sola camicia; 21. levando le braccia: alzando le braccia; 22. frastornata: stordita, confusa; 23. pacche: colpi dati con la mano aperta.

## VI.2. Test

| | Vero | Falso |
|---|---|---|
| 1. Tutti i viaggiatori seduti nello scompartimento sono diventati taciturni quando il treno è entrato in Svizzera. | □ | □ |
| 2. Secondo il signore magro le divise degli impiegati sono troppo strette. | □ | □ |
| 3. Il signore magro fugge dall'Italia soprattutto per i rumori. | □ | □ |
| 4. Per il signore con gli occhiali il grado di civiltà di un paese si riconosce dai gabinetti pubblici. | □ | □ |
| 5. Al signore grasso piace la Svizzera per la pulizia e l'ordine. | □ | □ |

# Unità 25 Una scelta difficile

## I.1.

| | |
|---|---|
| *Roberto* | Non ti vedo sereno. Cos'è che ti preoccupa? |
| *Ettore* | Sto per prendere una grossa decisione. |
| *Roberto* | Riguarda il lavoro o la vita privata? |
| *Ettore* | Il lavoro. Da tempo sto pensando di cambiare tipo di attività. |
| *Roberto* | Come ti è saltata in mente quest'idea? |
| *Ettore* | Dopo aver riflettuto a lungo, mi sono convinto che il lavoro attuale non fa per me. |
| *Roberto* | Lasciare il certo per l'incerto è un rischio. |
| *Ettore* | Nel mio caso non si tratta di rischiare: ho ricevuto un'offerta molto vantaggiosa. |
| *Roberto* | Allora che aspetti ad accettarla? |
| *Ettore* | C'è un fatto che mi turba. |
| *Roberto* | Quale sarebbe questo fatto? |
| *Ettore* | Dovrei trasferirmi negli Stati Uniti. |
| *Roberto* | Capisco. Avendo moglie e figli, devi fare i conti anche con loro. |
| *Ettore* | Non si tratta di questo. Loro non avrebbero niente in contrario. |
| *Roberto* | Non penserai mica al problema della lingua? |
| *Ettore* | Un po' anche a quello. Non avendo studiato l'inglese a fondo, almeno all'inizio avrei delle difficoltà. |
| *Roberto* | E vorresti rinunciare per questo? |
| *Ettore* | No, il problema vero è di adattarsi ad un tipo di vita del tutto diverso, e alla mia età non è tanto facile. |
| *Roberto* | Qui sono d'accordo con te. È un fatto da non trascurare. |
| *Ettore* | Soprattutto perché, fatta la scelta, non si torna indietro. |
| *Roberto* | Stando così le cose, bisogna considerare bene i pro e i contro. |
| *Ettore* | È appunto quello che sto facendo. |

## I.2. Leggete i seguenti dialoghi:

Il dottor Martini è un uomo arrivato.
Sì, ma nessuno gli ha regalato niente.
Che intendi dire?
Si è fatto una posizione lavorando sodo per anni.
Nessuno lo mette in dubbio!

| | | |
|---|---|---|
| | lavor*are* | |
| lui si è fatto una posizione | lavor*ando* | sodo per anni |

So che Maria è all'ospedale.
Cosa le è successo?
Ha battuto la testa cadendo per le scale.
È grave?
No, per fortuna se la caverà in pochi giorni.

| | | |
|---|---|---|
| | cad*ere* | |
| lei ha battuto la testa | cad*endo* | per le scale |

Sergio è tornato da Genova.
L'hai visto o te l'hanno detto?
L'ho incontrato uscendo dalla banca.
Io non lo vedo da secoli. È cambiato?
No, è sempre lo stesso.

| | | |
|---|---|---|
| | usc*ire* | |
| lei ha incontrato Sergio | usc*endo* | dalla banca |

Che strumento suona Pollini?
Che domanda! Il pianoforte, naturalmente.
È noto anche all'estero?
Certo! Essendo un pianista di prim'ordine, ha sempre un grande successo di pubblico

| *essere* | |
|---|---|
| *essendo* | un pianista di prim'ordine, ha sempre un grande successo |

---

Ti faccio una proposta.
Sentiamo!
Pianta tutto e vieni in montagna con me.
Magari potessi!
Avendo bisogno di riposo, devi assolutamente prenderti una vacanza.

| *avere* | |
|---|---|
| *avendo* | bisogno di riposo, devi assolutamente prenderti una vacanza |

---

Questo telefono deve essere guasto: dà il segnale di occupato dopo la seconda cifra.
Facendo il numero lentamente, vedrai che non succederà.
Ci ho provato, ma è lo stesso.
Strano! Fino a poco fa funzionava bene.

| *fare* | |
|---|---|
| *facendo* | il numero lentamente, vedrai che non succederà. |

---

Scusi, c'è Marco?
No, è uscito poco fa dicendo che sarebbe tornato tardi.
Potrei lasciare un messaggio per lui?
Certamente!

| *dire* | | |
|---|---|---|
| lui è uscito poco fa | dic*endo* | che sarebbe tornato tardi |

**I.3. Ed ora trasformate le frasi secondo il modello:**

a) Se arrivate in ritardo, non potete entrare.
*Arrivando in ritardo, non potete entrare.*

1. Se arrivate in ritardo, non potete entrare.

.......................................................................................................

2. Se giocate a tennis, vi sentirete in forma.

.......................................................................................................

3. Se telefonate di notte, spendete di meno.

.......................................................................................................

4. Se presentate la domanda in tempo, potrete dare l'esame.

.......................................................................................................

5. Se continuate a bere così, finirete male.

.......................................................................................................

b) Aldo si è stancato gli occhi perché ha letto troppo.
*Aldo si è stancato gli occhi leggendo troppo.*

1. Aldo si è stancato gli occhi perché ha letto troppo.

.................................................................................................................................

2. Mario si è rotto una gamba perché è caduto dalla moto.

.................................................................................................................................

3. Antonio si è comportato bene perché ha riconosciuto i propri errori.

.................................................................................................................................

4. Il Milan ha conquistato il primo posto perché ha battuto le altre squadre.

.................................................................................................................................

5. Pietro si è arrabbiato con noi perché ha creduto che ridessimo di lui.

.................................................................................................................................

c) Quando Maria sente questa musica, diventa triste.
*Sentendo questa musica, Maria diventa triste.*

1. Quando Maria sente questa musica diventa triste.

.................................................................................................................................

2. Quando Anna serve i liquori esagera sempre.

.................................................................................................................................

3. Quando Lucio suona il piano dimentica tutti i suoi problemi.

.................................................................................................................................

4. Quando Aldo segue una partita fuma come un turco.

.................................................................................................................................

5. Quando Laura pulisce la casa sposta tutti i mobili.

.................................................................................................................................

d) Mentre andavo in centro ho incontrato Luigi.
*Andando in centro, ho incontrato Luigi.*

1. Mentre andavo in centro ho incontrato Luigi.

.................................................................................................................................

2. Mentre giocavo al pallone mi sono fatto male ad una gamba.

.................................................................................................................................

3. Mentre facevo colazione ho ascoltato le notizie alla radio.

.................................................................................................................................

4. Mentre guardavo la televisione ho lavorato a maglia.

.................................................................................................................................

## I.4. Osservate la differenza!

Tutte le sere vedo i miei amici *andando* al bar.

Ogni giorno incontro Luisa *tornando* dall'ufficio.

Mi piace osservare la gente *passeggiando* per la strada.

Ho sentito un rumore *venendo* dall'altra stanza.

Tutte le sere vedo i miei amici *che vanno* al bar.

Ogni giorno incontro Luisa *che torna* dall'ufficio.

Mi piace osservare la gente *che passeggia* per la strada.

Ho sentito un rumore *che veniva* dall'altra stanza.

## I.5. Conversazioni

Finiamo di mangiare questa torta, altrimenti va a male.
Mettendo*la* in frigorifero, si conserva bene fino a domani.
Speriamo che la panna non diventi acida.
Non dovrebbe succedere.

Lì quel quadro non ha la luce adatta.
Dove lo appenderesti, tu?
Alla parete di fianco alla finestra.
Attaccando*lo* dove dici tu, dovrei spostare un po' il mobile.
Se vuoi, ti aiuto io.

Da dove viene tutta questa polvere?
Da un palazzo in costruzione qui vicino.
Da che parte si trova?
Affacciando*ti* a quella finestra, lo vedi.

Chi poteva immaginare che il legno di quel tavolo fosse così bello?
Infatti era coperto da un sottile strato di vernice.
Come l'hai pulito?
Passando*ci* una sostanza speciale che scioglie la vernice.
Devo dire che hai fatto un ottimo lavoro.

## I.6. Completate i seguenti dialoghi secondo il modello:

Mi è piaciuto molto questo disco.
Ascoltandolo una seconda volta, si apprezza ancora meglio. (ascoltarlo)

1. La frutta diventa sempre più cara.
........... al mercato, si risparmia qualcosa. (comprarla)

2. I tuoi amici non mi sono molto simpatici.
........... meglio, cambieresti idea. (conoscerli)

3. Quello che è successo non è poi tanto grave.
........... bene, hai ragione tu. (pensarci)

4. Sto in pensiero per il futuro dei miei figli.
..........., non risolvi niente. (preoccuparsi)

5. Giorgio non pensa mai a pulirsi le scarpe.
........... tu, lo abitui male. (pulirgliele)

## I.7. Leggete i seguenti dialoghi:

Al piano di sopra ci deve essere una festa.
Infatti si sente che *stanno ballando*.
È mai possibile che debbano tenere il giradischi a tutto volume?
Che ci vuoi fare: sono dei maleducati!

Sento odore di bruciato. Togli l'arrosto dal fuoco, per favore!
È appunto quello che *sto facendo*.
*Si stava bruciando*, vero?
Non ancora, ma si era già attaccato.

Oggi il postino è in ritardo.
No, eccolo che *sta arrivando*.
Spero che ci sia posta per me.
Anch'io aspetto una raccomandata.
Se è un espresso, lo porta il fattorino.
Vediamo!

## I.8. Osservate ora la differenza!

Hai ancora molto da fare?
No, *sto per finire*.
Allora ti aspetto.

Hai ancora molto da fare?
No, *sto finendo* in questo momento.
Bene, così usciamo insieme.

Dovrei ritirare la carta d'identità.
È arrivata giusto in tempo, signora: *stiamo per chiudere*.

Dovrei ritirare la carta d'identità.
È arrivata troppo tardi, signora: *stiamo chiudendo*.

È da molto che non vedi Grazia?
No, l'ultima volta che l'ho vista *stava per partire* per Londra.
Allora sono poco più di dieci giorni.

È da molto che non vedi Grazia?
No, l'ultima volta che l'ho vista *stava partendo* per Londra.
Allora sono esattamente dieci giorni.

## I.9. Ed ora completate i dialoghi secondo il senso:

a) È vero che Maria sta per sposarsi?
*Sì, ha già fissato la data del matrimonio.* (sposarsi)

Aldo non è mai stato in forma come adesso.
*Infatti sta vivendo un periodo molto felice.* (vivere)

1. Che dice Sandro?
........... ciò che gli è successo ieri. (raccontare)

2. Piove ancora a dirotto?
No, per fortuna ........... (smettere)

3. Il signor Rossi deve essere vicino ai sessanta.
Sì, infatti ........... in pensione. (andare)

4. È in casa Elena?
No, ma ...........: sarà qui all'una. (tornare)

5. Marco fa la corte a Lucia.
Secondo me ........... tempo. (perdere)

b) Che faceva Gianni quando sei arrivato?
Stava ascoltando dei dischi. (ascoltare)

Che ne diresti di prendere un caffè?
Stavo per farti la stessa proposta. (farti)

1. Ti ho disturbato telefonando a quest'ora?
Assolutamente no. ........... (leggere)

2. Hai capito cosa ti ho detto?
No, scusa, ........... ad altro. (pensare)

3. Ho sentito che Gianni voleva smettere di studiare.
..........., ma poi ci ha ripensato. (smettere)

4. Ha perduto un bottone della giacca?
No, l'ho tolto perché ........... (cadere)

5. Il bambino dorme già?
No, però ........... (addormentarsi)

## I.10. Leggete i seguenti dialoghi:

Carlo ci ha messo sei anni per finire l'università.
Avendo lavorato per pagarsi gli studi, è stato bravo lo stesso.

| lavor*are* | |
|---|---|
| avendo lavorato | per pagarsi gli studi, è stato bravo lo stesso |

Vi aspettavo prima.
Infatti saremmo arrivati molto prima se non avessimo avuto un imprevisto.
Cosa vi è successo?
Essendo caduta la neve, siamo dovuti andare a passo d'uomo per molti chilometri.

| cad*ere* | |
|---|---|
| essendo caduta | la neve, siamo dovuti andare a passo d'uomo |

---

Ah, sei già qui?
Come vedi. Essendo uscito a piedi, non ho avuto problemi di parcheggio.
Beato te! Io, invece, ho aspettato venti minuti prima di trovare un posto.

| usc*ire* | |
|---|---|
| essendo uscito | a piedi, non ho avuto problemi di parcheggio |

---

Il signor Massi non ama molto la compagnia, mi pare.
Il fatto è che, essendo stato per tanti anni all'estero, ha perduto di vista quasi tutti gli amici.

| *essere* | |
|---|---|
| essendo stato | all'estero, ha perduto di vista quasi tutti gli amici |

---

Ha potuto visitare bene Firenze?
Sì, l'ho girata in lungo e in largo.
Avrebbe dovuto vedere anche i dintorni.
Avendo avuto più tempo, mi sarebbe piaciuto fare qualche gita, ma non è stato possibile.

| *avere* | |
|---|---|
| avendo avuto | più tempo, mi sarebbe piaciuto fare qualche gita |

## I.11. Ed ora trasformate le frasi secondo i modelli:

Poiché abbiamo speso tutti i risparmi, dobbiamo rinunciare alle vacanze.
*Avendo speso tutti i risparmi, dobbiamo rinunciare alle vacanze.*

Poiché siamo arrivati tardi, abbiamo perduto l'inizio del film.
*Essendo arrivati tardi, abbiamo perduto l'inizio del film.*

Poiché aveva dormito poco, Paolo non era in grado di lavorare.
*Avendo dormito poco, Paolo non era in grado di lavorare.*

1. Poiché hai sbagliato a riempire il modulo, devi fare tutto da capo.

   ..........................................................................................

2. Poiché è venuto a piedi, Giulio non ha avuto problemi di parcheggio.

   ..........................................................................................

3. Poiché aveva fatto le ore piccole, stamattina Rita ha dormito fino alle dieci.

   ..........................................................................................

4. Poiché ho corso tutto il giorno, ora ho voglia di fare una doccia.

   ..........................................................................................

5. Poiché sono vissuti tanti anni all'estero, i Rossi hanno pochi amici qui.

   ..........................................................................................

## I.12. Conversazioni

a) Secondo me, Lucio è troppo interessato.
È vero: fa soltanto ciò che gli conviene.
E *dopo aver raggiunto* il suo scopo, dimentica chi l'ha aiutato.

Secondo me, Lucio è troppo interessato.
È vero: fa soltanto ciò che gli conviene.
E, *raggiunto* il suo scopo, dimentica chi l'ha aiutato.

b) *Dopo essere uscita* di casa mi sono accorta di non avere le chiavi.
E adesso come fai?
Suonerò il campanello.
Ma così sveglierai i tuoi.
Pazienza! Non c'è altro da fare.

*Uscita* di casa, mi sono accorta di non avere le chiavi.
E adesso come fai?
Suonerò il campanello.
Ma così sveglierai i tuoi.
Pazienza! Non c'è altro da fare.

c) Mio figlio mi fa disperare.
Perché, signora?
È sempre nervoso.
*Dopo aver superato* gli esami, sarà più sereno.
Speriamo bene!

Mio figlio mi fa disperare.
Perché, signora?
È sempre nervoso.
*Superati* gli esami, sarà più sereno.
Speriamo bene!

## I.13. Trasformate ora le seguenti frasi secondo il modello:

a) Dopo essere partita da Venezia, Laura non ha dato più notizie.
Partit*a* da Venezia, Laur*a* non ha dato più notizie.

1. Dopo essere arrivati a Bologna, abbiamo trovato il tempo brutto.

.............................................................................................................

2. Dopo essere salite in ascensore, si sono accorte che non funzionava.

.............................................................................................................

3. Dopo essere tornata dalle vacanze, Carla ha ripreso volentieri a lavorare.

.............................................................................................................

b) Dopo aver accompagnato Carla, siamo tornati subito a casa.
Accompagnat*a* Carl*a*, siamo tornati subito a casa.

1. Dopo aver pagato il conto, Maria è rimasta con poche lire.

.............................................................................................................

2. Dopo aver passato una settimana al mare, Giulio si sente un altro.

.............................................................................................................

3. Dopo aver preso le medicine, il signor Radi ha cominciato subito a stare meglio.

.............................................................................................................

## I.14. Rispondete ora alle seguenti domande:

1. Perché Ettore non è sereno?
2. Che cosa sta facendo da tempo?
3. Come gli è saltata in mente quell'idea?
4. Perché Ettore non rischia lasciando il lavoro attuale?
5. Perché è in dubbio se accettarla o no?
6. Cosa dovrebbe fare se accettasse quell'offerta?
7. Perché pensa al problema della lingua?
8. Qual è il problema vero per Ettore?

## II.1. La fuga dei cervelli

*Thomas* Mi risulta che diversi intellettuali italiani scelgono di lavorare in altri paesi. È vero?

*Franco* Sì. Trasferendosi all'estero, sperano di trovare condizioni migliori.

*Thomas* Dal punto di vista economico?

*Franco* Anche, ma non soltanto da questo.

*Thomas* Forse in Italia non esiste la libertà di insegnamento?

*Franco* Sì, esiste, ma il compito di un professore universitario non è solo quello d'insegnare.

*Thomas* Naturalmente egli deve fare anche la ricerca scientifica.

*Franco* Ed è proprio questo il punto. Tenuto conto degli scarsi mezzi di cui dispongono per la ricerca, alcuni preferiscono lasciare l'Italia.

### II.2. Rispondete alle seguenti domande:

1. Perché diversi intellettuali italiani scelgono di lavorare in altri paesi?
2. Quali sono i compiti di un professore universitario?
3. Qual è il motivo principale per cui, secondo Franco, alcuni intellettuali lasciano l'Italia?
4. Saprebbe spiegare con altre parole il senso dell'espressione «fuga dei cervelli»?

## III.1. Riflessione grammaticale

1. Come abbiamo visto, il *gerundio semplice* esprime un rapporto di *contemporaneità* con il verbo della frase principale, indipendentemente dal fatto che quest'ultimo si trovi al futuro, al presente o al passato:

| | | |
|---|---|---|
| *Continuando* | a bere così, | *finirete* male. |

| | | |
|---|---|---|
| *Avendo* | moglie e figli, | *deve* fare i conti anche con loro. |

| | | |
|---|---|---|
| *Lavorando* | sodo per anni, | *si è fatto* una posizione. |

Il *gerundio semplice* si usa di solito quando il soggetto della frase dipendente è lo stesso della frase principale:

| | | | |
|---|---|---|---|
| Ho visto Marco | *andando* | in centro. | (io - io) |
| Ho visto Marco | *che andava* | in centro. | (io - lui) |

Esso si può usare in modo indipendente soltanto quando il senso della frase risulta assolutamente chiaro:

L'appetito vien *mangiando*.
*Stando* così le cose, bisogna considerare bene i pro e i contro.

2. Abbiamo anche visto che il *gerundio composto* esprime l'idea di un'azione precedente ad un'altra e indica la causa o la condizione per cui essa è accaduta:

*Essendo stato* all'estero, *ha perduto* di vista quasi tutti gli amici.
(Poiché è stato all'estero)

*Avendo avuto* più tempo, mi *sarebbe piaciuto* fare qualche gita.
(Se avessi avuto più tempo)

*Avendo comprato* la casa, *dobbiamo* rinunciare alle vacanze.
(Poiché abbiamo comprato la casa)

3.

| | | |
|---|---|---|
| Mettendo*la* | in frigorifero, | la torta si conserva |
| Pulendo*gli* | le scarpe, | lo abitui male |
| Pensando*ci* | bene, | conviene spendere tutto |
| Affacciando*ti* | alla finestra, | vedi un panorama magnifico |
| Avendo*le* | studiate da giovane, | ho imparato facilmente le lingue |
| Avendo*gli* | telefonato, | hai fatto il tuo dovere |
| Essendo*si* | svegliata prima, | Maria avrebbe potuto prendere il treno delle nove. |

4.

| | | | |
|---|---|---|---|
| Sandro è nervoso perché | *sta* | *per prendere* | una decisione |
| Quando siamo entrati, il film | *stava* | *per cominciare* | |

5.

| | | | |
|---|---|---|---|
| Anna mangia poco perché | *sta* | *facendo* | la dieta |
| Quando siamo arrivati, Carlo | *stava* | *facendo* | colazione. |

6.

| | | |
|---|---|---|
| Dopo aver pagato il conto,<br>Dopo aver comprato la macchina,<br>Dopo aver fatto i conti,<br>Dopo aver pagato le tasse, | rimarrò<br>sono rimasto | al verde |

| | | | |
|---|---|---|---|
| Pagat*o*<br>Comprat*a*<br>Fatt*i*<br>Pagat*e* | il cont*o*,<br>la macchin*a*,<br>i cont*i*,<br>le tass*e*, | rimarrò<br>sono rimasto | al verde |

| | | |
|---|---|---|
| Dopo essere partit*o* | per Parigi, | Sergi*o* non ha dato più notizie |
| Dopo essere salit*a* | in ascensore, | Mari*a* ha visto che non funzionava |
| Dopo essere tornat*i* | dalle vacanze, | i miei amic*i* sono venuti a trovarmi |
| Dopo essere sces*e* | dall'autobus, | Carl*a* e Rit*a* hanno fatto una passeggiata. |

| | | |
|---|---|---|
| Partit*o* | per Parigi, | Sergi*o* non ha dato più notizie |
| Salit*a* | in ascensore, | Mari*a* ha visto che non funzionava |
| Tornat*i* | dalle vacanze. | i miei amic*i* sono venuti a trovarmi |
| Sces*e* | dall'autobus, | Carl*a* e Rit*a* hanno fatto una passeggiata. |

## III.2. Raccontate il contenuto del dialogo fra Ettore e Roberto, ricordando i seguenti punti:

non sereno / grossa decisione / lavoro o vita privata / riflettere a lungo / lavoro attuale / lasciare il certo per l'incerto / offerta vantaggiosa / turbare / trasferirsi / moglie e figli / studiare l'inglese a fondo / adattarsi ad un nuovo tipo di vita / fatto da non trascurare / pro e contro /

## III.3. Rispondete alle seguenti domande:

1. Cosa pensa del Suo lavoro attuale?
2. Cosa farebbe se ricevesse un'offerta più vantaggiosa?
3. Se dovesse trasferirsi in un altro paese, il problema della lingua La preoccuperebbe? Perché?
4. Alla Sua età sarebbe difficile adattarsi ad un tipo di vita diverso?
5. Nel Suo paese esiste il fenomeno della fuga dei cervelli? Da che cosa dipende, secondo Lei?

## III.4.a. Se vi siete trovati nella situazione di Ettore, raccontate come sono andate le cose.

## III.4.b. Se non avete mai cambiato attività, parlate dei pro e dei contro del vostro lavoro attuale.

## III.4.c. Se non avete cominciato ancora a lavorare, parlate del tipo di attività che vi piacerebbe fare.

## IV Esercizio di pronuncia e intonazione

1. *Le doppie consonanti* (bb, cc, ff, gg, ll, pp, rr, ss, tt, vv)

Cos'è che ti preoccupa?

Ho ricevuto un'offerta molto vantaggiosa.

Qui sono d'accordo con te.

Il dottor Martini è un uomo arrivato.

Nessuno lo mette in dubbio!

Il pianista ha avuto un grosso successo di pubblico.

Potrei lasciare un messaggio per Giuseppe?

Pietro si è arrabbiato con me.

È appunto quello che sto facendo.

Se è un espresso, lo porta il fattorino.

2. «P» e «B»

Sto pensando di cambiare tipo di attività.

Mi turba il problema della lingua.

Ho preso il raffreddore in piena estate.

La Lazio ha battuto la Roma per due a zero.

Speriamo che la panna non diventi acida.

Ha potuto visitare bene Firenze?

3. «T» e «D»

È difficile adattarsi ad un tipo di vita tanto diverso.

Fatta la scelta, non si torna indietro.

Sentendo questa musica, Maria diventa triste.

Guardando la televisione, ho lavorato a maglia.

Stando così le cose, non si tratta di rischiare.

Maria è all'ospedale perché ha battuto la testa cadendo.

# V Test

**1. Completate le frasi con le lettere mancanti:**

1. Pres... una decisione, non si torna indietro.
2. Considerat... bene tutti i vantaggi, ti conviene accettare quell'offerta.
3. Partit... da Milano alle tre, Luisa è arrivata soltanto alle dieci.
4. Scritt... la lettera per Teresa, uscirò per andare alla posta.
5. Finit... le ferie, tutti tornano in città.

**2. Completate i dialoghi con la forma conveniente del verbo indicato a parte:**

1. Marco esce tutte le sere.
   Che male c'è? ........... giovane, gli piace divertirsi. (essere)

2. ........... sodo per tanti anni, è giusto che ora si riposi. (lavorare)
   Il fatto è che non riesco a stare senza far niente.

3. Hai ancora mal di testa?
   No, per fortuna mi ........... (passare)

4. Che ne dici: servirà l'ombrello?
   Certo! Non vedi che ...........? (piovere)

5. ........... al telefono con Ugo, ho saputo che è stato fuori. (parlare)
   Ora capisco perché non si è fatto vivo per tanti giorni!

**3. Mettete al posto giusto il pronome indicato a parte:**

1. guardando, si vede subito che Antonio non sta bene. (lo)
2. mettendo un vestito dell'anno scorso, Anna ha scoperto di essere un po' ingrassata. (si)
3. essendo rimasti pochi giorni, non abbiamo potuto vedere bene anche i dintorni. (ci)
4. avendo saputo in tempo, sarei venuto anch'io con voi. (lo)
5. andando, Sergio ha detto che sarebbe tornato presto. (sene)

**4. Completate le frasi con le preposizioni convenienti:**

1. L'unica lingua che conosco ........... fondo è il francese.
2. Come ti è saltata ........... mente quest'idea?
3. Purtroppo non c'è altro ........... fare.
4. Siamo dovuti andare ........... passo ........... uomo.
5. Ho girato il mondo ........... lungo e ........... largo.

**5. Ed ora fate il test n. 13 che si trova in fondo al libro.**

## VI.1. Regista e attori all'opera

Sul pianerottolo[1] dove abita il professore[2] e sulle scale che vanno al piano di sopra ci sono grandi casse di legno sparse[3] un po' dappertutto[4] che fanno pensare ad un trasloco[5].
«Va bene così signor Visconti?» dice uno degli operai spostando una cassa; Visconti scherzoso: «Sì ma vedo te e non è una vista troppo gradevole[6]». Operatore[7]: «Il signor Lancaster mi copriva un po' troppo il poliziotto con la falda[8] del cappello».
L'operatore misura con un centimetro la distanza tra Lancaster e la macchina da presa[9]. Visconti al poliziotto: «Aspetti il mio via[10] lei... pronti[11]... azione». Maresciallo[12] al professore: «Dunque lei non conosce questo signor Hübel?». Lancaster: «Lei mi ha chiesto se abita presso di me, ed io le ho risposto di no». Maresciallo: «Ma lo conosce almeno?»; professore: «L'ho incontrato perché è ospite degli inquilini che hanno preso in affitto un appartamento di mia proprietà». Maresciallo: «Le saremmo grati...», ora è il poliziotto a sbagliare la battuta[13]. L'azione si interrompe di nuovo. Visconti: «all right again»[14]. Tecnico del suono: «Cambio il sonoro[15] signor Visconti». Visconti ripetutamente: «Cambiato il sonoro?... cambiato il sonoro?». «Un attimo signor Visconti». Visconti: «Sei lungo... cambiato il sonoro?». «Un attimo signor Visconti». «Stop bien»[16], dice il regista dopo aver girato anche i primi piani. Operatore: «Questa era very very nice»[17]. Visconti ridendo: «meglio di Bresson?»[18].
Ora si fanno i provini[19] per le fotografie e Lancaster ripete gli stessi gesti e atteggiamenti di prima, uno dopo l'altro velocemente come se fosse[20] una mannequin, poi esce fingendo di ballare[21] uno shake. Si entra in casa del professore: appartamento lussuosamente arredato[22] con mobili di varie epoche dal Luigi XIV all'800 inglese; soffitti affrescati[23], boiseries[24], divani in velluto[25] e in pelle, argenti[26], porcellane, bronzi del Rinascimento: le pareti sono tappezzate di "conversation pieces" (quadri dell'ottocento che rappresentano scene di società o di costume[27]) di cui il professore è appassionato collezionista. Nell'appartamento c'è anche una stanza segreta dove la madre del professore che era italiana aveva nascosto durante la guerra[28] degli ebrei perseguitati dai nazisti. Dalla terrazza dell'appartamento ci si affaccia su una Roma ideale completamente ricostruita. Visconti si è chiuso nel suo salotto privato assieme al primo assistente Albino Cocco e agli altri assistenti. Gli operai, i meccanici, gli elettricisti si riposano seduti sui divani di velluto coperti dalle housses[29] in attesa che Visconti abbia deciso la prossima inquadratura[30].

Luisa Spagnoli, da *Il Mondo*, 26 settembre 1974

## Note

1. pianerottolo: spazio piano fra due file di scale; 2. il professore: uno dei protagonisti del film (*Gruppo di famiglia in un interno*, del regista Luchino Visconti), interpretato da Burt Lancaster; 3. sparse: messe qua e là, senza ordine; 4. dappertutto: in ogni luogo; 5. trasloco: cambiamento di casa; 6. gradevole: che fa piacere; 7. Operatore: chi riprende le scene durante la lavorazione di un film; 8. falda: parte del cappello che si estende in senso orizzontale tutt'intorno alla testa; 9. macchina da presa: macchina per riprese cinematografiche; 10. il... via: segnale d'inizio o di partenza; 11. pronti!: grido prima del segnale di partenza (Pronti!... via! si usano di solito nelle competizioni sportive); 12. Maresciallo: è il grado più alto per i sottufficiali; 13. battuta: frase che deve dire un attore; 14. «all right again»: bene, di nuovo (il regista usa l'inglese perché il film è girato in quella lingua); 15. il sonoro: colonna sonora, materiale su cui vengono registrati i suoni di un film; 16. «Stop bien»: Alt, bene (francese); 17. very very nice: bellissima; 18. Bresson: famoso regista francese; 19. provino: brevissima serie di riprese per scegliere le immagini migliori; 20. come se fosse: per l'uso del congiuntivo imperfetto, vedere la unità 24; 21. fingendo di ballare: muovendosi come se ballasse davvero; 22. lussuosamente arredato...: ammobiliato con lusso; 23. soffitti affrescati: stanze con la parte superiore coperta da affreschi; 24. boiseries: pareti coperte di legno (francese); 25. velluto: tipo di stoffa; 26. argento: metallo prezioso, al plurale significa "oggetti d'argento"; 27. scene... di costume: scene tipiche di un ambiente sociale o di un'età storica; 28. guerra: la seconda guerra mondiale; 29. housses: fodere (francese); 30. inquadratura: immagine cinematografica.

Il regista Luchino Visconti, a destra, seduto, durante la lavorazione del film *Gruppo di famiglia in un interno.*

### VI.2. Test

| | Vero | Falso |
|---|---|---|
| 1. Il professore e il maresciallo sono due protagonisti del film che si sta girando. | ☐ | ☐ |
| 2. Il professore non conosce il signor Hübel. | ☐ | ☐ |
| 3. Dopo aver fatto i provini per le fotografie, Lancaster esce ballando uno shake. | ☐ | ☐ |
| 4. L'appartamento del professore è arredato con lusso. | ☐ | ☐ |
| 5. Il professore è appassionato collezionista di quadri di varie epoche. | ☐ | ☐ |
| 6. La madre del professore era italiana. | ☐ | ☐ |
| 7. Dalla terrazza dell'appartamento si vede tutta Roma. | ☐ | ☐ |

## Test 1

**Scegliete la frase esatta fra le tre indicate**

**1.** Scusi, siamo libere quelle sedie? **(a)**
Scusi, sono libere quelle sedie? **(b)**
Scusi, siete libere quelle sedie? **(c)**

**2.** Come si chiama Sua moglie, signor Rossi? **(a)**
Come si chiama la tua moglie, signor Rossi? **(b)**
Come si chiama Suo moglie, signor Rossi? **(c)**

**3.** Noi vivi a Torino **(a)**
Noi vivete a Torino **(b)**
Noi viviamo a Torino **(c)**

**4.** Lei parla bene lo spagnolo **(a)**
Lei parla bene l'spagnolo **(b)**
Lei parla bene il spagnolo **(c)**

**5.** Ho molto amici **(a)**
Ho molti amichi **(b)**
Ho molti amici **(c)**

**6.** Sono qui per lavoro **(a)**
Sono qui di lavoro **(b)**
Sono qui a lavoro **(c)**

**7.** Mario è anche italiano **(a)**
Mario è italiano anche **(b)**
Anche Mario è italiano **(c)**

**8.** Noi abbiamo una camera doppia **(a)**
Noi ha una camera doppia **(b)**
Noi hanno una camera doppia **(c)**

**9.** Nella mia camera ci sono la doccia **(a)**
Nella mia camera c'è la doccia **(b)**
Nella mia camera ce l'ha la doccia **(c)**

**10.** Ha il passaporto? Sì, l'ho **(a)**
Ha il passaporto? Sì, ho **(b)**
Ha il passaporto? Sì, ce l'ho **(c)**

## Test 2

**Scegliete la frase esatta fra le tre indicate:**

**1.** Siamo tedesco **(a)**
Siamo tedeschi **(b)**
Siamo tedesci **(c)**

**2.** Marco va alla banca **(a)**
Marco va per la banca **(b)**
Marco va dalla banca **(c)**

**3.** Vorrei avere un libretto da assegni **(a)**
Vorrei avere un libretto di assegni **(b)**
Vorrei avere un libretto con assegni **(c)**

**4.** Ho un biglietto di andata e ritorno per Roma **(a)**
Ho un biglietto di andata e ritorno di Roma **(b)**
Ho un biglietto di andata e ritorno a Roma **(c)**

**5.** Il mio treno parte a undici e dieci **(a)**
Il mio treno parte in undici e dieci **(b)**
Il mio treno parte alle undici e dieci **(c)**

**6.** Maria arriva oggi di Parigi **(a)**
Maria arriva oggi da Parigi **(b)**
Maria arriva oggi per Parigi **(c)**

**7.** Scusi, sa mi dire che ore sono? **(a)**
Scusi, mi sa dire che ore sono? **(b)**
Scusi, può dire mi che ore sono? **(c)**

**8.** A che ore arrivate casa? **(a)**
A che ora arrivate alla casa? **(b)**
A che ora arrivate a casa? **(c)**

**9.** Non si preoccupi, ci penso io! **(a)**
Non si preoccupi, penso io! **(b)**
Non si preoccupi, penso ci io! **(c)**

**10.** È libero questo posto là? **(a)**
È libero quel posto qui? **(b)**
È libero quel posto là? **(c)**

**11.** Qui ci sono molti austriaci **(a)**
Qui ci sono molto austriaci **(b)**
Qui ci sono molti austriachi **(c)**

**12.** Ann è inglese anche **(a)**
Anche Ann è inglese **(b)**
Ann anche è inglese **(c)**

**13.** Lei ha la patente? Sì, ho **(a)**
Lei ha la patente? Sì, l'ho **(b)**
Lei ha la patente? Sì, ce l'ho **(c)**

## Test 3

**Scegliete la frase esatta fra le tre indicate:**

**1.** No zucchero, grazie! **(a)**
Non zucchero, grazie! **(b)**
Niente zucchero, grazie! **(c)**

**2.** Io non faccio mai colazione **(a)**
Io faccio mai colazione **(b)**
Io mai ho colazione **(c)**

**3.** Vuoi ancora un po' di cognac, signora? **(a)**
Voglio ancora un po' di cognac, signora? **(b)**
Vuole ancora un po' di cognac, signora? **(c)**

**4.** Signorina, preferisce un caffè o un cappuccino? **(a)**
Signorina, preferisci un caffè o un cappuccino? **(b)**
Signorina, prefere un caffè o un cappuccino? **(c)**

**5.** Vado a un'amica **(a)**
Vado per amica **(b)**
Vado a trovare un'amica **(c)**

**6.** Non ho nessun impegno **(a)**
Ho nessun impegno **(b)**
Non ho impegno **(c)**

**7.** Che fate bello, ragazzi? **(a)**
Che fate di bello, ragazzi? **(b)**
Che di bello fate, ragazzi? **(c)**

**8.** Cerco un appartamento da molto tempo **(a)**
Cerco un appartamento fa molto tempo **(b)**
Cerco un appartamento da fa molto tempo **(c)**

**9.** È tre mesi che cerco un appartamento **(a)**
Sono tre mesi che cerco un appartamento **(b)**
Da tre mesi che cerco un appartamento **(c)**

**10.** Aspetto autobus **(a)**
Aspetto l'autobus **(b)**
Aspetto per l'autobus **(c)**

**11.** Dica! Un biglietto di seconda a Roma **(a)**
Dica! Un biglietto di seconda in Roma **(b)**
Dica! Un biglietto di seconda per Roma **(c)**

**12.** Il mio treno arriva alle nove e un quarto **(a)**
Il mio treno arriva alle nove e quarto **(b)**
Il mio treno arriva a nove e un quarto **(c)**

**13.** Scusi, sono liberi questi posti là? **(a)**
Scusi, sono liberi quei posti qui? **(b)**
Scusi, sono liberi quei posti là? **(c)**

## Test 4

**Scegliete la frase esatta fra le tre indicate:**

**1.** Quest'autobus va alla stazione? Credo, sì **(a)**
Quest'autobus va alla stazione? Credo che sì **(b)**
Quest'autobus va alla stazione? Credo di sì **(c)**

**2.** Domando un passante se il 64 va a S. Pietro **(a)**
Domando a un passante se il 64 va a S. Pietro **(b)**
Domando da un passante se il 64 va a S. Pietro **(c)**

**3.** Per entrare al museo bisogna il biglietto **(a)**
Per entrare al museo deve il biglietto **(b)**
Per entrare al museo ci vuole il biglietto **(c)**

**4.** Per arrivare in centro ci vuole dieci minuti **(a)**
Per arrivare in centro ci vogliono dieci minuti **(b)**
Per arrivare in centro prende dieci minuti **(c)**

**5.** Per questa strada c'è il senso singolo **(a)**
Per questa strada c'è il senso solo **(b)**
Per questa strada c'è il senso unico **(c)**

**6.** Non prendi il primo piatto? No, lo salto **(a)**
Non prendi il primo piatto? No, lo passo **(b)**
Non prendi il primo piatto? No, non prendo **(c)**

**7.** Prendi anche tu gli spaghetti? Sì, prendo anch'io **(a)**
Prendi anche tu gli spaghetti? Sì, li prendo anche **(b)**
Prendi anche tu gli spaghetti? Sì, li prendo anch'io **(c)**

**8.** Sono buoni i tuoi tortellini, signora? **(a)**
Sono buoni i Suoi tortellini, signora? **(b)**
Sono buoni Suoi tortellini, signora? **(c)**

**9.** Mangio la carne ogni giorno **(a)**
Mangio la carne ogni giorni **(b)**
Mangio la carne tutti giorni **(c)**

**10.** Ci porti un litro bianco vino! **(a)**
Ci porti un litro di vino bianco! **(b)**
Ci porti un litro di bianco vino! **(c)**

**11.** Niente caffè, grazie! **(a)**
No caffè, grazie! **(b)**
Non caffè, grazie! **(c)**

**12.** Che fai qui? Aspetto mia amica **(a)**
Che fai qui? Aspetto per mia amica **(b)**
Che fai qui? Aspetto la mia amica **(c)**

**13.** Sempre lavora nello stesso ufficio? **(a)**
Lavora sempre nello stesso ufficio? **(b)**
Lavora nello stesso ufficio sempre? **(c)**

## Test 5

**Scegliete la frase esatta fra le tre indicate:**

**1.** La signora Mari è nato a Milano **(a)**
La signora Mari è nata a Milano **(b)**
La signora Mari ha nato a Milano **(c)**

**2.** Quanti anni ha, ingegnere? **(a)**
A quanti anni è, ingegnere? **(b)**
Quanto è vecchio, ingegnere? **(c)**

**3.** Ha figli, signora? Sì, ho tre **(a)**
Ha figli, signora? Sì, li ho tre **(b)**
Ha figli, signora? Sì, ne ho tre **(c)**

**4.** Hai molti amici, Laura? No, ne ho poco **(a)**
Hai molti amici, Laura? No, ne ho pochi **(b)**
Hai molti amici, Laura? No, li ho pochi **(c)**

**5.** Ti è piaciuta la pizza? **(a)**
Ti ha piaciuto la pizza? **(b)**
Tu hai piaciuto la pizza? **(c)**

**6.** Se farà bel tempo, andrò al mare **(a)**
Se il tempo farà bello, andrò al mare **(b)**
Se sarà il tempo bello, andrò al mare **(c)**

**7.** Non sto bene; devo andare al dottore **(a)**
Non sto bene; devo andare a dottore **(b)**
Non sto bene; devo andare dal dottore **(c)**

**8.** Starete al mare tutti e due i giorni? **(a)**
Starete al mare tutti due giorni? **(b)**
Starete al mare tutti i due giorni? **(c)**

**9.** Partirò in due settimane **(a)**
Partirò fra due settimane **(b)**
Partirò dopo due settimane **(c)**

**10.** È meglio andare in macchina di prendere il treno **(a)**
È meglio andare in macchina di quanto prendere il treno **(b)**
È meglio andare in macchina che prendere il treno **(c)**

**11.** Ha spiccioli per l'autobus? Penso, sì **(a)**
Ha spiccioli per l'autobus? Penso di sì **(b)**
Ha spiccioli per l'autobus? Penso che sì **(c)**

**12.** Per guidare la macchina bisogna la patente **(a)**
Per guidare la macchina deve la patente **(b)**
Per guidare la macchina ci vuole la patente **(c)**

**13.** Se voi prendete la birra, la prendo anche **(a)**
Se voi prendete la birra, la prendo anch'io **(b)**
Se voi prendete la birra, prendo anch'io **(c)**

**14.** Siamo stufi degli spaghetti: mangiamo ogni giorni **(a)**
Siamo stufi degli spaghetti: li mangiamo ogni giorni **(b)**
Siamo stufi degli spaghetti: li mangiamo ogni giorno **(c)**

**15.** A piedi ci vuole almeno mezz'ora **(a)**
In piedi ci vuole almeno mezz'ora **(b)**
Su piedi ci vuole almeno mezz'ora **(c)**

## Test 6

**Scegliete la frase esatta fra le tre indicate:**

**1.** Hai trovato qualche amico? Sì, ho trovati molti **(a)**
Hai trovato qualche amico? Sì, ne ho trovati molti **(b)**
Hai trovato qualche amico? Sì, ne ho trovato molti **(c)**

**2.** Ha mai visto Roma? Sì, ho visto l'anno scorso **(a)**
Ha mai visto Roma? Sì, l'ho visto l'anno scorso **(b)**
Ha mai visto Roma? Sì, l'ho vista l'anno scorso **(c)**

**3.** Ho fatto qualche bagno, ma non molti **(a)**
Ho fatto qualche bagni, ma non molti **(b)**
Ho preso qualche bagni, ma non molti **(c)**

**4.** Ieri abbiamo rimasto tutto il giorno a casa **(a)**
Ieri siamo rimasti tutto il giorno a casa **(b)**
Ieri rimanevamo tutto il giorno a casa **(c)**

**5.** Ha imparato a nuotare da bambino **(a)**
Ha imparato a nuotare come bambino **(b)**
Ha imparato a nuotare quando bambino **(c)**

**6.** Luisa non è diventato nera **(a)**
Luisa non ha diventato nera **(b)**
Luisa non è diventata nera **(c)**

**7.** Questa macchina mi ha costato un occhio della testa **(a)**
Questa macchina mi è costata un occhio della testa **(b)**
Questa macchina mi è costato un occhio della testa **(c)**

**8.** Quando ha ritornato da Firenze, signorina? **(a)**
Quando è ritornato da Firenze, signorina? **(b)**
Quando è ritornata da Firenze, signorina? **(c)**

**9.** Ieri lavoravo fino a mezzanotte **(a)**
Ieri ho lavorato fino a mezzanotte **(b)**
Ieri sono lavorato fino a mezzanotte **(c)**

**10.** Conosco Luigi da molti anni **(a)**
Ho conosciuto Luigi da molti anni **(b)**
Conosco Luigi per molti anni **(c)**

**11.** Mentre aspettavo il treno ho letto tutto il giornale **(a)**
Mentre ho aspettato il treno leggevo tutto il giornale **(b)**
Mentre aspettavo il treno leggevo tutto il giornale **(c)**

**12.** Abbiamo avuto sonno, perciò siamo andati a letto presto **(a)**
Avevamo sonno, perciò siamo andati a letto presto **(b)**
Abbiamo avuto sonno, perciò andavamo a letto presto **(c)**

**13.** Quando è arrivato Paolo, dormivo ancora **(a)**
Quando arrivava Paolo, ho dormito ancora **(b)**
Quando ha arrivato Paolo, dormivo ancora **(c)**

**14.** Lei ha piaciuto la commedia? **(a)**
Le è piaciuta la commedia? **(b)**
Le ha piaciuto la commedia? **(c)**

**15.** Quanto è vecchia tua madre? **(a)**
A quanti anni è tua madre? **(b)**
Quanti anni ha tua madre? **(c)**

**16.** Ieri siamo andati a nostri amici **(a)**
Ieri siamo andati ai nostri amici **(b)**
Ieri siamo andati dai nostri amici **(c)**

**17.** Lei prende molti caffè? No, prendo pochi **(a)**
Lei prende molti caffè? No, li prendo pochi **(b)**
Lei prende molti caffè? No, ne prendo pochi **(c)**

**18.** Vengono con noi tutti i due ragazzi **(a)**
Vengono con noi tutti e due i ragazzi **(b)**
Vengono con noi tutti due ragazzi **(c)**

**19.** Fra tre giorni arriverà Marta **(a)**
In tre giorni arriverà Marta **(b)**
Da tre giorni arriverà Marta. **(c)**

**20.** È meglio andare al cinema di restare a casa **(a)**
È meglio andare al cinema che restare a casa **(b)**
È meglio andare al cinema come restare a casa **(c)**

## Test 7

**Scegliete la frase esatta fra le tre indicate:**

**1.** È di Anna quel giornale? Sì, è suo **(a)**
È di Anna quel giornale? Sì, è sua **(b)**
È di Anna quel giornale? Sì, è a lei **(c)**

**2.** Mario e Lucia sono usciti con loro bambino **(a)**
Mario e Lucia sono usciti con il loro bambino **(b)**
Mario e Lucia sono usciti con suo bambino **(c)**

**3.** La mia macchina è più cara che loro **(a)**
La mia macchina è più cara di la loro **(b)**
La mia macchina è più cara della loro **(c)**

**4.** È grande Sua città, signor Smith? **(a)**
È grande la tua città, signor Smith? **(b)**
È grande la Sua città, signor Smith? **(c)**

**5.** È di Carlo quella casa? No, non è sua **(a)**
È di Carlo quella casa? No, è non sua **(b)**
È di Carlo quella casa? No, non è suo **(c)**

**6.** Il nostro appartamento è meno grande che vostro **(a)**
Il nostro appartamento è meno grande di vostro **(b)**
Il nostro appartamento è meno grande del vostro **(c)**

**7.** Passerò il fine-settimana con i miei genitori **(a)**
Passerò il fine-settimana con miei genitori **(b)**
Passerò il fine-settimana con i mii genitori **(c)**

**8.** Qual è Suo sport preferito? **(a)**
Qual è il Suo sport preferito? **(b)**
Qual è lo Suo sport preferito? **(c)**

**9.** Maria è più giovane che io **(a)**
Maria è più giovane da me **(b)**
Maria è più giovane di me **(c)**

**10.** Il mio lavoro è più interessante che conveniente **(a)**
Il mio lavoro è più interessante di conveniente **(b)**
Il mio lavoro è più interessante quanto conveniente **(c)**

**11.** Nella nostra classe ci sono più ragazze che ragazzi **(a)**
Nella nostra classe ci sono più ragazze di ragazzi **(b)**
Nella nostra classe ci sono più ragazze come ragazzi **(c)**

**12.** Quando vedi Rita, le dici di venire da me, per favore? **(a)**
Quando vedi Rita, la dici di venire da me, per favore? **(b)**
Quando vedi Rita, gli dici di venire da me, per favore? **(c)**

**13.** Ai tuoi amici non piacciono questi dischi? Sì, gli piacciono **(a)**
Ai tuoi amici non piacciono questi dischi? Sì, loro piacciono **(b)**
Ai tuoi amici non piacciono questi dischi? Sì, li piacciono **(c)**

**14.** Marco va mai alla partita **(a)**
Mai Marco non va alla partita **(b)**
Marco non va mai alla partita **(c)**

**15.** Telefoni ora a Giulio? No, forse le telefono stasera **(a)**
Telefoni ora a Giulio? No, forse gli telefono stasera **(b)**
Telefoni ora a Giulio? No, forse lo telefono stasera **(c)**

**16.** Ieri sera vedevo un film alla tv **(a)**
Ieri sera ho visto un film alla tv **(b)**
Ieri sera sono visto un film alla tv **(c)**

**17.** Avete fatto molti errori? No, ne abbiamo fatti pochi **(a)**
Avete fatto molti errori? No, ne abbiamo fatto pochi **(b)**
Avete fatto molti errori? No, li abbiamo fatti pochi **(c)**

**18.** A che ora ha partito da Firenze, signorina? **(a)**
A che ora è partito da Firenze, signorina? **(b)**
A che ora è partita da Firenze, signorina? **(c)**

**19.** Stamattina Grazia ha giocato a tennis per due ore **(a)**
Stamattina Grazia giocava a tennis per due ore **(b)**
Stamattina Grazia è giocata a tennis per due ore **(c)**

**20.** A Roma anche ho visto la Fontana di Trevi **(a)**
Anche a Roma ho visto la Fontana di Trevi **(b)**
A Roma ho visto anche la Fontana di Trevi **(c)**

## Test 8

**Scegliete la frase esatta fra le tre indicate:**

**1.** Non ho capito il Suo nome: me lo ripeta, per favore! **(a)**
Non ho capito il Suo nome: lo mi ripeta, per favore! **(b)**
Non ho capito il Suo nome: mi lo ripeta, per favore! **(c)**

**2.** Le dà fastidio la finestra aperta? Le la chiudo io! **(a)**
Le dà fastidio la finestra aperta? Te la chiudo io! **(b)**
Le dà fastidio la finestra aperta? Gliela chiudo io! **(c)**

**3.** Avete reso i soldi a Luisa? Sì, le abbiamo reso **(a)**
Avete reso i soldi a Luisa? Sì, glieli abbiamo reso **(b)**
Avete reso i soldi a Luisa? Sì, glieli abbiamo resi **(c)**

**4.** In quella trattoria può si mangiare fino a tardi **(a)**
In quella trattoria si può mangiare fino a tardi **(b)**
In quella trattoria si possono mangiare fino a tardi **(c)**

**5.** Saremo partiti dopo che daremo l'esame **(a)**
Saremo partiti dopo che avremo dato l'esame **(b)**
Partiremo dopo che avremo dato l'esame **(c)**

**6.** In Italia si può entrare al cinema in qualsiasi momento **(a)**
In Italia la gente possono entrare al cinema in qualsiasi momento **(b)**
In Italia si possono entrare al cinema in qualsiasi momento **(c)**

**7.** Queste pillole si prende a stomaco vuoto **(a)**
Queste pillole si prendono a stomaco vuoto **(b)**
Queste pillole prendono a stomaco vuoto **(c)**

**8.** Aldo la si cava bene con l'inglese **(a)**
Aldo si la cava bene con l'inglese **(b)**
Aldo se la cava bene con l'inglese **(c)**

**9.** Vi siete divertito, ragazzi? **(a)**
Vi avete divertito, ragazzi? **(b)**
Vi siete divertiti, ragazzi? **(c)**

**10.** Ci si annoia a stare senza far niente **(a)**
Si si annoia a stare senza far niente **(b)**
Si ci annoia a stare senza far niente **(c)**

**11.** È certamente meglio lavorare poco che essere disoccupati **(a)**
È certamente meglio lavorare poco di essere disoccupati **(b)**
È certamente meglio lavorare poco come essere disoccupati **(c)**

**12.** Marta è stanca perché si ha alzato presto **(a)**
Marta è stanca perché si alzava presto **(b)**
Marta è stanca perché si è alzata presto **(c)**

**13.** Per me è più facile parlare che scrivere in italiano **(a)**
Per me è più facile parlare di scrivere in italiano **(b)**
Per me è più facile parlare del scrivere in italiano **(c)**

**14.** Una lingua si impara meglio se si ha delle buone basi **(a)**
Una lingua si impara meglio se si hanno delle buone basi **(b)**
Una lingua si impara meglio se ci hanno delle buone basi **(c)**

**15.** Quei pantaloni si lavano facilmente **(a)**
Quei pantaloni si lava facilmente **(b)**
Quei pantaloni lavano facilmente **(c)**

**16.** L'italiano è più bello di facile **(a)**
L'italiano è più bello che facile **(b)**
L'italiano è più bello come facile **(c)**

**17.** In questo paese ci sono più donne che uomini **(a)**
In questo paese ci sono più donne come uomini **(b)**
In questo paese ci sono più donne di uomini **(c)**

**18.** La mia professione è più difficile di tua **(a)**
La mia professione è più difficile che la tua **(b)**
La mia professione è più difficile della tua **(c)**

**19.** Hai scritto ai tuoi genitori? No, gli scrivo domani **(a)**
Hai scritto ai tuoi genitori? No, li scrivo domani **(b)**
Hai scritto ai tuoi genitori? No, loro scrivo domani **(c)**

**20.** Hanno dimenticato i suoi passaporti in albergo **(a)**
Hanno dimenticato i loro passaporti in albergo **(b)**
Hanno dimenticato loro passaporti in albergo **(c)**

## Test 9

**Scegliete la frase esatta fra quelle indicate:**

**1.** Mi piacerebbe vedere il vestito blu che è in vetrina **(a)**
Mi piacerei vedere il vestito blu che è in vetrina **(b)**
Piacerei vedere il vestito blu che è in vetrina **(c)**

**2.** Scusi, mi cambiarebbe diecimila lire? **(a)**
Scusi, mi cambierebbe diecimila lire? **(b)**
Scusi, cambierebbemi diecimila lire? **(c)**

**3.** Non so se rimanere o no. Al posto tuo rimarrei **(a)**
Non so se rimanere o no. Al posto tuo rimanerei **(b)**
Non so se rimanere o no. Al posto tuo rimarrò **(c)**

**4.** Ti dispiacerebbe prestarmi la penna? **(a)**
Ti dispiaceresti prestarmi la penna? **(b)**
Ti dispiacerei prestarmi la penna? **(c)**

**5.** Che più spende, meno spende **(a)**
Chi più spende, meno spende **(b)**
Quale più spende, meno spende **(c)**

**6.** Ho comprato la camicia chi mi piaceva tanto **(a)**
Ho comprato la camicia che mi piaceva tanto **(b)**
Ho comprato la camicia quale mi piaceva tanto **(c)**

**7.** Stasera vedrò il ragazzo chi ho conosciuto a casa di Mario **(a)**
Stasera vedrò il ragazzo quale ho conosciuto a casa di Mario **(b)**
Stasera vedrò il ragazzo che ho conosciuto a casa di Mario **(c)**

**8.** Domenica scorsa avrei rimasto volentieri in montagna **(a)**
Domenica scorsa sarei rimasta volentieri in montagna **(b)**
Domenica scorsa rimarrei volentieri in montagna **(c)**

**9.** Immaginavo che andreste anche voi al cinema **(a)**
Immaginavo che andrete anche voi al cinema **(b)**
Immaginavo che sareste andati anche voi al cinema **(c)**

**10.** Lo sapevo che prima o poi avreste trovato un buon lavoro **(a)**
Lo sapevo che prima o poi troverete un buon lavoro **(b)**
Lo sapevo che prima o poi trovereste un buon lavoro **(c)**

**11.** Perché non sei venuta con noi? Ti saresti divertita **(a)**
Perché non sei venuta con noi? Ti avresti divertito **(b)**
Perché non sei venuta con noi? Avresti ti divertito **(c)**

**12.** Per chi è questo pacchetto? **(a)**
Per il quale è questo pacchetto? **(b)**
Per che è questo pacchetto? **(c)**

**13.** Marco è caduto e si ha rotto una gamba **(a)**
Marco è caduto e si è rotto una gamba **(b)**
Marco è caduto e si ha rotta una gamba **(c)**

14. Ero sicuro che anche Aldo comprerà un televisore a colori **(a)**
Ero sicuro che anche Aldo comprerebbe un televisore a colori **(b)**
Ero sicuro che anche Aldo avrebbe comprato un televisore a colori **(c)**

15. Perché non hai telefonato? Saremmo passati a prenderti **(a)**
Perché non hai telefonato? Avremmo passato a prenderti **(b)**
Perché non hai telefonato? Ti avremmo passato a prendere **(c)**

16. Se ha una penna in più, mi presterebbe? **(a)**
Se ha una penna in più, me la presterebbe? **(b)**
Se ha una penna in più, me ne presterebbe? **(c)**

17. Andrò a letto dopo che avrò finito questo lavoro **(a)**
Sarò andato a letto dopo che avrò finito questo lavoro **(b)**
Andrò a letto dopo che finirò questo lavoro **(c)**

18. In quel negozio si vende cose di ottima qualità **(a)**
In quel negozio si vendono cose di ottima qualità **(b)**
In quel negozio vende cose di ottima qualità **(c)**

19. A viaggiare per tante ore di seguito ci si stanca **(a)**
A viaggiare per tante ore di seguito si si stanca **(b)**
A viaggiare per tante ore di seguito si ci stanca **(c)**

20. Carla è stanca perché stamattina si ha dovuto alzare presto **(a)**
Carla è stanca perché stamattina è dovuta alzarsi presto **(b)**
Carla è stanca perché stamattina ha dovuto alzarsi presto **(c)**

## Test 10

**Scegliete la frase esatta fra le tre indicate:**

**1.** Tanti anni fa mio padre hebbe un incidente sul lavoro **(a)**
Tanti anni fa mio padre ebbe un incidente sul lavoro **(b)**
Tanti anni fa mio padre avette un incidente sul lavoro **(c)**

**2.** Secondo me, Luigi fece un grosso errore a rifiutare quel lavoro **(a)**
Secondo me, Luigi fecce un grosso errore a rifiutare quel lavoro **(b)**
Secondo me, Luigi facette un grosso errore a rifiutare quel lavoro **(c)**

**3.** Quell'anno spendei poco per le vacanze **(a)**
Quell'anno spesi poco per le vacanze **(b)**
Quell'anno spensi poco per le vacanze **(c)**

**4.** Perché tu non dicesti subito che non eri d'accordo? **(a)**
Perché tu non diceste subito che non eri d'accordo? **(b)**
Perché tu non dissi subito che non eri d'accordo? **(c)**

**5.** Non capisco la ragione per quale non volete restare **(a)**
Non capisco la ragione per cui non volete restare **(b)**
Non capisco la ragione per che non volete restare **(c)**

**6.** Lucio è un ragazzo con il cui mi trovo molto bene **(a)**
Lucio è un ragazzo con il quale mi trovo molto bene **(b)**
Lucio è un ragazzo con quale mi trovo molto bene **(c)**

**7.** Chi sono le persone delle quale parlate? **(a)**
Chi sono le persone delle cui parlate? **(b)**
Chi sono le persone di cui parlate? **(c)**

**8.** Qual è il medico a cui va di solito, signora? **(a)**
Qual è il medico da cui va di solito, signora? **(b)**
Qual è il medico da chi va di solito, signora? **(c)**

**9.** Ecco i libri che mi avete chiesto **(a)**
Ecco i libri per i quali mi avete chiesto **(b)**
Ecco i libri chi mi avete chiesto **(c)**

**10.** Da quel giorno non sappi più niente di Sergio **(a)**
Da quel giorno non seppi più niente di Sergio **(b)**
Da quel giorno non sapei più niente di Sergio **(c)**

**11.** Due anni fa in montagna mi rompei una gamba **(a)**
Due anni fa in montagna mi ruppe una gamba **(b)**
Due anni fa in montagna mi ruppi una gamba **(c)**

**12.** Questo vino è ottimo: assaggialo anche tu! **(a)**
Questo vino è ottimo: lo assaggia anche tu! **(b)**
Questo vino è ottimo: lo assaggi anche tu! **(c)**

**13.** Non mi fa perdere la pazienza, Carlo! **(a)**
Non farmi perdere la pazienza, Carlo! **(b)**
Non fammi perdere la pazienza, Carlo! **(c)**

**14.** Devo dire tutto a Luisa? No, non dirglielo! **(a)**
Devo dire tutto a Luisa? No, non glielo dici! **(b)**
Devo dire tutto a Luisa? No, non diglielo! **(c)**

**15.** Se hai finito di vedere il giornale, mi lo dà! **(a)**
Se hai finito di vedere il giornale, dammelo! **(b)**
Se hai finito di vedere il giornale, damilo! **(c)**

**16.** Marco e Rita vanno al concerto: ci vai anche tu! **(a)**
Marco e Rita vanno al concerto: ci va' anche tu! **(b)**
Marco e Rita vanno al concerto: vacci anche tu! **(c)**

**17.** Quando siamo entrati, il film è già cominciato **(a)**
Quando siamo entrati, il film era già cominciato **(b)**
Quando eravamo entrati, il film cominciò già **(c)**

**18.** Potresti metterti il vestito blu. Hai ragione, non ci pensai! **(a)**
Potresti metterti il vestito blu. Hai ragione, non ci ho pensato! **(b)**
Potresti metterti il vestito blu. Hai ragione, non ci avevo pensato! **(c)**

**19.** Dopo che aveva chiuso la porta, Maria si accorse di non avere la chiave **(a)**
Dopo che chiudeva la porta, Maria si accorse di non avere la chiave **(b)**
Dopo che ha chiuso la porta, Maria si accorse di non avere la chiave **(c)**

**20.** Non ricordo il nome del ragazzo chi mi hai presentato ieri **(a)**
Non ricordo il nome del ragazzo che mi hai presentato ieri **(b)**
Non ricordo il nome del ragazzo quale mi hai presentato ieri **(c)**

**21.** Conosci la signora chi parla con Carla? **(a)**
Conosci la signora quale parla con Carla? **(b)**
Conosci la signora che parla con Carla? **(c)**

**22.** Non immaginavo che finireste tanto presto **(a)**
Non immaginavo che avreste finito tanto presto **(b)**
Non immaginavo che finirete tanto presto **(c)**

**23.** Aldo mi aveva detto che telefonerebbe, invece non l'ha fatto **(a)**
Aldo mi aveva detto che telefonerà, invece non l'ha fatto **(b)**
Aldo mi aveva detto che avrebbe telefonato, invece non l'ha fatto **(c)**

**24.** Abbiamo vino bianco e vino rosso: quale preferite? **(a)**
Abbiamo vino bianco e vino rosso: che preferite? **(b)**
Abbiamo vino bianco e vino rosso: il quale preferite? **(c)**

**25.** Carla non può uscire subito, perché si ha appena lavato i capelli **(a)**
Carla non può uscire subito, perché si è appena lavata i capelli **(b)**
Carla non può uscire subito, perché ha appena lavato i suoi capelli **(c)**

## Test 11

**Scegliete la frase esatta fra quelle indicate:**

**1.** Siamo sicuri che domani ci sarà il sole **(a)**
Siamo sicuri che domani ci sarebbe il sole **(b)**
Siamo sicuri che domani farà il sole **(c)**

**2.** Lo sapevi che anche Marta studiava l'inglese da tre mesi? **(a)**
Lo sapevi che anche Marta ha studiato l'inglese da tre mesi? **(b)**
Lo sapevi che anche Marta aveva studiato l'inglese da tre mesi? **(c)**

**3.** Sergio aveva detto che ci aspetterebbe, invece se n'è andato **(a)**
Sergio aveva detto che ci aspetterà, invece se n'è andato **(b)**
Sergio aveva detto che ci avrebbe aspettato, invece se n'è andato **(c)**

**4.** Tempo fa Antonio mi disse che aveva cambiato idea **(a)**
Tempo fa Antonio mi disse che ha cambiato idea **(b)**
Tempo fa Antonio mi disse che cambiò idea **(c)**

**5.** Lina ci ha detto che il giorno prima era stato del medico **(a)**
Lina ci ha detto che il giorno prima era stata dal medico **(b)**
Lina ci ha detto che il giorno prima stette dal medico **(c)**

**6.** Questa birra è molta buona **(a)**
Questa birra è benissimo **(b)**
Questa birra è ottima **(c)**

**7.** Questo è l'apparecchio il più caro di tutti **(a)**
Questo apparecchio è il più caro di tutti **(b)**
Questo apparecchio è più caro che tutti **(c)**

**8.** Anna ha detto che non è uscita perché era stanca **(a)**
Anna ha detto che non usciva perché è stata stanca **(b)**
Anna ha detto che non è uscita perché è stata stanca **(c)**

**9.** Ieri non mi sentivo bene perché tutta la notte non dormivo **(a)**
Ieri non mi sentivo bene perché tutta la notte non ho dormito **(b)**
Ieri non mi sentivo bene perché tutta la notte non avevo dormito **(c)**

**10.** Mauro guida benissimo **(a)**
Mauro guida ottimo **(b)**
Mauro guida buonissimo **(c)**

**11.** Bisogna che Lei dorme di più **(a)**
Bisogna che Lei dorma di più **(b)**
Lei bisogna dormire di più **(c)**

**12.** Può darsi che Rita mi è cercata mentre ero fuori **(a)**
Può darsi che Rita mi cercava mentre ero fuori **(b)**
Può darsi che Rita mi abbia cercato mentre ero fuori **(c)**

**13.** Crede che io possa dare l'esame, professore? **(a)**
Crede che io poso dare l'esame, professore? **(b)**
Crede che io pota dare l'esame, professore? **(c)**

**14.** Mi pare che Lei non capischa la nostra situazione **(a)**
Mi pare che Lei non capisca la nostra situazione **(b)**
Mi pare che Lei non capise la nostra situazione **(c)**

**15.** Nessuno direbbe che quel ragazzo sia solo vent'anni **(a)**
Nessuno direbbe che quel ragazzo abbia avuto solo vent'anni **(b)**
Nessuno direbbe che quel ragazzo abbia solo vent'anni **(c)**

**16.** Peccato che le vacanze hanno finite! **(a)**
Peccato che le vacanze sono finito! **(b)**
Peccato che le vacanze siano finite! **(c)**

**17.** Vorrei uscire prima che si fa buio **(a)**
Vorrei uscire prima che si faccia buio **(b)**
Vorrei uscire prima che si farà buio **(c)**

**18.** Maria vuole venire sebbene non si senta bene **(a)**
Maria vuole venire sebbene non si sente bene **(b)**
Maria vuole venire sebbene non sente bene **(c)**

**19.** Aspettiamo che ritorna Carla **(a)**
Aspettiamo che ritorni Carla **(b)**
Aspettiamo che ritornerà Carla **(c)**

**20.** Non so se Gianni abbia già ricevuto la mia cartolina **(a)**
Non so se Gianni riceveva già la mia cartolina **(b)**
Non so se Gianni riceva già la mia cartolina **(c)**

**21.** Spero proprio che io vengo **(a)**
Spero proprio che io venga **(b)**
Spero proprio di venire **(c)**

**22.** Se Anna ti chiede la macchina, non gliela da'! **(a)**
Se Anna ti chiede la macchina, non dargliela! **(b)**
Se Anna ti chiede la macchina, non dagliela! **(c)**

**23.** L'indirizzo deve essere chiaro: scrivetelo a macchina! **(a)**
L'indirizzo deve essere chiaro: lo scrivete a macchina! **(b)**
L'indirizzo deve essere chiaro: lo scriviate a macchina! **(c)**

**24.** Mi va' a comprare il giornale, per favore! **(a)**
Vami a comprare il giornale, per favore! **(b)**
Vammi a comprare il giornale, per favore! **(c)**

**25.** Quella sera Mario bevve troppo e il giorno dopo stette male **(a)**
Quella sera Mario beveva troppo e il giorno dopo stette male **(b)**
Quella sera Mario bevette troppo e il giorno dopo statte male **(c)**

## Test 12

**Scegliete la frase esatta fra le tre indicate:**

**1.** Se Le fa male la testa, esca a prendere una boccata d'aria **(a)**
Se Le fa male la testa, esci a prendere una boccata d'aria **(b)**
Se Le fa male la testa, usci a prendere una boccata d'aria **(c)**

**2.** Mi spiega qual è il Suo problema! **(a)**
Mi spieghi qual è il Suo problema! **(b)**
Spieghimi qual è il Suo problema! **(c)**

**3.** Non dimentichi di prendere le medicine, signorina! **(a)**
Non dimentici di prendere le medicine, signorina! **(b)**
Non dimenticare di prendere le medicine, signorina! **(c)**

**4.** Fa freddo: mettasi anche il cappotto! **(a)**
Fa freddo: si metta anche il cappotto! **(b)**
Fa freddo: si mette anche il cappotto! **(c)**

**5.** Se Lei ha già messo il sale, me lo passi, per favore! **(a)**
Se Lei ha già messo il sale, me lo passa, per favore! **(b)**
Se Lei ha già messo il sale, passamelo, per favore! **(c)**

**6.** Vadi piano: è una strada pericolosa! **(a)**
Vada piano: è una strada pericolosa! **(b)**
Anda piano: è una strada pericolosa! **(c)**

**7.** È un lavoro interessante: non rifiutarlo, signorina! **(a)**
È un lavoro interessante: non lo rifiuti, signorina! **(b)**
È un lavoro interessante: non rifiutilo, signorina! **(c)**

**8.** Questa carne è andata a male: viene buttato via **(a)**
Questa carne è andata a male: deve buttare via **(b)**
Questa carne è andata a male: va buttata via **(c)**

**9.** Questo sport va seguito per pochi **(a)**
Questo sport viene seguito da pochi **(b)**
Questo sport è seguito di pochi **(c)**

**10.** La festa è andata organizzata molto bene **(a)**
La festa è stata organizzata molto bene **(b)**
La festa è venuta organizzata molto bene **(c)**

**11.** Da chi sei stato detto questo? **(a)**
Questo te lo è stato detto da chi? **(b)**
Da chi ti è stato detto questo? **(c)**

**12.** Credevo che i negozi fossero aperti fino alle otto **(a)**
Credevo che i negozi siano aperti fino alle otto **(b)**
Credevo che i negozi siano stati aperti fino alle otto **(c)**

**13.** Sarebbe meglio che voi daste l'esame a giugno **(a)**
Sarebbe meglio che voi deste l'esame a giugno **(b)**
Sarebbe meglio che voi diate l'esame a giugno **(c)**

**14.** Speravo che Aldo mi prestava la macchina **(a)**
Speravo che Aldo mi presterebbe la macchina **(b)**
Speravo che Aldo mi prestasse la macchina **(c)**

**15.** Vorrei che qualcuno mi disse in breve come stanno le cose **(a)**
Vorrei che qualcuno mi dicesse in breve come stanno le cose **(b)**
Vorrei che qualcuno mi direbbe in breve come stanno le cose **(c)**

**16.** Direi che in questo caso si deva chiamare il medico **(a)**
Direi che in questo caso si dovesse chiamare il medico **(b)**
Direi che in questo caso si debba chiamare il medico **(c)**

**17.** Non avrei mai detto che tanti italiani fossero alti e biondi **(a)**
Non avrei mai detto che tanti italiani siano alti e biondi **(b)**
Non avrei mai detto che tanti italiani sarebbero alti e biondi **(c)**

**18.** Credevo che Maria si fosse sposata con Luigi **(a)**
Credevo che Maria si avesse sposato con Luigi **(b)**
Credevo che Maria avesse sposato a Luigi **(c)**

**19.** Se tornassi indietro, rifacessi lo stesso **(a)**
Se tornerei indietro, rifacessi lo stesso **(b)**
Se tornassi indietro, rifarei lo stesso **(c)**

**20.** Se l'avesse saputo in tempo, sarebbe venuta anche Luisa **(a)**
Se l'avrebbe saputo in tempo, fosse venuta anche Luisa **(b)**
Se l'avesse saputo in tempo, avrebbe venuto anche Luisa **(c)**

**21.** Se avrei appetito non farei complimenti **(a)**
Se abbia appetito non facessi complimenti **(b)**
Se avessi appetito non farei complimenti **(c)**

**22.** Quel giorno mi dissero che il mese dopo si trasferirebbero a Genova **(a)**
Quel giorno mi dissero che il mese dopo si sarebbero trasferiti a Genova **(b)**
Quel giorno mi dissero che il mese dopo si fossero trasferiti a Genova **(c)**

**23.** Rita aveva detto che avrebbe comprato la macchina **(a)**
Rita aveva detto che comprerebbe la macchina **(b)**
Rita aveva detto che comprerà la macchina **(c)**

**24.** Franco parla un ottimo inglese **(a)**
Franco parla l'ottimo inglese **(b)**
Franco parla un benissimo inglese **(c)**

**25.** Partirò in treno, a meno che non trovi qualcuno che mi dà un passaggio **(a)**
Partirò in treno, a meno che non troverò qualcuno che mi dà un passaggio **(b)**
Partirò in treno, a meno che non trova qualcuno che mi dà un passaggio **(c)**

## Test 13

*(Realizzato con le difficoltà più tipiche e frequenti che si trovano nelle precedenti 12 prove)*

**Scegliete la frase esatta fra le tre indicate:**

**1.** Aspettando il treno ho fumato come un turco **(a)**
Mentre aspettando il treno ho fumato come un turco **(b)**
Durante aspettare il treno ho fumato come un turco **(c)**

**2.** Ho incontrato per caso Giulio in tornando a casa **(a)**
Ho incontrato per caso Giulio tornando a casa **(b)**
Ho incontrato per caso Giulio mentre tornando a casa **(c)**

**3.** Piove già? No, ma sta piovendo **(a)**
Piove già? No, ma va a piovere **(b)**
Piove già? No, ma sta per piovere **(c)**

**4.** Ho studiato il spagnolo per più di un anno **(a)**
Ho studiato lo spagnolo per più di un anno **(b)**
Ho studiato l'spagnolo per più di un anno **(c)**

**5.** Anche lavoro il sabato **(a)**
Il sabato lavoro anche **(b)**
Lavoro anche il sabato **(c)**

**6.** L'anno scorso dettero l'esame pochi studenti **(a)**
L'anno scorso darono l'esame pochi studenti **(b)**
L'anno scorso dierono l'esame pochi studenti **(c)**

**7.** Spero che io trovi presto un lavoro **(a)**
Spero che io trovassi presto un lavoro **(b)**
Spero di trovare presto un lavoro **(c)**

**8.** Se non ci fosse stato tanto traffico saremmo arrivati molto prima **(a)**
Se non ci sarebbe stato troppo traffico fossimo arrivati molto prima **(b)**
Se non ci sarebbe stato troppo traffico saremmo arrivati molto prima **(c)**

**9.** Devo andare dalla posta **(a)**
Devo andare a posta **(b)**
Devo andare alla posta **(c)**

**10.** Di solito faccio colazione al bar **(a)**
Di solito faccio la colazione al bar **(b)**
Di solito ho la mia colazione al bar **(c)**

**11.** La madre di Laura ha morto tanti anni fa **(a)**
La madre di Laura è morto tanti anni fa **(b)**
La madre di Laura è morta tanti anni fa **(c)**

**12.** Ho frequentato un corso d'italiano da qualche mese **(a)**
Frequento un corso d'italiano da qualche mese **(b)**
Frequento un corso d'italiano qualche mese fa **(c)**

13. Questa poltrona è più bella che comoda (a)
Questa poltrona è più bella di comoda (b)
Questa poltrona è più bella quanto comoda (c)

14. Per andare da qui a Roma prende tre ore (a)
Per andare da qui a Roma bisogna tre ore (b)
Per andare da qui a Roma ci vogliono tre ore (c)

15. Hai sentito Carla in questi giorni? Sì, l'ho telefonata ieri (a)
Hai sentito Carla in questi giorni? Sì, le ho telefonato ieri (b)
Hai sentito Carla in questi giorni? Sì, l'ho telefonato ieri (c)

16. Si alzando alle sei, a quest'ora Carla è stanca morta (a)
Essendosi alzata alle sei, a quest'ora Carla è stanca morta (b)
Avendosi alzato alle sei, a quest'ora Carla è stanca morta (c)

17. Dalla finestra ho visto Antonio passeggiando con una ragazza (a)
Dalla finestra ho visto Antonio che passeggiava con una ragazza (b)
Dalla finestra ho visto Antonio chi passeggiava con una ragazza (c)

18. Cambiato i soldi, siamo andati a fare spese (a)
Dopo cambiare i soldi, siamo andati a fare spese (b)
Cambiati i soldi, siamo andati a fare spese (c)

19. Ha la macchina? Sì, ce l'ho (a)
Ha la macchina? Sì, ho la (b)
Ha la macchina? Sì, ho (c)

20. Direi che a quest'ora non convenisse più uscire (a)
Direi che a quest'ora non convenga più uscire (b)
Direi che a quest'ora non conveniamo più uscire (c)

21. Capii subito che loro non hanno detto la verità (a)
Capii subito che loro non disero la verità (b)
Capii subito che loro non avevano detto la verità (c)

22. Si accomodi, signorina! (a)
Si accomoda, signorina! (b)
Accomodisi, signorina! (c)

23. Le lezioni sono tenute per bravi professori (a)
Le lezioni sono tenute da bravi professori (b)
Le lezioni si tiene da bravi professori (c)

24. Piacerei fare anche il corso medio (a)
Mi piacerei fare anche il corso medio (b)
Mi piacerebbe fare anche il corso medio (c)

25. Non dicimi che non hai tempo, per favore! (a)
Non dirmi che non hai tempo, per favore! (b)
Non dimmi che non hai tempo, per favore! (c)

26. Quel giorno seppi che Aldo avrebbe cambiato ufficio da un mese (a)
Quel giorno seppi che Aldo cambiò ufficio da un mese (b)
Quel giorno seppi che Aldo aveva cambiato ufficio da un mese (c)

**27.** Vorrei un bicchiere vino rosso **(a)**
Vorrei un bicchiere di rosso vino **(b)**
Vorrei un bicchiere di vino rosso **(c)**

**28.** Che ne diresti di prendere un taxi? Ti stavo facendo la stessa proposta **(a)**
Che ne diresti di prendere un taxi? Stavo per farti la stessa proposta **(b)**
Che ne diresti di prendere un taxi? Ti ero facendo la stessa proposta **(c)**

**29.** Dopo aver uscito di casa ci siamo accorti che pioveva **(a)**
Dopo essere usciti di casa ci siamo accorti che pioveva **(b)**
Dopo uscire di casa ci siamo accorti che pioveva **(c)**

**30.** Dopo cena andiamo a trovare degli amici **(a)**
Dopo cena andiamo per degli amici **(b)**
Dopo cena andiamo a degli amici **(c)**

**31.** Come si chiama il tuo cane, signor Rossi? **(a)**
Come si chiama il Suo cane, signor Rossi? **(b)**
Come si chiama Suo cane, signor Rossi? **(c)**

**32.** Da giovane avevo molti amici, ora ho pochi **(a)**
Da giovane avevo molti amici, ora li ho pochi **(b)**
Da giovane avevo molti amici, ora ne ho pochi **(c)**

**33.** Paolo e Rita arriveranno fra due settimane **(a)**
Paolo e Rita arriveranno in due settimane **(b)**
Paolo e Rita arriveranno due settimane fa **(c)**

**34.** Marco e Anna vengono con loro macchina **(a)**
Marco e Anna vengono con la loro macchina **(b)**
Marco e Anna vengono con sua macchina **(c)**

**35.** Questa sera no ho impegni **(a)**
Questa sera ho nessun impegno **(b)**
Questa sera non ho nessun impegno **(c)**

**36.** Se non ha ancora visto questo giornale, se lo lascio **(a)**
Se non ha ancora visto questo giornale, glielo lascio **(b)**
Se non ha ancora visto questo giornale, te lo lascio **(c)**

**37.** Non si deve prendere troppe medicine **(a)**
Non si devono prendere troppe medicine **(b)**
Non devono si prendere troppe medicine **(c)**

**38.** Se preferite andare via subito, ditemelo! **(a)**
Se preferite andare via subito, mi ditelo! **(b)**
Se preferite andare via subito, mi lo dite! **(c)**

**39.** Ci si trova bene in un paese straniero quando se ne conosce la lingua **(a)**
Si ci trova bene in un paese straniero quando se ne conosce la lingua **(b)**
Lì si trova bene in un paese straniero quando se ne conosce la lingua **(c)**

**40.** Sarebbe meglio che veniate anche voi **(a)**
Sarebbe meglio che veniste anche voi **(b)**
Sarebbe meglio che venite anche voi **(c)**

**41.** Che dice Marco? Sta per dire che è stufo di aspettare **(a)**
Che dice Marco? Sta dicendo che è stufo di aspettare **(b)**
Che dice Marco? È dicendo che è stufo di aspettare **(c)**

**42.** Ascoltandola ad alto volume questa musica si apprezza meglio **(a)**
L'ascoltando ad alto volume questa musica si apprezza meglio **(b)**
Se ascoltandola ad alto volume questa musica si apprezza meglio **(c)**

**43.** Esco tutti i giorni a due e mezzo **(a)**
Esco tutti i giorni in due e mezzo **(b)**
Esco tutti i giorni alle due e mezzo **(c)**

**44.** Tornate subito alla casa? **(a)**
Tornate subito a casa? **(b)**
Tornate subito casa? **(c)**

**45.** Hai visto Laura? Sì, l'ho visto stamattina **(a)**
Hai visto Laura? Sì, la vista stamattina **(b)**
Hai visto Laura? Sì, l'ho vista stamattina **(c)**

**46.** Ieri scrivevo una lettera a Mario **(a)**
Ieri ho scritto una lettera a Mario **(b)**
Ieri avevo scritto una lettera a Mario **(c)**

**47.** Che vivrà, vedrà! **(a)**
Chi vivrà, vedrà! **(b)**
Quale vivrà, vedrà! **(c)**

**48.** Conosci il signore con chi parla Antonio? **(a)**
Conosci il signore con quale parla Antonio? **(b)**
Conosci il signore con cui parla Antonio? **(c)**

**49.** Non immaginavo che ci sarebbe stata tanta gente **(a)**
Non immaginavo che ci sarebbe tanta gente **(b)**
Non immaginavo che ci sarà stata tanta gente **(c)**

**50.** Per me è meglio uscire che guardare la televisione **(a)**
Per me è meglio uscire di guardare la televisione **(b)**
Per me è meglio uscire quanto guardare la televisione **(c)**

**REFERENZE ICONOGRAFICHE**

Archivio Edizioni Scolastiche Bruno Mondadori - Arnoldo Mondadori Editore - Centro Documentazione Arnoldo Mondadori Editore - Ferrari Grazia Neri - Maserati - Olympia.